本願とは何か

親鸞の捉えた仏教

長谷正當

法藏館

本願とは何か——親鸞の捉えた仏教——＊目次

Ⅱ 本願の信

Ⅲ　本願と回向の思想

付録

凡　例

引用文献のうち、次の書名は以下の略称を用いる。

・『真宗聖典』（東本願寺出版部）……………………………………『聖典』
・『曽我量深選集』第一巻〜第十二巻（彌生書房、一九七〇〜七二年）…………『選集』
・『曽我量深講義集』第一巻〜第十五巻（彌生書房、一九七七〜九〇年）……『講義集』

本願とは何か

――親鸞の捉えた仏教――

序

本書の諸論は、親鸞の本願の思想を、本願はどこに淵源するか、そして、どこではたらくのかに主眼をおいて考察したものである。それらの諸論を「本願とは何か」という問いのもとで纏めて本書の書名としたのは、この二つの問いが親鸞の本願の思想の要をなすと考えるからである。

本願の思想は浄土仏教の根幹をなすものであるが、親鸞は大胆にも、その本願を説いたのは釈尊であると言明した。そう語ることで、親鸞は、本願が釈尊の正覚の深みに現れ、そこに映ったものであるという見解を示したのである。それはどういうことか。また、どうしてそのようなことがいいうるのか。本書が第一に問うのはこの問題である。そこで問われるのは、「本願」と「釈尊の正覚」との繋がりである。

「本願とは何か」で第二に問われるのは、本願はどこで、どのようにはたらくのかということである。本願が人間において現実的であるためには、本願は天空ではなく、人間の住む大地に出現して、人間に呼びかけてくるのでなければならない。本願について深く思いを致さねばならないのは本願のはたらく場である。親鸞は、本願が衆生の住む歴史的世界に現れ、衆生に呼びかけてくるところに「回向」を捉え、その回向を浄土仏教の骨格をなすものとした。回向とは、絶対者、あるいは如来が自らを否定して、衆生の住む相対の世界、大地に形を変えて現れ、衆生に呼びかけてくることである。衆生はその呼びかけを心の深みに聞きとることで、歴史的世界において足を据えて生きてゆくことができる。本願がどこではたらくのかという第二の問いは、本願と人間との関わり、つまり、本願が人間において力となってはたらく場を問うものである。

鈴木大拙は「原始仏教、あるいは釈尊の正覚のうちにどの程度の浄土思想があったか」という疑問は「仏教史の中で最も重要にしてかつ本質的な問題の一つであろう」と述べている。この疑問が仏教史の最も重要で本質的な問いである理由は、浄土仏教は多くの信奉者をもちながら、これまで、そして今もなお、仏教史において確固とした根をもたないで浮遊していると見なされているからである。その理由は、浄土仏教がその根幹におく本願は、釈尊が説いたものではないと見なされてきたからである。

仏教は釈尊の正覚に発するものとして正覚の宗教であり、解脱の宗教であった。これは決して見失われてはならない仏教の本質的な性格である。そのような自覚自証を基本とする仏教において、「阿弥陀仏」や「浄土」や「本願」という観念のもとで、救済を第一原理とする浄土仏教が生じたことは、仏教の中に仏教でないものが生じたことである。浄土仏教はそのように見なされ、仏教の本質から退落したもの、あるいは、仏教の本流から外れたものと見なされてきたのである。

そのような仏教史の見方の中にあって、本願の思想は釈尊の正覚に根をもつものであるという見方を開いたのは、いうまでもなく親鸞である。親鸞はそう主張することで、浄土仏教が仏教の本流に根差すものであると宣言した。そればかりではない。本願の信の道は、衆生が釈尊の正覚のただ中に推参して、大涅槃を証することができる唯一の道であると主張したのである。

　だが、本願の思想が釈尊の正覚に繋がるものであることを、親鸞は歴史的・客観的資料に基づいて示したわけではない。親鸞は『教行信証』において、さまざまな経・論・釈を「文類」として用いて、本願の思想が大乗仏教の伝統に根差すものであることを証示したが、さらに進んで、本願の思想が釈尊の正覚に根差すものであることまで論証したわけではなかった。実際のところ、弥陀の本願と釈尊の正覚との結びつきを証明しうるような歴史的・客観的な資料は親鸞の時代にはなかった。しかし、今後仏教研究がさらに進んだとしても、そのような資料は見いだされることはおそらくないであろう。

　とするなら、本願の思想と釈尊の正覚との繋りを示す道は一つしかない。それは、釈尊の正覚の深みに阿弥陀如来の本願が映しだされたと捉え、その本願の信の深まりにおいて、釈尊の正覚の片鱗を感得することである。親鸞の取ったのはそのような循環的反省の道であった。それは信の道にして、思索の道であった。親鸞は本願の信が釈尊の正覚に繋がることを『教行信証』「証巻」において、「しかるに煩悩成就の凡夫、生死罪濁の群萠、往相回向の心行を獲れば、即の時に大乗正定聚の数に入るなり。正定聚に住するがゆえに、必ず滅度に至る。滅度に至るは、すなわちこれ常楽なり。常楽はすなわちこれ畢竟寂滅なり。寂滅はすなわちこれ無上涅槃なり」（教行信証・証、『聖典』二八〇頁）と述べることで、本願の信において正定聚に住したものは、その信に深まりゆく中において、釈尊が正覚において証した大般涅槃を証することができるとしたのである。そのことは、釈尊の正覚の深みに弥陀の本願が映っていると感得することでもあった。こうして、親鸞は「本願の信」と「釈尊の正覚」とを繋ぎ、「釈尊は弥陀の本願を説いた」と言明したのである。

浄土仏教の本願の思想に深い共感を抱いた鈴木大拙は、釈尊の正覚の深みに秘められていた最も生き生きとした霊性的本質を捉えたものが浄土仏教であるとして、浄土仏教は、釈尊の正覚の奥深く潜んでいた広大無辺の大慈悲心を本願の信という形でしっかりと摑んだものだと述べている。

ではなぜ、浄土仏教は、仏教でないものとして、仏教の外に排除されたのか。それは、大拙によれば、原始仏教徒が正覚を単に四聖諦や十二支縁起や五蘊などに捉えることで満足して、釈尊の正覚の内容を余すところなく抽き出さなかったからである（「浄土教理の発展」『鈴木大拙全集』第十一巻、三八九頁）。そのために仏教は、自己の最内奥にあるものを、自己に外的なもの、外来のものとして追放するという羽目に陥ったのである。したがって、重要なことは、釈尊の正覚をその表層の部分で固定して、それを仏教判定の基準にするのではなく、正覚を掘り下げ、その深みに秘められた霊性的本質を摑むことである。釈尊の正覚をそのように捉えたのが、大乗経典においてよく用いられている「阿耨多羅三藐三菩提」（無上等正覚）という語である。親鸞は、そのような掘り下げられ、深められた正覚の底に弥陀の本願を見いだし、釈尊の正覚をそのように捉えた仏教を「浄土真宗」と名づけたのである。

Ⅰ

釈尊の正覚と弥陀の本願

親鸞の仏教史観としての浄土真宗

――「釈尊が弥陀の本願を説いた」とはどういうことか――

はじめに

浄土真宗は親鸞を開祖とすることはいうを俟たないが、浄土真宗とはいったい何か。それが分からないまま親鸞を浄土真宗の開祖だといったところで、親鸞は得体の知れないものの開祖であるというに等しい。曽我量深はそのように述べて「浄土真宗とは何か」と改めて問い、それは「親鸞の仏教史観である」と規定する。親鸞の仏教史観とは、仏教の根幹をなすもの、およびその歴史を親鸞はどのように見たかという、親鸞の目に映った仏教の姿であるが、それが浄土真宗だというのである。

では、親鸞には仏教はどのようなものとして映ったか。『教行信証』「教巻」において、親鸞は次のように述べている。

それ、真実の教を顕さば、すなわち『大無量寿経』これなり。

この経の大意は、弥陀、誓いを超発して、広く法蔵を開きて、凡小を哀れみて、選びて功徳の宝を施することをいたす。釈迦、世に出興して、道教を光闡して、群萌を拯い、恵むに真実の利をもってせんと欲《おぼ》してなり。ここをもって、如来の本願を説きて、経の宗致とす。すなわち、仏の名号をもって、経の体とするなり。

（『聖典』一五二頁）

親鸞はここで、仏教の根幹をなす「真実の教」は『大無量寿経』であり、それが説くのは「如来の本願」であり、したがって、「本願を説いたのは釈尊である」と述べている。これが親鸞の目に映った仏教の姿である。

では、曽我が、浄土真宗をことさらに親鸞の仏教史観と規定する意図はどこにあるのか。それは、浄土真宗を仏教史の中に位置づけるためである。より根本的には、浄土真宗が宗致とする弥陀の本願が、仏教において如何なる位置をもつかを見定めるためである。ではなぜ、曽我はそのような企てをするのか。それは、浄土真宗は弥陀の本願をその根幹に置いているが、その本願が釈尊の正覚とどのように関わっているかを浄土真宗に立つものは明確に自覚していないからである。むしろ、無関係と見なしているからである。そして、そのために浄土真宗は仏教において根なし草のようになっている。それゆえ曽我は、浄土真宗が自らの成立根拠について反省し、明確な認識をもつことを促すために、浄土真宗を「親鸞の仏教史観」という観点から問い直し、「釈尊が弥陀の本願を説いた」という親鸞の言明が何を意味するかを改めて追究するのである。

1　「釈尊が弥陀の本願を説いた」とはどういうことか

親鸞は『末燈鈔』において「仏心宗・真言宗・法華宗・華厳宗・三論宗等の大乗至極の教」の中にあって、「浄土真宗は大乗のなかの至極なり」（『聖典』六〇一頁）と述べて、浄土真宗を大乗仏教の中心に位置づけている。『教行信証』はそのことを証明しようとしたものであった。親鸞は『教行信証』を書くことで、法然の「選択本願」の立場を仏教史において位置づけ、普遍化しようとしたのである。

法然は選択本願をその教えの根幹において「浄土宗」を独立させたが、その本願の教えが仏教史において如何なる位置を占めるかを綿密に論証したわけではなかった。そこまで手が回らなかったし、また、法然にはその必要はなかったのである。法然は「名号を称えることが仏願にかなうがゆえに正定業である」という善導の言葉を揺るぎない土台にして、浄土宗を独立させることで足りたのである。法然はこの言葉を『観経疏』の注釈の部分に見いだして開眼し、感激のあまり落涙したといわれている。法然にとって、この一言は千金の重みをもったのであって、それは浄土宗を立ち上げるに際して法然にのしかかる負担の全重量を支えるだけの確かさと堅固さをもったのである。

しかし、浄土宗独立を支えたのは法然の主観的「確信」であって、仏教の歴史を通して確証された客観的「真理」ではなかったといわねばならない。法然の確信において、弥陀と本願と釈尊とは見えざる糸によって直結していた。法然には、本願念仏の教えが仏教の中心であるという自分の確信がすべてであって、その確信をさらに仏教史の中で根拠づける必要がなかったのである。しかし、そのために選択本願の立場は仏教ではないという非難を招くことにもなった。法然において、本願の教えを仏教史において根拠づけるという作業が完遂されないまま残されていたのである。その課題を担ったのは親鸞である。親鸞は『教行信証』を書くことでその課題を果たした。そこに『教行信証』が「顕浄土真実教行証文類」でなければならなかったゆえんがある。親鸞はさまざまな「経」「論」「釈」を文類として引き合いに出し、それによって本願念仏の教えが仏教の歴史の周辺ではなく、その中心を貫く大道であることを証明し、その結論を「教巻」冒頭において、「真実の教を顕さば、すなわち『大無量寿経』これなり」と表明し、その根本精神をなすところの弥陀の本願を説いたのは釈尊であると言明した。こうして、親鸞は、釈尊の正覚と弥陀の本願が客観的にも堅固な糸で繋がれていることを論証したのである。

しかしながら、「釈尊は弥陀の本願を説いた」という親鸞の言明は、近代の仏教研究によって覆《くつがえ》されることになった。明治期に成立した文献学的・実証的な近代仏教学は、この親鸞の言明を否定するものであった。

近代仏教学が示した仏教の姿は次のようなものである。史実に近い釈尊像は『阿含経』に描かれていて、そこでは釈尊は二十九歳のときに出家して、三十五歳で成道を得て、初転法輪において「四諦八正道」「十二支縁起」「五蘊」を説いた。これが原始仏教である。仏教はその後、二十の部派に分かれ、小乗仏教から大乗仏教へと発展し、数多くの大乗経典が出現した。しかし、それらの大乗経典は釈尊の滅後五百年を経て生じたものであり、したがって、それらは釈尊が説いたものではなく、釈尊の弟子たちが説いたものである。その大乗経典の一つである『大無量寿経』では、釈尊は弥陀の本願を説いたと書かれている。しかし、それは釈尊の弟子たちがそのように書いたのであって、釈尊は実際には弥陀の本願を説いてはいない。これが近代仏教学が教える仏教史であって、この知見は今日では常識となっている。そして、浄土真宗の中にある者も、近代仏教学のこの知見を受け入れ、「釈尊は弥陀の本願を説いていない」ことを自明として、釈尊と弥陀の本願との間には繋がりがないことを暗黙のうちに承認しているのである。

では、「釈尊が弥陀の本願を説いた」という親鸞の言明をどのように考えたらよいか。それは親鸞の妄言ではないか。そして、その妄言の上に立脚する浄土仏教はあやふやな土台の上に立つ砂上の楼閣ではないか。このような疑問が当然生じてきてしかるべきである。この疑問は浄土真宗の土台を揺さぶるものであるから、頬被りして拱手《きょうしゅ》傍観していてよいものではない。

もっとも、放置しておいたからといって、「大乗のなかの至極」である浄土真宗は直ちに瓦解するものではない。そう見越して、この疑問は放置され、無視されてきたといえる。しかし、無視することは、解決したことではないから、疑問は無意識の深層で生き永らえて、そこからボディブローのような作用を及ぼし、それによって、浄土真宗の神経と身体が徐々に痺《しび》れてくるという事態が生じないとはいえない。そして、浄土真宗から「本願」や「浄土」や「往生」等の観念を引っ込めて、「縁起」や「空」や「涅槃」等の観念に取り替えるのがいいのではないかという考えが生じてきても不思議ではない。しかし、それは浄土真宗の背骨を抜くことである。それゆえ、この疑問は無視して放置されるべきではない。この疑問に正面から取り組んで、「釈尊が弥陀の本願を説いた」という親鸞の言明は何を意味するかを改めて問い直し、この言明のもつ真理性を明らかにしなければならないのである。曽我が、浄土真宗を「親鸞の仏教史観」という角度から捉えようという意図がここにある。

2　仏教の最高の法語としての「得阿耨多羅三藐三菩提」

仏教研究において第一に問われるべきは「仏教とは何か」ということである。ところで、仏教は一般に、「釈尊が説いた教え」とされてきた。しかし、この規定は人を迷路に導く難点を含んでいるので、それがどのような難点かを明らかにして、取り除いておかねばならない。

仏教は「釈尊が説いた教えである」といわれるが、それはいったいどういうことか。そもそも仏教は「釈尊が説いた」から仏教なのか。それとも、釈尊によって説かれた「教えの内容」をもって仏教というのか。正しい答えはいうまでもなく、後者である。仏教は、釈尊が説いたから仏教なのではなく、釈尊によって説かれた教えの内容のゆえに仏教なのである。重点は、「誰が説いたか」ではなく、誰によって「何が説かれたか」に置かれねばならない。

このように見るとき、仏教は「釈尊が説いた」教えであるとして、これを自明の大前提に、釈尊が実際にそれを説いたか否かを探究の中心に置く仏教研究は、すでに一つの迷路に踏み込んでいるといわねばならない。それが近代仏教である。そこでは、釈尊によって説かれた教えの内容は無視され、忘れ去られているのである。

では、釈尊によって説かれた教えの内容とは何か。いうまでもなく、釈尊において生じた「正覚」である。釈尊の正覚は、釈尊の存在の内奥において生じたものであるから、釈尊と一体であり、釈尊の存在そのものである。それゆえ、正覚を説くとは、釈尊その人を説くということである。そのことはいい換えるなら、仏教は「釈尊が」説いたものではなく、「釈尊を」説いたものであるということである。「釈尊を」説くとは、「仏」を説くこと、「仏になること」を説くことである。

このような回りくどいいい方をしたのは、近代仏教学の観点がもっぱら、仏教とは「釈尊が説いた教えである」ということに置かれていて、「釈尊を説いた教え」、つまり「仏になる教え」という観点が欠落しており、そのために、仏教研究が内容のない空疎なものとなっていることに注意を促すためである。そのことを曽我は次のように述べている。

親鸞の仏教は直に仏陀に成る教であり、仏陀を説く教である。仏をして真に仏たらしめ、同時に衆生をして仏たらしめんとする教である。……今日の仏教学者の研究の方針は仏教と云ふものは仏陀が説いた教だ、随つて彼等は唯仏陀が説いたか説かないか、さう云ふことだけが問題になつて居る。併しながら吾々の問題は、仏陀が説いたか説かぬか、かう云ふ事項も一つの重要問題に違ひないけれども、それよりもつと重大な問題は、仏教と云ふものは仏に成る教、仏を説く教なのだ。畢竟するに親鸞の仏教は仏自証の教、自説の教である。……然るに此頃の仏教研究と云ふものは、仏に成る、仏を説くと云ふことを除けものにして唯仏陀がどう云ふことを説いたか、随つて仏陀が説いた教から推論して其所証の道を想定するに過ぎない。

（「親鸞の仏教史観」『選集』第五巻、三九六〜三九七頁）

曽我は近代仏教学の研究方法に潜む難点をこのように指摘するのである。

そこから帰結するのは、「仏陀が説いたか説かないか」を決めることにのみ関わり、「仏になるかならぬかという実践の事業」を問題にしない仏教研究の立場は「一貫した仏教の真理の体」（同書、三九五頁）をもたないということである。「さう云ふ仏教史観は宗教否定の唯物論と云ふ基礎に立つて仏教滅亡を説明する所の仏教唯物史観」（同前）であると、曽我はいう。曽我のこの言葉はかなり乱暴なものであるが、正鵠を射たものといわねばならない。

したがって、「仏教とは何か」を問う際に欠落してはならないのは、繰り返すことになるが、釈尊の語った言葉は何かを追究することではなく、その言葉によって語られたことは何かを問うことである。それは、釈尊において「無上等正覚」（阿耨多羅三藐三菩提）が生じたという事実である。たしかに、仏教は釈尊が語ったことによって成立した。しかし正確には、釈尊において正覚が生じ、その正覚が語られ、そして、その正覚を我が身においても証しようと願い、実際にも証した人々が生じたことによって仏教が生まれたのである。それゆえ、稲津紀三は「この〈得阿耨多羅三藐三菩提〉は仏陀（正覚者）としての釈迦牟尼その人と、歴史を通して現れてきた仏教との、すべてをその一言におさめていて、おそらくは、仏教最高の法語であろう」として、次のように述べている。

（この言葉は、）大乗経典に多く現れているが、本をたずねれば、釈迦牟尼自身が、自らに現れてきた不可思議荘厳な精神的覚醒を深く礼拝して、〈私は無上の等正菩提を正覚した〉と、世のすべての人々に知らせたときに、初めて生まれたことばであった。それが、当時の仏弟子の人達、その後につづいた大乗の人々、それを受けた中国・日本の諸高僧から、現在のわれわれまで、人の心の無上の開覚をもって受持されてきた。

（『大信海』三八・三九号、五頁）

「仏教とは何か」を、釈尊において生じたこの「得阿耨多羅三藐三菩提」を中心において追究するとき、「釈尊は弥陀の本願を説いた」という親鸞の言葉は、その「釈尊の正覚の内実」を掘り下げ、究明して語ったものという意味をもってくる。そこで問わねばならないのは、釈尊が歴史的事実として弥陀の本願を説いたか否かということではない。釈尊の正覚とは何か、そして、それを如何に我がものとするか、つまり、如何にして仏になるかということが問われてくるのである。そのことは、「釈尊の正覚は弥陀の本願とどのように関わるのか」を問い、その関わりを自己の身上において思索し、検証することである。これが仏教史において追究されるべき中心の問いであり、そして、浄土真宗が究明すべき根本の問いである。曽我が浄土真宗を「親鸞の仏教史観」と規定することで問うのは、この問題である。

3　釈尊の正覚と阿弥陀如来のいのち

では、釈尊の「正覚」とは何か。それは「弥陀の本願」とどのように関わるのか。それを明らかにするには、まず、釈尊の正覚はどのようにして生じたのかが問われねばならない。

釈尊の正覚は釈尊の頭に忽然と浮かんだものでも、釈尊が発明したものでもない。正覚は何もないところで生じることはできない。正覚が幻覚ではなく、人々を覚醒させる真理であるためには、それは人々の人生に深く根差すものでなければならない。つまり、釈尊の正覚は、釈尊の人生とその苦悩を背景とし、それを突破し、乗り超えたところに生じたのである。

ところで、釈尊の人生と苦悩は釈尊だけのものではない。そこには釈尊の生きた社会や時代の要求と苦悩が映り、それらの内にはさらに、インド民族や人類全体の要求や苦悩が映っている。釈尊の正覚は、それら全体を背景として生じた。すなわち、それは人類の根源に潜む原始的欲求を担い、それを自覚の光に揚げるべく生じたのである。その原始的欲求は、人間がそれを生きながらも、はっきりと摑むことのできなかった人間の根源的要求であり、人間の底にあって人間を超えたものといわねばならない。釈尊は、その原始的欲求の深みに入り込み、そこで人間が暗中模索していたものを明確な光の内に揚げたのである。

釈尊の正覚において明るみにもたらされたその原始的欲求は、本願として、そして本願の源泉としての「阿弥陀如来のいのち」として自覚されたのである。

釈尊の正覚は、「自覚の現在の境地を憶念しますと云ふと、其未来は空の空なるもの」（『親鸞の仏教史観』『選集』第五巻、四〇七頁）である。その自覚の境地は、生命の根源の響きの受用であり、阿弥陀如来のいのちの感触であるともいいうる。そのいのちの感触が、正覚において内から自覚され、透明な光に照らし出されたのである。そのことを曽我は次のように述べている。

釈尊が自覚の現在に立つて、自分の向ふ前途を見れば唯空の空なるものである。久遠尽未来際の末まで空の空なるものである。無相であり畢竟空である。其境地は空であり無相であり無願である。併しながら静かに釈尊を生み出した所の釈尊の過去の母胎、釈尊の内面的背景、それは即ち諸仏菩薩積功累徳の体験の世界である。そこには祖先の生命を捨てた、而して祖先の真実永久の生命を得来つた所の体験、祖先の証験し来つた所の無量広大の本願の境地と云ふものがある。此限りなき、数知らぬ所の祖先の体験、それを釈尊は畢竟依の大地として、光台として、其上に釈尊は立ち給うたのであります。（同書、三〇七～三〇八頁）

釈尊の正覚は「空の境地」である。その空の境地の底には「無量広大な本願の境地」があると曽我はいう。それはどういうことか。「空にして無相なる境地」は「無量広大な本願の境地」を略して一言に収めたものであり、「無量広大な本願の境地」は、無相なる「空の境地」の内実を開き、表現し、荘厳したものだということである。そこに、釈尊がその正覚において「弥陀の本願を説いた」といいうる根拠がある。

正覚の境地である空とは、その深みにおいては「阿弥陀如来のいのち」の感触であり、絶対自由の境涯であるといえる。それは衆生の底に秘められた根源の要求が掘り起こされ、内から自覚の明るみにもたらされたものなのである。

釈尊が弥陀の本願を説いたということは、人間の欲求の根源に潜む如来のいのちが人間存在の深みから上ってきて、釈尊の正覚に映ったということである。しかし、それは正覚の深みに映されていたので、釈尊といえども明確に摑むことはできず、それを取り出すことは後の弟子たちの仕事になった。しかし、釈尊の弟子たちが釈尊の正覚の深みを覗き込み、その底に映されていたとして、正覚の深みから本願を取り出したのであるかぎり、弥陀の本願は釈尊が説いたといいうるのである。釈尊の正覚は弟子を介して表現されたのであっても、そこには「阿修羅の琴の鼓する者なしといえども、音曲自然なるがごとし」（教行信証・行巻、『聖典』一九三頁）という趣があるのである。

では、弥陀の本願はどのようにして釈尊の正覚に映ったのか。浄土仏教の本願の思想は、従来、山口益の見解にもとづいて、菩提樹下でさとりに至った釈尊が、梵天の勧請によって説法に踏み出したところに見られる慈悲に注目して、智慧から慈悲へと進んだ仏教体系の中で説明され、位置づけられてきた。しかし、その説明は包括的であるが、多分に漠然としているように思われるので、ここでは別の角度から、『マハー・パリニッバーナ・スッタンタ』の漢訳『遊行経』（『長阿含経』）の「捨命住寿」という言葉を手掛かりに、より立ち入って本願の思想の淵源を探ってみたい。

釈尊はその最晩年、郷里のクシナーラへ向かう遊行の旅の途中で、鍛冶屋チュンダの供養を受けたキノコで食中毒を起こし、それがもとで入滅したが、『マハー・パリニッバーナ・スッタンタ』（中村元訳『ブッダ最後の旅』）では、亡くなる三ヵ月前に、釈尊は大般涅槃に入るに際して「注意深くアーユス（āyus）のサンカーラ（saṅkhāra）を捨てた」と記されている。正覚において得られた「涅槃」（nibbāna）に対して、命終して入る涅槃は「般涅槃」（pari-nibbāna）といわれる。「般」（pari）とは「完全な」という意味であるが、涅槃が完全なものとなるのは命終によってであるから、死によって至る涅槃が一般に「般涅槃」といわれるようになったのであろう。しかし、般涅槃が涅槃の完成であるなら、それは必ずしも死後ではなく、この現世で獲得されるものとも考えられる。実際のところ、『マハー・パリニッバーナ・スッタンタ』では、釈尊は亡くなる三ヵ月前に般涅槃を得たと記されている。そして、そのとき釈尊は「アーユス」（āyus）の「サンカーラ」（saṅkhāra）を注意深く捨てたとされている。それゆえ、大般涅槃は、精確には、命終によってではなく、「アーユスのサンカーラ」を捨てることによって得られるのであることに注意しなければならない。では、「アーユスのサンカーラ（中村元は「寿命の素因」と訳しているが、その意味を説明していない）を捨てる」とはどういうことか。そして、大般涅槃とはどういうことか。

　サンカーラは「五蘊説」では「行」とされ、人間の認識活動（識）の根源にあって、認識活動を成立せしめつつ、その活動を内から縛って方向づけている自執性の原理、無明の原理である。そのサンカーラがアーユスの中に入り込んで、その活動を成り立たしめつつ、その自由で覆われなきはたらきを妨げ縛っていると考えられる。すると、「アーユスのサンカーラ」は、現象としては「ジーヴァ」（jīva）の活動を指すと考えられる。そういうなら、「アーユスのサンカーラを捨てる」とは「アーユス」を捨てることではなく、アーユスを縛っている混濁せるサンカーラを捨てることであり、そのことによって、アーユスの活動が全きもの、つまり、純粋で清浄で自由なものとなることである。それはいわば、「有余涅槃」から「無余涅槃」に至ることである。それが「般涅槃」である。こうして釈尊は入滅する三ヵ月前に「アーユスのサンカーラ」を捨て、般涅槃に入ったとされている。

そのように考えうるなら、「アーユスのサンカーラを捨てる」とは、『遊行経』でいわれるごとく、「捨命住寿」、すなわち、われわれの狭い、時間的で有限な命であるジーヴァを捨てて、無量のいのちの内に住むことと考えられる。それは「阿弥陀如来のいのち」、すなわち「アミターユス」に帰入し、それを受用することである。すると、そのことは、『阿弥陀経』において「釈迦牟尼仏、能く甚難希有の事を為して、能く娑婆国土の五濁悪世、劫濁・見濁・煩悩濁・衆生濁・命濁の中にして、阿耨多羅三藐三菩提を得て、もろもろの衆生のために、この一切世間に信じ難き法を説きたまう」（『聖典』一三三頁）といわれていることとも重なってくる。そこで、五濁悪世において正覚を得ることは甚難で希有なことであったと語られているが、それは、五濁というサンカーラの世界において「アーユスのサンカーラを捨て」て「大般涅槃」を得ることは甚難であったということでもある。

先に述べたように、「サンカーラ」とは「五蘊説」において「行」とされているが、行とは「識」の手前にあって識を方向づけ、縛っている「自執性」と「無明」の原理である。そのサンカーラを断つことで、無明に覆われていた不純な識は自由で透明な活動となる。『遊行経』は「アーユスのサンカーラを捨て」て「大般涅槃に入ること」を「捨命住寿」と捉え、鳥の雛が殻を破って外に出ることに譬えた。「アーユスのサンカーラを捨てる」とは、アーユスそのものを捨てることではなく、アーユスを内から縛っているサンカーラ、つまり「ジーヴァ」を捨てることであり、それによってアーユスが清浄ないのちに至ることである。『遊行経』の「捨命住寿」という語をこのように解することができる。それは「有限な狭い命」を脱して「寿」つまり、「広く自由で純粋透明ないのち」に帰入することである。こうして釈尊は、正覚において証された「涅槃」の境地を深め、それを「大般涅槃」において「捨命住寿」、つまり阿弥陀如来のいのちの内に住むことと捉えたのである。

しかし、「寿」とはどのようないのちか。われわれが生きている有限で死にゆく命は「生命」(ジーヴァ)といわれるのに対して、「寿」(アーユス)とは、そこにおいて有限な生命が捨てられ、乗り超えられてゆく「無量のいのち」(アミターユス)である。『阿弥陀経』において「阿弥陀如来」といわれているのがそれである。この無量のいのちは人を覚者にするはたらきをもっている。釈尊は正覚に至って「私は無上安穏涅槃に到達した」と語ったが、親鸞はそれを「無明のまどいをひるがえし、無上涅槃のさとりをひらくなり」(唯信鈔文意、『聖典』五五三頁)といい表した。無上涅槃のさとりは大般涅槃においてさらに深められ、「無量寿」に住すること、すなわち、「阿弥陀如来のいのち」に帰入することと捉え直されたのである。そこにおいて、人をこの世に繋ぎ留めてきた柵、自分を縛ってきた古い命の殻は、鳥が卵の殻を破って外に出るごとく捨て去られる。親鸞は、それを「命終の一念において、大般涅槃を超証する」と捉えたのである。

大般涅槃をこのように捉えるとき、そこから、釈尊が弥陀の本願を説いたということがおのずから導かれてくるように思う。釈尊の涅槃の境涯は寂滅であり、空であり、無碍の世界であり、絶対自由の世界である。その涅槃の境涯が深められることで、それは大般涅槃において「阿弥陀如来のいのち」に帰入し、これを受用することと捉えられるのである。

阿弥陀如来のいのちは人間存在の底にあって人間にはたらきかけ、人間を人間として成り立たしめている根本の原理であり、人間をその核心において支える無限の肯定の原理である。その阿弥陀如来のいのちはサンカーラを捨てたところで受用されるものであるので、それは衆生の世界を超出している。それゆえ、それが衆生の生きる五濁の世界、ジーヴァの世界に現れてはたらくためには、それは再び「サンカーラ」、つまり「行」となるのでなければならない。それが「本願」である。それゆえ、サンカーラは「自閉するはたらき」と「解放するはたらき」の両義性を有している。アーユスはサンカーラから解放されることで阿弥陀如来のいのちになるのであるが、阿弥陀如来のいのちは、今度は本願というはたらき、つまり行となって衆生のジーヴァの世界に出現してくるのである。ここに、阿弥陀如来の本願への転変、すなわち、「回向」があるのである。

阿弥陀如来のいのちにおいて、「サンカーラ」は「本願」という「行」に転じ、自閉的・自執的であったサンカーラのはたらきは、自由で開かれたはたらきとなる。この阿弥陀如来のいのちの本願への転変、すなわち回向に、本願の思想の淵源を見ることができる。では、「阿弥陀如来のいのち」と「本願」とはどのような関係にあるのか。それを次により立ち入って見ることにしたい。

4　阿弥陀如来のいのちと本願

「阿弥陀如来のいのち」（アミターユス）は、われわれの「有限で生物的生命」（ジーヴァ）を超えているが、ジーヴァと別々にあるのではなく、それに溶け込み、それと一体をなしている。したがって、阿弥陀如来は衆生の世界において、自らの姿を隠している。それは阿弥陀如来としてではなく、本願となって、衆生のジーヴァの世界に現れるのである。そこに、阿弥陀如来の無限の自己否定があり、その自己否定に阿弥陀如来が大悲心であるゆえんがある。そして、そこに「回向」といわれることがある。阿弥陀如来の大悲心の現れが本願であり、その本願が法蔵菩薩という象徴によって示されるのである。

そのことは何を意味するか。阿弥陀如来はこの世において不在であり、それゆえ、衆生はこの世で直接的に阿弥陀如来に触れるのではなく、本願の信を介して触れるということである。衆生は、阿弥陀如来の衆生の世界における現れとしての本願の信を通して、つまり、本願が衆生の信において発芽し、成長し、開花してくることによって、衆生は阿弥陀如来のいのちに触れるのである。その意味で、「信」とは、そこにおいて本願が発芽し、無上の妙果をもたらす場所、ないし土である。浄土仏教において、信が涅槃の真因として格別な地位が与えられているゆえんがそこにある。如来のいのちが感得され、花開く場所が信である。

「阿弥陀如来」と「本願」と「信」との三者の関係は、「植物のいのち」と「種子」と、それが成長するこの世においては現れない。植物のいのちは、この世にいのちそのものとしては現れない。それはこの世において種子という形をとらねばならない。植物のいのちは、種子が大地に撒かれて発芽し、成長し、花開くところにおいて、その全き姿を現すのである。その転変がすなわち回向である。そして、そのいのちが地上において存続し、伝播してゆくためには、それは再び種子という形をとらねばならない。同様に、阿弥陀如来のいのちは本願となって衆生の世界に現れ、それが衆生の「信」において開花することで、衆生は阿弥陀如来のいのちに触れる。と同時に、阿弥陀如来のいのちは本願という形をとって衆生の歴史的世界に伝播してゆくのである。それゆえ「信」は、衆生において本願が着床し、発芽し、開花する場所という性格をもつのである。

阿弥陀如来は、それ自体としては衆生の世界には秘められている。それゆえ、衆生の世界は無仏の世界である。その無仏の世界において衆生が阿弥陀如来に触れる手掛かりはただ、本願しかない。そのようなものとして、本願は、衆生が阿弥陀仏に触れうるよう、阿弥陀如来によって回向されたものである。その本願が信において開花することで、衆生は阿弥陀如来のいのちに帰入する。そのことが「本願成就」といわれる。本願は衆生の信において開花し、成就するのである。

それゆえ、われわれが深く思いを致さねばならないのは、本願は、阿弥陀如来の種子としてわれわれに与えられ、回向されたということである。つまり、本願は「因」であることが忘れられてはならない。そのことは、本願は信において発芽し、開花するのでなければ有効でないということ、したがって、本願は衆生の信において成就しなければならないということである。そこに「信」の意義がある。そのことを曽我は次のように述べている。

本願成就とは我等の身の上に救済が成就するということである。これが親鸞の不滅の仕事である。このことを仏教三千年の歴史で親鸞が始めて明らかにした。本願成就とは如来の救済によつて、我等が信心決定して現生にお助けを得るということである。それ以外に本願成就はないと親鸞が始めて明らかにした。

（「分水嶺の本願」『選集』第十一巻、三一〇頁）

5　本願の信の道と自性唯心もしくは定散自心の道を分かつもの

「本願成就」が示すのは、人間は本願の信を介して阿弥陀如来のいのちに帰入するということであり、本願という「因なしに」、あるいは本願とは「別の因」によってではないということである。親鸞が『教行信証』「信巻」の「別序」において特に強調するのはこのことである。そこにおいて親鸞は、

それ以みれば、信楽を獲得することは、如来選択の願心より発起す、真心を開闡することは、大聖矜哀の善巧より顕彰せり。

しかるに末代の道俗・近世の宗師、自性唯心に沈みて浄土の真証を貶す、定散の自心に迷いて金剛の

真信に昏し。

（『聖典』二一〇頁）

と述べて、本願の信の意義に深く思いを致している。

この言葉によって親鸞は「本願の信」の要ともいうべきものを示している。つまり、それは「信」を介して「証」に至る道であるということである。本願の信を介さないで如来に触れようとする立場を、親鸞は「自性唯心に沈む」もの、あるいは「定散の自心に迷う」ものとして、「本願の信の道」と区別し、厳しく退《しりぞ》けたのである。

しかし、われわれは「本願の信の道」を最初から自明なものとして前提しているせいか、親鸞のこの言葉を読んでもその真意を掴まず、もっぱら、自性唯心や定散自心とは何か、それらはどのように違うかということの方に注意が向かう。しかし、曽我は、自性唯心と定散自心の立場はそれほど異なるものではなく、それらは同一人において見られる事態であって、重要なことは、それらが「本願の信の道」とどこが違うかを見極めることであるという。

一般には、「自性唯心」の立場は禅などの聖道門の立場、「定散自心」の立場は法然門下の専修念仏の立場を指すと見なされている。それらは、要するに、本願の信によらないで如来に触れようとする立場である。では、本願の信の道とそうでない道との決定的な違いはどこにあるのか。それは、自性唯心や定散自心の立場は、本願の信とは異なって、主観的な宗教経験や神秘的体験によって、直接的・無媒介的に阿弥陀如来のいのちに触れようとする道だということである。したがって、それらは「独りよがりであり、独である。それは、本願の伝統という歴史的必然性をもたず、それゆえ「深い自覚的確証」を欠いて「それぞれ我的独断論」（「親鸞の仏教史観」『選集』第五巻、四六八頁）、「小我論的自見的な己証」（同前）だということでわしたもの」（同前）であると曽我はいう。

では、二つの道を分かつ決定的な違いはどこにあるのか。それを明確にするために、いささか奇抜な感があるが、それらを太陽のエネルギーを活用する二つの方法に譬えてみたい。そうすることで、両者の根本の違いがどこにあるかがはっきり見えてくると思う。

地球上のあらゆる生物は光を避け、ことさらに暗闇へ向かおうとする細菌や微生物を除けば、その活動のエネルギーを太陽から得ている。ところで、その太陽エネルギーを受用し、活用するには、異なった二つの仕方がある。一つは、あらゆる生物が用いている最も基本的で普遍的な方法である。それは、太陽エネルギーを植物の葉緑素における光合成によって澱粉に変えて地上に蓄え、それを燃焼するという仕方で、太陽エネルギーを活用する方法である。もう一つは、太陽エネルギーを核エネルギーとして直接的に用いる方法であって、これは現代において人間の頭に忽然と思い浮かんだ、極めて特殊で異常な方法である。

「本願の信の道」と、「自性唯心」や「定散自心」の道の特質、もしくは違いは、この太陽エネルギーを用いる二つの方法に比較することでよく見えてくる。本願の信を介して如来のいのちに触れようとする立場は、光合成によって生じた澱粉を介して太陽エネルギーを活用しようとするものであって、本願とは、太陽エネルギーそのものではなく、光合成によって地上に蓄えられた太陽のエネルギー、つまり澱粉や化石燃料であるといえる。本願の道の特徴は、それを信において燃やして力に変えることで、間接的な仕方で如来のいのちに触れることにある。親鸞は、この信の道が人間が無上仏に至りうる唯一の自然で確かな道と捉え、それを「自然法爾」と名づけたのである。

一方、「自性唯心」や「定散自心」の立場は主観的で特殊な宗教経験を通して如来に直接に触れようとするもので、太陽エネルギーを核エネルギーとして無媒介的・直接的に利用しようとする方法である。太陽エネルギーを核エネルギーとして直接的に用いる方法は、人類が今世紀になって発明した狂気じみた方法であって、制御不可能な危険で特殊な道であることが、今度の福島の災害で改めて思い知らされることになった。それは人類の頭に忽然念起した妄想というべきものであろう。「自性唯心」や「定散自心」の立場は、そのように、本願を媒介することなしに直接的に如来のいのちに接触しようとする妄想に近い企てなのである。その道は自己の特殊な宗教経験、神秘経験によって如来に直接しようとする、主観的で独断的、妄想的なものであって、「禅の見性」、「一遍の念仏」、「法然の専修念仏」、善鸞が勧めたとされる「秘事法門」などがそのような類いのものである。しかし、その道によって人間がはたして「無上仏」や「涅槃」に至りうるかは極めて疑わしいといわなければならない。その道は途中で壊れていて、涅槃に通じていないかもしれないのである。そういうことから、親鸞は『教行信証』「化身土巻」の「後序」において「聖道の諸教は行証久しく廃れ、浄土の真宗は証道いま盛なり」（『聖典』三九八頁）と述べて、「本願の信の道」が、衆生が如来に至ることのできる唯一の大道であるとして、それ以外のものを妄想として退けたのである。

本願の道は、「信」において自己を否定して、間接的に如来に触れようと念ずる謙虚で慎ましい道である。それは「果上の阿弥陀仏」を讃嘆することで直接的に如来と一体化することを求める派手な道ではない。真実信とは果上の阿弥陀仏を讃嘆することではなく、阿弥陀仏の因である本願に思いを致すことによって、阿弥陀仏のいのちが自己に到来するのを待つ忍耐の道である。本願が衆生の「信」において開花し、現実的となることにおいて、衆生は如来のいのちに帰入するのである。「果上の阿弥陀仏を見んとならば、須く従果向因して因位本願を内観せねばならぬ。因位の本願は帰命の一念に於て本願招喚の勅命を聞かねばならぬ」(「親鸞の仏教史観」『選集』第五巻、四六五頁)。「因位先験の南無阿弥陀仏に於て、そこに果上の南無阿弥陀仏を体験したる境地が「阿弥陀仏即是其行」であります」(同前)と曽我はいう。この本願の信の道が、釈迦滅して二千年、弥勒菩薩出現に至るまでの五十六億七千万年の無仏の期間において、衆生が如来に至りうる唯一の道であると親鸞は捉えたのである。親鸞が浄土真宗の証道とするのは、そのような、本願の信を通して仏に至るという間接的な忍耐の道である。この道を親鸞は、末法の無仏の時代に、衆生が仏に至ることができる唯一の道と捉えた。本願の道とは、仏なきところに仏を見る道である。

6　本願の信と宿業の世界

阿弥陀如来のいのちが、衆生の世界に形を変えて現れたのが本願である。したがって、本願のはたらく場所は、衆生の生きる大地でなければならない。そこに弥陀如来が法蔵菩薩となって地上に出現したとされるゆえんがある。衆生の生きる大地とは「宿業の世界」である。曽我は「宿業の世界」を「本能」と捉えた。宿業が本能であるとは、衆生の生きる大地が、そこにおいてすべての生き物が感応道交しつつ生きている深い生命の世界であるということである。その宿業本能の世界に本願は弾みで現れ、本能によって感得されるのである。

宿業の大地において本願が感得されるとき、そこに何の感激もないということはありえない。平々凡々、不平不満、死骸累々たる宿業の世界の眺めが変わってくる。宿業の世界は、そこにおいて美が輝き、喜びが感じられ、将来の展望が開かれる世界となる。とりわけ、「有り難い」という思いが感得されてくる。それが「浄土の荘厳」といわれる世界にほかならない。浄土の荘厳とは宿業の世界を離れた天上の世界のことではなく、本願によって照らし出された宿業の世界の輝きである。そのきらめきが有り難いという思いにおいて感得されるのである。

曽我は、「有り難い」という思いは歴史的感覚であるという（『講義集』第一巻、九五頁）。それが歴史的感覚であるゆえんは、有り難いという思いは何もない天空において感じられるのではなく、衆生の生きる大地、宿業の世界、すなわち衆生の歴史的世界における諸々の出来事や関係において感得されるものだからである。本願は、衆生の歴史的世界を離れて、どこか上空を浮遊して人間に思いをかけているのではなく、衆生の生きる大地、宿業の世界においてはたらいて、衆生に生きる力と喜びを与えているのである。宿業の世界において本願のはたらきが感得されるところに、浄土の荘厳が輝くのである。

宿業の世界は本来、そこにおいて、一切が感応道交しつつ生き、繋がっている深い本能の世界として、「大自然」というべきものである。それは本来、一味平等の世界である。しかし、現実的には、差別や不平等や不如意が支配する業繫の世界、苦の世界である。それゆえ本願が、その苦に反応し、苦を乗り超えさせるものとして宿業の世界に出現してきて、平等の世界を開くのでなければならない。

身体が傷を受けたとき、身体の底からより大いなる生命が出現してきて、傷はおのずから治癒することをわれわれは経験から知っている。このことは身体だけのことではない。それは精神の世界の事柄でもなければならない。心が傷を受けたとき、心の底から善への思いが生じてきて、それによって心の傷は癒される。ここに如来のいのちの深い真実がある。如来のいのちは、衆生の苦を通して、苦を癒すものとして、本願となって宿業本能の大地の底から出現してくるのである。

釈尊は苦を「聖なる真理」と捉えた。それは苦をじっと見つめていると、その底から苦を超えた真理が出現してきて、それによって苦が溶解され、乗り超えられるという法を、釈尊は見いだしたからである。親鸞が宿業を見つめて感得したのも同じ真理である。自己が宿業の身であることを深く感得するところに、弥陀の本願が出現してきて、それによって宿業の業繫が取り除かれるという事実を、親鸞は曇鸞のいう「仏法力不可思議」として感得した。その事実の感得を親鸞は「弥陀の五劫思惟の願をよくよく案ずれば、ひとえに親鸞一人がためなりけり」として、「そくばくの業をもちける身にてありけるを、たすけんとおぼしめしたちける本願のかたじけなさよ」（歎異抄、『聖典』六四〇頁）といい表したのである。

真空があるところにそれを満たそうと空気が殺到するように、苦悩のあるところ、慰めなきところ、欠損あるところ、消しがたい不幸や悲哀があるところに、如来の本願は、それを埋めようと殺到せずにいられない。そのことによって、宿業の重力のもとで捩じ曲げられ、窒息していた存在は、呼吸し、生きる力を取り戻すことができる。そこに本願力に遇うといわれることがある。法蔵菩薩とは、そのような、宿業の世界のただ中に出現してきてはたらいている本願のイマージュ化である。そのような衆生の世界への本願の現れが如来の「回向」とされて、衆生の歴史的世界を貫いてはたらいていると捉えられたのである。

おわりに

阿弥陀如来のいのちは衆生の歴史的世界に「本願」となって現れ、衆生の歴史的世界を貫いてはたらいている。そして、衆生は本願の中に生まれ、本願を生き、本願の中で死んできた。仏教の歴史はそのような本願の歴史である。親鸞は、その本願の歴史が釈尊から「三国七高僧」を経て、現在の自分にまで届いていることに思いを致し、仏教の歴史を「本願の伝統の歴史」と捉えた。そして、本願のはたらきが衆生の歴史的世界を貫いて、「往相」と「還相」という渦流を描いて流行し、展開してゆく様を「二種回向」として捉え、その二種回向を浄土真宗の教相の根幹に置いたのである。その意味で、二種回向とは本願の歴史観にほかならないのである。

親鸞はこのように仏教三千年の歴史を本願の歴史として、それを三国七高僧の伝統によって示したのであるが、親鸞はさらに、その「本願の歴史の母胎」を第十七願の「諸仏称名の願」に見いだした、と曽我はいう。第十七願は「大行」として、「行巻」の標挙に挙げられているが、親鸞はこの「諸仏称名の願」によって、本願念仏の歴史を一言で要約し、浄土真宗の伝統の根源を示したというのである。そのことを曽我は次のように述べている。

（親鸞は）即ち第十七願諸仏称名の願と云ふものに依つて三国七祖の伝統と云ふもの、根源を明かにした。伝統の根源は第十七願である。其第十七願と云ふのは詰り浄土教の歴史の事実原理である。仏教の歴史の事実原理である。此親鸞の仏教史観と云ふものは先づ第一に第十七願諸仏称名の願に事実的原理を見出された。……それだからして行と云ふことは何である、行と云ふことは南無阿弥陀仏の伝統、南無阿弥陀仏の流伝である。南無阿弥陀仏が流行する、行とは流行です。之を歴史的に言へば南無阿弥陀仏の名号の流行、流れ行はれることである。其南無阿弥陀仏の名号の流行、それを七祖の伝統といふ一つの事実の上に見出した。

（「親鸞の仏教史観」『選集』第五巻、四五九〜四六〇頁）

つまり、「諸仏称名の願」は仏教三千年の「本願念仏の伝統の歴史」を縮約して一言で捉えたものなのである。

第十七願の諸仏称名の願は、一見すると、天上の世界の出来事を神話的に語っているもののように思われる。無数の諸仏が天上の星座のようにきらめきつつ、同時に、阿弥陀仏を讃嘆している空想の世界の出来事を示していると考えられる。武内義範は、この諸仏称名の願を天上の星々が奏でる「宇宙のコーラス」に譬えている（『武内義範著作集』第二巻、二七七頁）。ピタゴラスは、夜空で無数の星々がそれぞれのスピードに応じて異なる響きを発しながら奏でる音楽を宇宙音と捉えたが、諸仏の称名も、そのように無数の諸仏の称名が如来の家において満堂に響いていることであり、衆生はその諸仏の称名に交じって称名することで、如来の家の一員に加えられるとするところに、この諸仏称名の願の意義があると武内はいう。武内は、諸仏称名の願をそのように「コスモロジカル」な見地から捉えたのである。

曽我自身も長い間、この諸仏称名の願を天上の星座のような神秘的な事柄をいうものと考えていた。しかし、そこで語られているのは、実は地上の歴史的事柄であり、仏教の歴史の根源を表したものと考えるに至った。そして、次のように考えなければならないという。

……親鸞に於きましては真実仏教歴史の悉く総てが皆大地に関係し、皆大地を歩いた記録でなければならぬ。……吾等の祖先の骨も血も皆大地から出たものである、大地から見出されたものである。さう云ふことを親鸞ははつきりと認める。あの大乗経典と云ふのは即ちそれを示すのであつて、唯天上の空想を書いてあるのでなしに、誠に無碍自在に天上のことを語つて居るのも、それこそ地上に深厚の関係を有つて居るからである。……地と云ふものに関係のない天と云ふものは何の意味もないのである。

（「親鸞の仏教史観」『選集』第五巻、四四二〜四四三頁）

本願の歴史は三国七高僧によって示された。そこでは高僧たちは七人である。しかし、それは七人に限らない。その背後には、歴史上、無数の諸仏が控えて阿弥陀仏を讃嘆しているのであって、七人はその代表にすぎない。その念仏の歴史の根源の原理が諸仏称名の願によって象徴的に捉えられるのである。その諸仏に倣い、諸仏に交じって衆生が阿弥陀仏を讃嘆するところに、本願の歴史が成立するのである。

　そのようにして、衆生は本願の歴史の中に生まれ、本願の歴史の中に「生き」、本願の歴史の中に「死んだ」。では、本願の歴史の中で「生きた」とはどういうことか。それは、衆生がそこにおいて「現生正定聚」に住したということである。では、本願の歴史の中で「死んだ」とはどういうことか。それは、衆生がそこにおいて「無上涅槃」に至ったということである。「此阿弥陀の本願の歴史に於て生きた、生きたが故に即ち彼は現代に於て生きて正定聚不退転である。又随つて彼は此歴史に於て静かに骨となつて眠ることが出来る、それは即ち必至滅度である」（同書、四四九頁）と曽我はいう。このように親鸞は、仏教を「本願の歴史」として捉え、その歴史を「生きること」、「行ずること」を仏教の大道と捉えた。仏教をそのように本願の歴史を生きることとして捉えたのが「親鸞の仏教史観」であり、「浄土真宗」なのである。

　浄土真宗を「本願念仏」の歴史の展開と捉え、その歴史の母胎を第十七願の「諸仏称名の願」に見るとき、注目されてくるのは、鈴木大拙が『教行信証』の英訳において、「大行」を“great living”と訳したことである。大拙のこの訳語は多くの人々に意外の感をもって受け取られた。それは、大行を living と訳すことで大拙がいおうとした真意が分からなかったからである。大拙の真意が分からなかったということは、大行とは何かをその根源において捉える深い洞察を多くの人々が欠いていたということである。大行としての「諸仏称名」とは、先に見たように、「本願の流行」であり、「本願念仏の歴史を生きること」を一言で捉えたものである。そういうるなら、大拙が「大行」を、「本願の歴史の伝統」を「生きる」こと、つまり「行ずる」こととして、"great living" と訳したことは、まさに第十七願の核心を摑んだものとして、適訳にして名訳といわねばならない。living とは「生活」という意味を超えて、本願の歴史、もしくは流行を「生きる」こととしての「行」なのである。

本願の思想とその淵源

1　釈尊とは誰か

親鸞は『教行信証』において、「真実の教」は『大無量寿経』であり、その根本精神は「弥陀の本願を説く」ことである、したがって、弥陀の本願を説いたのは釈尊である、と語っている。「釈尊は弥陀の本願を説いた」という、親鸞のこの言明の上に浄土真宗は成り立ってきた。しかし、この言明は今日では否定され、釈尊は弥陀の本願を説いてはいないと一般に考えられている。『大無量寿経』が成立したのは、釈尊の滅して五百年後であるから、釈尊は弥陀の本願を説けるわけがないからである。

では、「釈尊は弥陀の本願を説いた」という親鸞の言明はどのように考えたらよいか。それは親鸞の虚言なのであろうか。そして、その虚言の上に立つ浄土真宗は土台からして怪しい大伽藍なのであろうか。そのような疑問が生じてきて当然である。それゆえ、浄土真宗に立つものは「釈尊は弥陀の本願を説いた」という親鸞の言明が如何なることを意味するのか、そしてその言明に真理性があるなら、それはどこかを明確に自覚していなければならない。

そこで、まず問われてくるのは「釈尊とは誰か」ということである。私たちは、釈尊は釈迦族の王子でゴータマ・シッダルタと呼ばれ、青年期に出家して修行し、三十五歳で成道を得て法を説き、八十歳で死んだ人物であることを知っている。しかし、これが釈尊であろうか。そうではない。そのゴータマにおいて「正覚」が生じ、それが語られ、そして、その語られた正覚を我が身においても証した人々が生じたことによって、釈尊は生まれたのである。

そのとき、「釈尊が語った」ということは、ゴータマが語ったというだけのことではない。釈尊が語ったということは、その言葉によって「正覚」が語られたことを意味するのである。それゆえ、釈尊はゴータマであってゴータマではない。釈尊が自らを「如来」と名のり、彼にゴータマと呼びかけた友人たちに、如来を名で呼んではならないと語ったのはそのためである。

それゆえ、注目しなければならないのは、釈尊において「無上等正覚」が生じたという事実である。そこでは、釈尊が「何を語ったか」ということではなく、その言葉で語られた「正覚とは何か」ということが重要となる。ここに近代仏教学と親鸞の立場の根本の違いがあるのである。

近代仏教学は「釈尊が語った」ことを、正覚を抜きにして、実際に釈尊がそれを語ったか否かということだけから追究する。そして、実際に語ったと思われない夾雑物《きょうざつぶつ》を取り除いてゆくなら、やがて純粋な仏教の姿が現れてくると考える。そのとき、釈尊が語ったことは「四諦八正道」や「十二支縁起」や「五蘊」などに切り詰められ、単純な道徳的命題のごときものだけが後に残る。そして、それが本来の仏教であるとされる。

一方、親鸞の主眼は、釈尊の言葉を釈尊の正覚との関わりにおいて追究することにある。そのとき、釈尊の正覚に映ったものは四諦や縁起だけに限られない。「阿弥陀如来とその本願」もまた、釈尊の正覚に映ったと見なされてくる。注目すべきはこのことである。しかし、いったいどうして、そういうことがいうるのか。

たしかに、客観的な歴史的事実としては、釈尊は「弥陀の本願」を説いてはいない。それは釈尊の弟子たちが説いたものである。しかし、弟子たちが創作したのではなく、発見したのである。釈尊の弟子たちが、釈尊の正覚が自己においても証されることを願って正覚に深く思いを致す中で、その底に弥陀の本願が見えてきたのである。それは正覚の深みに秘められていたために、釈尊といえどもはっきり取り出すことはできず、それを掘り起こすのは弟子たちの仕事となった。しかし、弟子たちが、それを釈尊の正覚に映っていたとして掘り起こしたのであるかぎり、釈尊が語ったといいうるのである。そこには、「阿修羅の琴の鼓する者なしといえども、音曲自然なるがごとし」（教行信証・行巻、『聖典』一九三頁）という趣がある。釈尊の正覚は、弟子たちによって奏でられたのではなく、弟子たちの知らない間に自然に鳴ったのである。ここに、「釈尊は弥陀の本願を説いた」という親鸞の言明のもつ真理性がある。

次に問われねばならないのは、釈尊の正覚はどのようにして生じたのかということである。釈尊の正覚は、何もないところに天から降ったように突然生じたのではない。釈尊の正覚は、釈尊以前からあったインド民族の心、そして人類の心の底を貫いて流れていた根本の要求や願いを背景として生じた。衆生の意識の深みに秘められていた衆生の根本の欲求が、釈尊の正覚において自覚の明るみにもたらされたのである。人類の根本の要求を自覚の明るみにもたらしたものがさとりであり、正覚である。たしかに、それは釈尊がいなければ自覚されることはなかった。しかし、釈尊の正覚において意識に照らし出されたものは、実は太古から人間の意識の底にあった人間の根本要求である。その意味で、曽我量深は、大乗仏教は「釈尊以前の仏教」だという。人間の奥底に潜んでいた根本要求が釈尊の正覚において無意識の底から照らし出され、それを弥陀の本願として自覚し生きることにおいて、人間は真の自由を見いだしたのである。最後に現れてきたものは、実は最初からあったものなのである。

このように見るとき、仏教において格別な位置を占めるものは、等正覚を証することとしての「得阿耨多羅三藐三菩提」という言葉である。前章で見たように、稲津紀三は、それを仏教のすべてを一言に収めた最高の法語であると捉えたのである。

このように見ることで、近代仏教学と親鸞の立場との違いがはっきり見えてくる。釈尊の言葉から正覚を取り除いて、語られた言葉だけを追究するのが近代仏教学である。そのとき、仏教史は、曽我の言葉を借りるなら、中身のない「空樽」となる。そして、そこには最初から正覚はなかったのだから、近代仏教学が説く仏教史観は、「宗教否定の唯物論と云ふ基礎に立つて仏教滅亡を説明する所の仏教唯物史観」(「親鸞の仏教史観」『選集』第五巻、三九五頁)ということになる。あるいは、中身があったとしてもアルコールは抜かれているので、飲んでも誰も酔わないのである。

2　本願の淵源としての「阿弥陀如来」（アミターユス）

しかし、「阿弥陀如来とその本願」が釈尊の正覚に映ったというなら、そういいうる根拠が示されなければならないであろう。前章で、それを『マハー・パリニッバーナ・スッタンタ』（『大般涅槃経』）の漢訳である『遊行経』の「捨命住寿」という言葉に見たが、ここで再説しておきたい。

「パリニッバーナ」は「完全な涅槃」という意味で「大般涅槃」といわれる。「ニッバーナ」は正覚を得て涅槃に入ることとして「入涅槃」といわれるのに対して、「パリニッバーナ」は完成した涅槃として、「大般涅槃」といわれるのである。ところで、『マハー・パリニッバーナ・スッタンタ』（中村元訳『ブッダ最後の旅』）では、釈尊は「アーユスのサンカーラを捨てる」ことによって大般涅槃に入ったとされている。このアーユスのサンカーラを捨てることは命終と見なされたため、大般涅槃は命終によって証される涅槃と考えられてきた。しかし、『マハー・パリニッバーナ・スッタンタ』では、釈尊がアーユスのサンカーラを捨てて大般涅槃に入ったのは、実際に命終する三ヵ月前といわれているのであるから、「大般涅槃」は、精確には、「命終」によってではなく、「アーユスのサンカーラを捨てる」ことによって得られるのである。

では、「アーユスのサンカーラを捨てる」とはどういうことか。そして、そのことがどうして「大般涅槃」を証することになるのか。『遊行経』は、それを「定意三昧捨命住寿」と訳している。つまり、「大般涅槃」は「生命（寿行）を捨てて、無量のいのち（阿弥陀如来のいのち）に住むこと」と捉えるのである。それゆえ大般涅槃は単なる命終ではなく、命を捨てることによって「無量のいのち」に住むことと考えられる。ここに「釈尊の正覚」と「阿弥陀如来のいのち」とを繋ぐ紐帯を見いだすことができる。すなわち、釈尊の正覚が深められ、大般涅槃に踏み入ったところにおいて、正覚の底に無量寿としての阿弥陀如来のいのちが見いだされてきたのである。

では、「寿」（アーユス）とは何か。私たちの有限で死すべき有機的・生物的生命が「生命」（ジーヴァ）といわれるのに対して、有限な命が捨てられ、乗り超えられてゆくところに受用される「いのち」が「寿」（アーユス）であり、その「無量の寿」（アミターユス）が「阿弥陀如来」である。『阿弥陀経』で「阿弥陀仏」といわれるのは、この「無量の寿」である。「無量寿」（アミターユス）は、アーユスを縛っているサンカーラが捨てられたところで得られる純化された清浄な「いのち」である。釈尊は、正覚の深まりにおいて「入涅槃」から「大般涅槃」に踏み入り、そこで「無量のいのち」（アミターユス）に沈潜し、これを受用するに至った。「釈尊が阿弥陀如来とその本願を説いた」という親鸞の言葉の真理性の根拠をここに見ることができる。

ここで注目すべきことは、「阿弥陀仏」の原語は「アミターユス」だということである。鳩摩羅什によって漢訳された『阿弥陀経』にはサンスクリットの原本があり、そこでは「阿弥陀仏」と訳されている原語は「アミターユス」（無量寿）であり、「阿弥陀仏」は漢訳者が拵《こしら》えたものであると稲津紀三は指摘している（『大信海』三六・三七号）。

そこから分かってくることは、漢訳の「阿弥陀仏」には一つの読み込み、あるいは解釈が施されていて、「アミターユス」（無量のいのち）というはたらきが、いったん「阿弥陀仏」という静止的・実体的な存在者に置き換えられ、その後にその性質として「無量寿」と「無量光」という二つの属性が付け加えられたということである。そのため、「阿弥陀仏」がもともと「いのち」というはたらきであること、そして、「仏」に帰依することが「無量のいのち」に帰入することであることが覆い隠され、阿弥陀仏が対象的に捉えられることになった、と稲津はいう。

実際のところ、漢訳の浄土経典では、無量寿と無量光は阿弥陀仏の二つの属性として並記されているため、二つの関係がどうなっているのか、そのどちらが主なのか、はっきりしない。それゆえ、それをめぐって議論は分かれている[註]。

しかし、阿弥陀仏の原意が「アミターユス」であるなら、「寿」が根本であって、「光」はその外への現れであると考えられる。つまり、「寿」が「体」で、「光」は「用《ゆう》」であると考えられる。内に受用されるいのちが光となって外に現れるのである。親鸞はサンスクリットの原典に触れることはなかったのであるが、『正信偈』を「帰命無量寿如来、南無不可思議光」という言葉で始めているところに、そのあたりの事情を直観的に摑んでいたことが窺われるのである。

「寿」のいのちは無量であり、人を覚者にするはたらきをもっている。釈尊は正覚に至ったとき、「私は無上安穏涅槃に到達した」と語った。親鸞はそのことを「無明のまどいをひるがえして、無上涅槃のさとりをひらくなり」（唯信鈔文意、『聖典』五五三頁）と説明している。それは無量のいのちが衆生において開花して、衆生がそのいのちに帰入することである。そのとき、それまで自分を縛ってきた古い命の殻は捨て去られる。それは鳥が卵の殻を破ってその外に出ることに譬えられる。『遊行経』はそのことを「捨命住寿」と捉えたのであった。

ただし、ここで注意しなければならないのは、無量のアーユス（めでたいいのち）は混濁したジーヴァ（生命）とは異なっているが、両者は混入して一体となっているため、アーユスだけを切り離して捉えることはできないということである。したがって、無量のいのちに触れるには、植物の種子が成長して花開くごとく、アーユスの種子が信において発芽し、成長し、開花することによって、ジーヴァがやがて殻となって剝がれ落ちるのを待たねばならない。そのアーユスの種子が「本願」である。本願という種子が信において成長し、花開くことで、「証大涅槃」という妙果が生じるのである。

娑婆国土の五濁悪世において、釈尊の正覚が開花し、人から人へと感伝して無量寿（アミターユス）の開覚を促してきた。その様子は、アミターユスが正覚において開花すると、やがて結実して種子となり、今度はその種子が大地に撒かれて発芽し、正覚の花を開き、結実するという具合である。親鸞は、そこに「アミターユス」が「本願」という種子となって衆生の歴史的世界に出現し、衆生の一人一人において開覚を促しつつ流行・伝播してゆくという「本願の歴史」を見て、その歴史的展開の運動を「二種回向」として捉えたのである。

註

梶山雄一は、阿弥陀仏が「アミターユス」（無量寿）と「アミターバ」（無量光）という二つの名前をもつことをどのように理解するかをめぐる種々の説を紹介している。

一つは、どちらかの名の仏陀が時代的に先行していて、後になってもう一つの性格が加えられて、それが並称されるようになったとするものである。

二つは、「アミターユス」という名を主として用いる経典と、「アミターバ」を主とする経典とがあって、前者を主とするグループと後者を主とするグループの二つが併存していたが、阿弥陀仏を主題とする浄土経典の『無量寿経』と『阿弥陀経』が二つを調和し、統一したとするものである。

三つは、『大阿弥陀経』や『無量清浄平等覚経』などの「初期無量寿経」の内に「無量光仏」と「無量寿仏」の関係を探ろうとするものである。そこでは、阿弥陀仏の光明が先にあって寿命が後に現れたという具合になっている。光明が無量であるから時間が消され、寿命は無量になるとされて、無量光仏から無量寿仏へという論理的先後関係が示されるとするものである。

この第三の光明無量と寿命無量の論理的先後関係の説明は、無理でこじつけの感もある。そこでは光明無量から寿命無量が導き出されているが、それなら光明を果とし、寿命を因とする逆の捉え方も可能なはずである。つまり、因としての寿命から果としての光明が出現してくるとする見方である。あるいは体としての寿命から用としての光明が出現してくるという見方である。本書では、両者の論理的先後関係をそのような角度から、つまり、寿命が光明となって現れたという見方をとっている。

3　阿弥陀如来の種子としての本願と、本願のはたらく場としての大地

阿弥陀如来が「本願」となって衆生の世界に現れるのは、阿弥陀如来はそのままでは衆生にはたらきかけることができないからである。阿弥陀如来が本願となって衆生の世界に出現することは「回向」といわれる。衆生はその回向された本願を通して「阿弥陀如来のいのち」に回入する。本願のはたらきが衆生において現実化し、成就するのは「信」においてである。本願の種子は、衆生の信において花開き、衆生は花開いた如来のいのちを受用することによって無上涅槃を証するに至るのである。

本願に関して、「私たちは願われている」とか、「人間は願をかけられている存在である」といわれる。しかし、本願は衆生に直接的にはたらきかけるのではない。本願が私たちに力となるのは、それを感得する「信」においてであることが忘れられてはならない。では、本願はどこにおいて感得されるのか。

鈴木大拙は『日本的霊性』において「霊性の大地性」について語っている。大拙が「日本的霊性」と呼ぶのは、日本の鎌倉期に、道元や親鸞において目覚めた創造的な宗教的精神のことであるが、大拙はその特色を大地性に捉えている。そのことを本願に関していうなら、本願は大地においてはたらき、大地において感得されるということである。

大拙が『日本的霊性』を書いたのは昭和十九年（一九四四）であるが、曽我は、それに先立って、昭和十年（一九三五）に、本願のはたらく場所を「宿業の大地」に捉えて、次のように述べている。

宿業とはやはり血の続きを感ずる。……併し血とは生きた人間ばかりに血が続いてゐるのではない。山河大地みなである。血のもとは山河大地、土であり国土である。有情と国土とは一つである。……我々は自分が生れるときに自己と共に山河大地全体を感ずる。

（「歎異抄聴記」『選集』第六巻、一五六〜一五七頁）

注目すべきことは、この大地を貫いているものを曽我は「本能」と捉えていることである。本能という と、私たちは知性や理性よりも一段と低い、動物的で見境のない無分別なはたらきを思い浮かべる。しかし、曽我が本能によって示そうとするのは、生命を貫いて流れる、共感し、感応する能力である。宿業の大地において、一切の生き物、人間、動物、山川草木、日月星辰は、本能によって感応し合いつつ生きているると捉えられるのである。

しかし、曽我が本能ということで示そうとするのは、より根本的には、衆生は本能によって如来の本願を「感得」するということである。「本願の信」を本能、つまり感応道交として捉えることに、曽我の主眼がある。

では、曽我はなぜ信を「本能」として捉えようとするのか。それは「本願」を空中ではなく、われわれに身近なところでリアルに捉えるためである。つまり、本願を宿業の大地において感得するためである。

我々は宿業本能を通して神に接し仏に接する。宿業本能を通して仏を感じ神を感ずる。

（同書、九四頁）

仏の本願といふものは、その本能の中にある大生命であり、大原理であり、大精神である。……仏の本願は本能を貫き本能を超越してゐる。

（『講義集』第四巻、一六一～一六二頁）

こうして、曽我は、本願は本能の深いところに潜み、本能によって感得されると捉えるのである。

4　法蔵菩薩と願往生心

仏の本願が宿業本能の大地にはたらいていることを示すものが「法蔵菩薩」である。法蔵菩薩は『大無量寿経』では物語として説かれている。そこでは法蔵という菩薩が「世自在王」という仏のもとで願を立て、それが成就しなければ仏にならないという誓いのもとに十劫にわたって修行した結果、願を成就して阿弥陀仏になったと語られている。この物語はわれわれには馴染みのものであるが、われわれを悩ませてきたものでもある。というのは、法蔵菩薩は、この物語にとどまるかぎり過去の神話的世界のこととなり、現在のわれわれと関係のないものとなるからである。

それゆえ、法蔵菩薩がわれわれに意味ある存在となるには、それを捉える視点が変えられねばならない。すなわち、法蔵菩薩が菩薩から阿弥陀仏になったという向上の関係を逆転して、阿弥陀仏が法蔵菩薩になって衆生の世界に降りてきたという下降の方向に捉えるのである。それは「従因向果」に対して「従果向因」といわれる。つまり、往相の菩薩としての法蔵菩薩を、還相の菩薩として捉えるのである。そのように視点を変えて見ることで、法蔵菩薩はわれわれ衆生に身近な存在となる。法蔵菩薩は衆生の世界において「四十八願」となって、衆生に呼びかけていると捉えられるのである。忘れてならないのは、法蔵菩薩は親鸞がいうように「微塵世界にみちみちたまえり」（唯信鈔文意、『聖典』五五四頁）ということである。

そこで、曽我は次のようにいう。

法蔵菩薩というのは、言うてみれば、まあ、仏さまだけれどもですね、つまり、自分自身の心の深いところに仏さまを見出して行こうというのが法蔵菩薩であろうと私は思うのであります。阿弥陀如来さまと言う時になれば、どうしても対象化されてくるかたむきがあるのでございますが、法蔵菩薩と言う時になると、はじめて自分自身の精神生活の深いところに仏さまの根というものを見出して行くことになる。自分自身の深いところに仏さまの根をもっておるのである。こういうことを教えるために法蔵菩薩ということを『大無量寿経』に教えて下されてあるのである、ということを私は思うのであります。

（「法蔵菩薩」『選集』第十二巻、一二五頁）

ここで曽我は、法蔵菩薩とは、われわれ衆生が心の深いところに「仏さまの根」をもっていることをいうものであるという。その仏、つまり如来が衆生の世界に、自らを四十八願に具体化して現れるのである。

ではなぜ、如来はわれわれ衆生の世界に四十八願となって現れるのか。それは衆生が自らの真の願いを見いだすようにするためである。衆生はさまざまな願いを抱いて生きているが、自らの真の願い、真の要求を知らず、偽りの願いに欺かれて流転の生を送ることを余儀なくされている。その流転から脱出するには、われわれは自分の真の願いを見極め、摑まなければならない。しかし、衆生はその有限性のゆえに自らの真の願いを摑みえず、それを他者に教えてもらわねばならなかった。その事情は、生徒が教師によって自分の歩むべき道を示され、発見することに似ている。それゆえ、曽我は、法蔵菩薩の四十八願は、衆生が自らの真の願いを見いだすよう、如来が衆生を実験したものであるという。そして、次のようにいう。

仏さまの本願というのは、一方的な本願というものではありません。仏さまの本願は、われわれが生まれながらにしてもっている願い、だれでもがもっている願い、それは、いろいろ願いというものはあるけれども、基礎になる願いというものは一切の人類に共通した願いである。そこのところに仏の本願というものを感ずるわけでしょう。だから仏の本願は、仏さまが一方的に本願をおこされるということはありません。われわれの願いというものと深い関係をもっている。

（「真宗大綱」『選集』第九巻、三六四頁）

こうして、衆生にはさまざまな願いがあるが、その数は四十八願に限られない。数限りない本願があるといいうる。しかし、それらの中にあって、その全体を内に包み込むような根本の願いをいうなら、それは一つである。それは何か。それは「願生心」である。そのことは『大無量寿経』巻下の最初に「それ衆生ありて……かの国に生まれんと願ずれば、すなわち往生を得て不退転に住す」(『聖典』四四頁)と述べられている。世親はそれを受けて、「世尊我一心　帰命尽十方　無碍光如来　願生安楽国」(『聖典』一三五頁)と表明した。その「願生心」とは何か。それは「願往生心」ともいわれ、「浄土へ生まれたいという願い」であるとされてきた。

しかしながら、願生心がわれわれの真の願いを表すものであるとしても、それが「浄土へ生まれたい願い」であるといわれるとき、この言葉は今日われわれに響くものをもたないように思われる。なぜなら、浄土の観念は、今日われわれには縁遠く実在性をもたないものになっているからである。それゆえ、われわれは、人間の心を深く見つめて「浄土とは何か」を改めて考え直し、この「願往生心」という言葉にいのちが通うようにしなければならない。

人間の真の願いは苦悩を介して心の底に目覚めてくる。苦悩は、人間の欲求が真の欲求から逸れたものに向っていることを示す合図である。現代社会を覆っている苦悩は多様で複雑であるが、それらは究極的には「安んじて住む場所をもたない」ということである。それゆえ、人間は立ち戻って安らぐ場所、住む家郷をもつのでなければならない。家郷は単に空間的・時間的に限られた場所ではない。それは自己の存在の全体が安心して住みうる場所である。「浄土」やそこへ生まれたいという「願往生心」は現代において、そのような人間が根源において共通して求めている「家郷」への要求から捉え直されなければならない。

では、人間は真に住みうる場所をどこに見いだすのか。それは自己が絶対的に受け入れられて見捨てられないところである。他者に呼びかけられ、肯定され、承認されるところである。その他者の呼びかけを親鸞は「欲生心」と捉え、「如来招喚の勅命」と名づけた。親鸞が如来の呼び声を欲生心と捉えたのは、それは自己を離れたところからではなく、自己の存在のただ中、自己の欲求のただ中から呼びかけてくるからである。

人間の根源的な「願生心」を満たすのは如来の呼び声としての「欲生心」である。それゆえ、「願生心」と「欲生心」は呼応し、感応し合っている。住むことへの欲求である衆生の願往生心は、如来の「摂取不捨」の呼びかけである欲生心に感応することで満足するのである。

自己の存在の根源に届く如来の呼びかけを感得するところに「信」がある。人はそこにおいて「正定聚」に定まる。正定聚とは、自己の住む究極的な場所が定まることによって、涅槃の証徳を得ることが定まった人々のことにほかならない。自己の願いの根源に到来している如来の呼び声を感得することで、人は正定聚の数に入るのである。

5　歴史的世界を貫流する弥陀の本願

如来の本願は宿業の大地に降りてきて、人と人、人と物との関わりの中ではたらいている。われわれはそのはたらきを暗黙のうちに感じて生きているといえる。では、それはどのようなところにおいて感得されているのか。先に述べたように、世界が美しく感じられるところ、喜びが感じられるところ、とりわけ、「有り難い」という思いが生じるところである。そこにおいて、われわれは、重力の支配する宿業の世界にあって重力を離れたところ、自由なところに立つのである。

われわれの生きている世界は我執に囚われた世界であり、「白骨累々たる世界」(『講義集』第一巻、九五頁)、死骸に満ちた世界である。それは「何ら生気のない世界、満足のない世界」(同前)、いつでも不満と怒りに満ちた世界である。そういう世界の中にあって、「有り難い」という思いが生じるのは、そこに、われわれの生きている世界を支配している原理とは異なった原理がはたらくからである。その原理が本願である。宿業の世界を支配している原理が「重力」であるなら、本願はその中にあって重力とは逆方向にはたらく「揚力」である。

有り難いという言葉ほど尊い言葉はない。この言葉は仏法を知らなくてもいうが、仏法の言葉であると曽我はいう。注目すべきことは、「有り難いということは、一つの歴史的感覚というものに触れるのである。畢竟するに、この過去の死骸、生命の終わった概念である」(同前)と曽我が述べていることである。有り難いという思いが歴史的感覚であるというのは、それは宿業の大地、つまり、歴史的世界において感得されることによって、人間を宿業の世界の重力から解放するものだからである。そして、その有り難いという思いが人間に出現する源にあるのが「本願」である。

有り難いという思いが出現するとき、世界の眺めが変わってくる。時間の流れの方向が変わり、未来が開かれてくる。時間は、過去から未来へと空しく一律に流れてゆくことをやめて、未来から現在へと流れてくるものとなる。

新しいものは未来にある。たゞ宿業を繰返すだけのところに、未来はない。ほんたうの現在がないからである。純粋の未来、無限定の絶対から、現在を逆観する。さうすると、現在には、手も足も出ない宿業の世界、どこまでいつても割りきれない過去の世界が働いてゐると共に、割りきれぬものは割りきれぬまゝで、いくら流転輪廻しても、之を超越し、それにいさゝかも苦しめられない清新な、絶対自由の世界がふくまれてゐる。未来は、現在の向ふところにあるといふが直線的に前にあるのではない。迷うても迷うても迷の底の知れぬ過去の宿業の暗い世界を担うてゐる現在には、又、我々の分別ではかり知れない大きな未来が裏付けとなつてゐるのである。その未来によつて、初めて、現在が有限にして又無限なる現在であり得る。

（『講義集』第一巻、一三九頁）

と曽我はいう。

如来の本願が形を変えて、衆生の歴史的世界にはたらいているのを感得するところに、還相回向の思想が生じた。曽我は、如来が衆生の世界に出現してはたらくことを一括して「大還相」と呼んでいる。この大還相の中に、いわゆる往相・還相という第二次の還相が成立する。それゆえ、二種回向の運動はその根源の大還相の中で捉えなければならない。この二種回向の交互展開を通して、大還相としての如来の本願は衆生の歴史的世界を貫いて流伝し、流行してゆく。その様は、音楽が時間において休止・運動のリズムを介して展開してゆくことに似ている。回向の往相が休止なら、還相は運動である。このように回向の往相と還相を介して、本願の歴史は展開してゆくのである。

そういうことから、曽我は、往相・還相の二種回向を、歴史を貫いて本願が流伝していく様を捉えたものとして、「歴史観」という。歴史的世界に生きる衆生は、その本願力に触れて、歴史的世界の業苦を超えたところに立つ。そこに「安心」がある。安心とは、本願力に触れて衆生の住むべき世界が開かれることである。それゆえ、曽我は、安心は「世界観」であるという。こうして、曽我は『教行信証』という織物は、二種回向という、「歴史観」を縦糸とし、安心という「世界観」を横糸として織られているという。

親鸞は、そのような「弥陀の本願の歴史性」に深く思いを致しつつ、その本願を説いた釈尊を「教主世尊」と呼んだのである。

弥陀の本願はどこにはたらくのか
――宿業の大地と本願――

1　本願のはたらく場所としての大地

「弥陀の本願はどこにはたらくのか」という問いはいささか奇異の感があるかもしれない。しかし、「本願とは何か」と正面から問うのではなく、「本願はどこにはたらくか」と、いわば背後から、もしくは斜交に問うことで、衆生の歴史的世界に現れ、衆生に同体しつつ、その深みにおいて見えない仕方ではたらいている本願の姿に思いが致されてくると思う。直接見ることができないものは、その痕跡によって知るしかない。天空にかかる真昼の太陽をわれわれは直視することはできないが、山辺に沈みゆく夕日なら心を鎮めて眺めることができる。弥陀の本願も、「どこにはたらくのか」と問うことで、衆生の宿業の世界に隠された仕方ではたらいているその姿に思いが致されてくるのである。

弥陀の本願は、阿弥陀如来が自らを否定して、衆生の世界に形を変えて現れたものである。では、なぜ阿弥陀如来は本願とならねばならないのか。それは、阿弥陀如来は衆生を無限に超過しているからである。

衆生を超過したものが衆生にはたらきかけるには、その超絶的なありようを捨て、衆生の要求に適うように姿を変えて現れるのでなければならない。清沢満之の言葉を借りるなら、「凝然無限」は「随縁無限」とならなければならない。そのことを、曽我は「如来我を救うや」と問い、「如来我となりて我を救ひ給ふ」、「如来我となるとは法蔵菩薩の降誕のことなり」（「地上の救主」『選集』第二巻、四〇八頁）と捉えた。凝然無限とは一切の有限なものを超絶した無限であるが、それが衆生の諸々の要求に随順して形を変えて現れるところに随縁無限がある。そのような随縁無限が弥陀の「本願」である。如来がそのように、本願となって衆生の世界に形を変えて現れることが「回向」といわれる。回向は「自らの功徳を他にめぐらし、転ずること」とされるが、その原義は「形を変える」（pariṇāma）ということである。「形を変えること」は「表現」ということである。表現とは「あるものが自らを別のものに形を変えて示す」ことである。それゆえ、曽我は回向を、回向・表現と捉えた。阿弥陀如来が自らを法蔵菩薩に変えて、つまり本願となって衆生の世界に現れ、衆生を担い、衆生にはたらきかけることが回向・表現なのである。

それゆえ、本願の回向というとき、われわれが深く思いを致さねばならないのは、本願は空中ではなく、われわれの住む大地、つまり、土においてはたらいているということである。阿弥陀如来が衆生の宿業の世界に形を変えて現れ、そこで隠された仕方ではたらいていると感得するところに、本願が阿弥陀如来の回向といわれるゆえんがある。「弥陀の本願はどこにはたらくのか」と問うことで注目するのは、この本願の回向のはたらきである。

2　感応道交としての宿業本能の世界

鈴木大拙は『日本的霊性』において「霊性の大地性」について語っている。霊性の大地性とは、霊性が大地を貫いてはたらいているということである。そのことを大拙は、「霊性の奥の院は大地の座にある」といい、また「大地の底は自分の底である」と述べている。そこで大拙がいおうとするのは大地の「利他性」ともいうべきものである。大地は人間に抵抗しながらも、人間が「誠を尽くし、私心を離れて」大地に随順するなら、大地はそれに応じて、人間を支え「己が懐に抱き上げ」てくれる。その意味で、大地は人間を救済する。そのような人間と大地との「交渉」においてはたらくものを、大拙は「霊性」と捉えたのである。

ところで、大拙が「霊性」という言葉を用いたのは、禅のみならず、浄土仏教にも通じる根本の精神を摑むためである。それゆえ、大拙が「霊性」と名づけるものは、浄土仏教において「本願」と捉えられてきたものにほかならず、「霊性の大地性」ということはそのまま「本願」にも適合する。本願とは「宿業の大地」を貫いてはたらき、宿業の大地において感得される霊性である。

曽我はそのような本願の大地性に早くから注目していた。大拙が『日本的霊性』を書いたのは昭和十九年（一九四四）であるが、曽我はそれに先立つ昭和十年（一九三五）頃、本願のはたらく場所を「宿業の大地」に捉えて、次のように述べている。

親鸞の念仏、親鸞に於きましては真実仏教歴史の悉く総てが皆大地に関係し、皆大地を歩いた記録でなければならぬ。かう云ふ風に真の歴史に於てのみ此大地は吾等の祖先がそこに骨を埋め、吾等の祖先がそれに於て呱々《ここ》の声を挙げ、吾等の祖先がそれに於て血を流したのである。吾等の祖先の骨も血も皆大地から出たものである、大地から見出されたものである。さう云ふことを親鸞ははつきりと認める。あの大乗経典と云ふのは即ちそれを示すものであつて、唯天上の空想を書いてあるのでなしに、誠に無碍自在に天上のことを語つて居るのも、それこそ地上に深厚の関係を有つて居るからである。真実に大地に於て天の理想の血肉を観たからである。地と云ふものに関係のない天と云ふものは何の意味もないのである。

（「親鸞の仏教史観」『選集』第五巻、四四二～四四三頁）

では、「宿業の大地」といわれるとき、「宿業」とはどのようなことをいうのか。曽我は、それは「本能」であるとして、「宿業は本能である」と述べている。それはどういうことか。曽我は、それまで宿業は何であるかは分からなかったが、右の文章を書いた一年後の昭和十一年（一九三六）に、宿業は本能であると感得して初めて、宿業の何たるかが分かったとして、次のように述べている。これは曽我の「本願」の理解とも深く関わっているので、やや長いが引用しておきたい。

私はすでに数十年以前から仏教教学の中に一の疑問を持ち、問題を持つてをつたのである。それは何であるか、すなはち宿業といふことである。宿業とは何ぞや、宿業とは仏教の三世因果の解釈に要する或る重要なる教義である、教理である、こんなふうに自分は習つて来た。またさういふふうに自分は聴いて来たのである。けれども、それではどうも自分の心に済まされない。一体、そんな教義とか教理とかを以て自分の生活、自分の行動を解釈するといふことは何の意味もないものである。だから、どうしても宿業といふものは、教義とか教理ではなくて、何かの意味に於てもそれは事実でなければならないといふことについて、自分は数十年以来それを問題にして来たのである。

然るに、自分は昭和十一年の十一月、或る所に於て何か話して居ります間に、突然として自分に一の感じが生れて来た。「宿業とは本能なり」、かういふ叫び声を聞いたのである。こゝに至つて私の数十年の疑問といふものは一朝にして解決した。これは自分としては終生忘れることが出来ない。……「宿業とは本能なり」。しかしながら、「宿業」といふ言葉は一応死んだ古い言葉である、「本能」といふ言葉は生きた新しい言葉である。すなはち一応死んだと思はれる仏教の専門の言葉を生きた現代の言葉に飜訳することが出来た。と同時に生きた言葉をまたもう一遍死んだと思はれる言葉に戻してみると、何かまだ、はつきりと分らぬけれども、一応死んだと思はれる古語も実は死んで居ないのであつて、此に依つて、生きた言葉の中に何かもう一つ内面的な深い意味を持つといふことを推察することが出来た。しかしそれが如何なる意義であるかといふことは、これを明瞭にすることが出来なかつた。

（「感応道交」『選集』第十一巻、七八～七九頁）

では、曽我が「宿業とは本能なり」と感得したとき、なお明瞭にしえないでいた「内面的な深い意味」

とは何か。それは、本能とは、われわれが太古の昔からその中で生きてきた無限に広く深い生命の世界であるということである。そして、その生命の世界の内実は「感応道交」であるということである。そのことに曽我は気づいて、次のように述べている。

私は近頃、本能といふものをハッキリ知らされたやうに思ふ。つまり、感応道交する力、それが本能であると私は了解して居るのである。……吾々の本能といふのは感応道交する。吾々は生れた時から感応道交の力といふものを与へられて居るんであります。……宇宙の道理、人生の道理は、感応道交で明らかになつて来る。感応道交によつて過去も知り、未来も知り、現在も知る。三世を知る所のその原理はどこにあるか、……。感応道交こそは本能の内容である。感応道交の無い所に本能は無いのである……。

（『講義集』第一巻、一七～一八頁）

したがって、「宿業は本能である」ということは、われわれが広くて深い生命の世界に生きており、その世界は、「感応道交の世界」であるということである。

宿業に眼を開けば十方世界は互に胸を開き、山河大地もみな胸を開いて同じ仲間である。比叡山一つ見ても、突然としてあるのではない。比叡は何億年、何十億年昔からあそこに聳えてゐて、何か知らぬが自分との間に感応道交し呼べば答へる。自分と互に相ひ共通してゐる。呼べど答へずといふものではなく、山は常に無心にしてこれに応ずる。我れ有心にして山を感ずれば彼は無心にして我に応ず。有心と無心とは互に感応道交する。

（「歎異抄聴記」『選集』第六巻、一五七頁）

こうして曽我は、宿業の大地を貫いているものを本能と捉え、その本能の核心をなすものを「感応道交」に見て、そこにおいて、万物の広く深い生命連関を見るのである。この「宿業は本能である」という曽我の感得は、曽我の「法蔵菩薩」論や「法蔵菩薩は阿頼耶識である」という考えともその根底で深く繫がっている。

3　本能と本願

曽我が「本能」という言葉で示そうとするのは、生命の内にはたらいている「感応道交」のはたらき、つまり、共感の能力であるが、より根源的には、「本願」は本能によって感得されるということである。「宿業は本能である」がゆえに、宿業の世界に現れてはたらいている本願はまた本能によって感得されるのである。

注目すべきことは、曽我はここで「本願の信」についての独自の理解を語っているということである。本願を感得することは「信」といわれる。ところが、曽我は本願を感得するものを信といわず、ことさらに本能であるというのは、信をわれわれのより身近に感じるためである。つまり、「本願の信」を意識の表層の知的な出来事ではなく、生命の深みに連なる事柄、生命の深みから湧出する出来事であることを示すためである。そのようなものとして、信を根源的には本能に連なるものと捉えるのである。

曽我と同じように、本能を生命の根源にはたらく直感する能力として捉えたのはベルクソンである。ベルクソンは生命に具わる二つの根本的な認識能力を「知性」と「本能」に見た。そして、知性は「もの」をその外に立って観察し、分析的に捉えるのに対して、本能は「もの」を内から直観的、総合的に摑む知として、「ものと一つの知」、「ものに具わる知」とし、それを「共感」（sympathy）の能力とした。この二つの認識能力は、生命の根源において入れ子になっていて融け合っていたが、進化の過程で相容れなくなり、知性の方は人間において、本能の方は動物、とりわけ節足動物の昆虫において発達することになったとする。

では、それぞれはどのような結果をもたらしたか。人間において目覚ましい発達を遂げた知性のはたらきの固有性は、知の内容と形式を分離して、形式だけを取り出すことにある。人間は、そのようにして取り出された形式を想像力において自由に無限に組み合わせることで、膨大な知識の世界を開き、それと同時に、意識の自由と明るさを獲得した。しかし、その代償も大きかった。知性の支配のもとで、人間はものとの直接の接触を失って、内容のない抽象的で空虚な知識のネットワークの世界に落ち込んだ。つまり、知性の方向に発達した人間は生命との直接的な接触を失ったのである。

一方、昆虫において発達した本能の特色は、ものを内から捉えることである。そこでは「もの」とものの「知」が一つである。そのような知は直観、もしくは感応といわれる。それは直接的で無比の確実性と充実感をもっている。例えば、スズメバチ類が青虫の体内に卵を産み落とす場合、「ケブカジガバチはつかまえた青虫の九個の神経中枢をつぎつぎに九たび針で刺し、最後に青虫の頭をくわえてそれが死なずに麻痺を起こすちょうどの加減に噛む」（ベルクソン『創造的進化』二〇八頁）。このことをケブカジガバチは時間をかけて一つ一つ学び取ったのではない。そこには、ハチと青虫は二つの有機体があるというより、二つの活動があって、その間には「共感」があるかのようである。つまり、一つの生命が響き合っているのである。そのように、本能において、知とものは結びつき、両者の間にいささかの隙も狂いもない。しかし、それゆえに、本能はその直接性と確実性と引き換えに無意識の底に沈んだ。本能において、知識はものや生命と一体化することで無意識の世界に閉ざされ、自由と意識の明るさを失ったのである。その最も極端な場合が植物である。植物はその精確な生命の活動の中で全くの無意識となったのである。

それゆえ、知性と本能という知の二つのはたらきは相補うのでなければならない。本能は知性によって開かれ、自由と明るさの世界に揚げられると同時に、知性は本能の内容の豊かさを取り戻し、生命の深みとの繋がりを取り戻すのでなければならない。とりわけ、ベルクソンが人間にとって重要と考えるのは、動物や昆虫において直観されながら無意識の底に沈められている本能の豊かさを、意識の次元において取り戻すことである。つまり、本能を意識の明るさの内に引き上げることである。人間は、進化の過程において、知性の方向に発達したが、幸いにして、本能を全く失ってしまったわけではない。知性の周りには本能の「縁暈」が取り巻いている。それを掘り起こし、活性化することによって生命との深い繋がりを取り戻すこと、そのことをベルクソンは「哲学的直観」の任務とした。

宗教は、そのような生命の底に潜む本能、無意識の知を意識の明るみの内にもたらしたものである。そのようにして意識の明るみにもたらされた本能を、ベルクソンは「情動」（感動）と捉えた。情動とは、本能が直観的に摑んでいる生命の深みを感情やイマージュの次元で摑んだものである。「本願の信」とは、そのような生命の底に秘められた根源的欲求を自覚化したものとして、「感動」である。曽我は、そのような自覚化された生命を「純粋感情」と呼んだ。「宿業は本能である」ということで曽我が捉えようとしたのは、このような事態である。

曽我が、本願を本能によって感得するというのは、宿業本能の大地に出現する本願を感応道交的に捉えるためである。曽我のそのような狙いの本にあるのは、先に述べたように、本願の信というとき、われわれは本願を自己の外に知的・対象的に思い浮かべ、生命との関わりを失った、抽象的で無力な仮構物にしてしまうという傾向があるからである。それゆえ、曽我は、本願を生命の根源に関わる事柄として、われわれの身近なところでリアルに感得しようとして、本願の信を「感応道交」と捉えたのである。そういうわけで、曽我は次のように述べる。

……仏の本願は宿業を機としてある。宿業の内に我等は如来に会ひ、また宿業を通して仏は衆生に来る。宿業の内に於て如来と衆生がある。宿業を通して仏と衆生は感応道交する。……我等伝統の道にあつては宿業本能を通して神に会ひ、仏に遭ふ。

（「歎異抄聴記」『選集』第六巻、二九七〜二九八頁）

そして、

仏の本願といふものは、その本能の中にある大生命であり、大原理であり、大精神である。……仏の本願は本能を貫き本能を超越してゐる。本願は本能の深いところに根をもつてゐると。

（『講義集』第四巻、一六一～一六二頁）

そしてまた、次のようにもいう。

我等は宿業を通して仏を念じ、仏は宿業を通して我等を招喚し給ふ。仏と衆生との関係は理智の関係ではなく、宿業の関係本能の関係である。だからこの世界を不思議といふ。

（「歎異抄聴記」『選集』第六巻、九四頁）

こうして、曽我は本願の信を、仏と衆生との「理智の関係」ではなく、「宿業の関係本能の関係」であるとするのであるが、それは、本願の信を生命の根源に出現してはたらく出来事として捉えるからである。

4　本願と法蔵菩薩

大地を貫いてはたらいている本願のありようは、浄土仏教において「法蔵菩薩」によってイメージ化されてきた。浄土仏教は本願を法蔵菩薩を通して理解してきたのである。

では、法蔵菩薩とはどのような存在か。曽我は、法蔵菩薩の核心をなすものは「大悲心」であり、それは「機の深信」によって示されるという。善導は機の深信を「自身は曠劫よりこの方常に流転して出離の縁なき存在であると深信する」と捉えたが、この「出離無縁」の自覚が法蔵菩薩の本質をなすものであるというのである。それは、法蔵菩薩が衆生の生きる宿業の大地においてはたらいていて、衆生が救われないかぎり救われないと自覚している存在であるということである。そのことを曽我は次のようにいう。

法蔵菩薩はどんな方かといへば一切衆生の罪と悩みを自分一人に引き受けて宿業を感ずるお方である。……法蔵菩薩はどんな方か。……「自身は現にこれ罪悪生死の凡夫、曠劫よりこのかた常に没し常に流転して出離の縁あることなし」と深き自覚をもつてゐる主体が法蔵菩薩であり……法蔵菩薩は本当に責任を重んじ、一切衆生の責任を自分一人に荷ふ感覚の深い方である。

（「歎異抄聴記」『選集』第六巻、一六〇～一六一頁）

機の深信に依て法蔵菩薩の眼を開くと考へて、そんなことを書いたり他人に話したりしたことを覚えてゐる。……つまり我々がこの機の深信といふことに依て、そこに法蔵菩薩を感知する。法蔵菩薩の親様の心、親様そのものを感知する感である。本当に、大体この宿業の自覚、つまり「罪悪生死の凡夫、曠劫よりこのかた常に没し常に流転して出離の縁あることなし」とは、さういふ身であると思ひ知るというのは、私は、親様が一切衆生の罪と悩みと、それをあなた一身に荷つて、そして現れて下さつた。それが法蔵菩薩である。

（同書、一五六頁）

仏様の無縁の大悲ということは無有出離之縁の大悲であって、仏様はまったく出離の縁のないそういう者をたすけるためには仏様もやっぱり無有出離之縁のところにさがって、無有出離之縁の衆生をたすけるためには仏様も無有出離之縁というところへさがって来て、そうして本願をおこして、私と一緒になって迷い、私どもが救われるまで仏様も一緒になって迷うていなさるわけである。無縁ということはただ縁がないというような意味ではなくて、……仏様は私と一緒に迷い、私と一緒にさとる。さとるも迷うも、この私と一緒である。

（「真実の教え」『選集』第十二巻、三八七頁）

法蔵菩薩の自覚を「機の深信」、つまり「無有出離之縁」の身と捉えることは、法蔵菩薩が苦悩の衆生の大地のただ中に降りてきて、その衆生の労苦を一身に背負う存在として捉えることである。

しかし、注意しなければならないのは、このように捉えられている法蔵菩薩は、『大無量寿経』で描かれている「法蔵菩薩」の姿と異なっているということである。

『大無量寿経』において法蔵菩薩は次のように語られている。法蔵という比丘が世自在王という最高の仏のもとで衆生を救おうという願を立て、それが成就しなければ仏にならないという誓いのもとで五劫にわたる思惟と十劫にわたる修行の結果、その願を成就して阿弥陀仏となり、今や西方十万億土の彼方の安楽国に住している、と。そこでは法蔵比丘という存在が修行の結果、成仏して阿弥陀仏となったと説かれている。つまり、法蔵は阿弥陀仏の前身として描かれている。法蔵菩薩はその願を成就して阿弥陀仏となり、西方浄土に過ぎ去って、発展解消したのである。しかし、そこでは、法蔵菩薩はわれわれには無縁なよそよそしい存在になってしまう。『大無量寿経』において法蔵菩薩が中心に置かれながらも、無限な過去の神話、御伽話でしかなかったのはそのためである。

それゆえ、法蔵菩薩がわれわれに身近な存在になるには、その物語は捉え直されなければならない。すなわち、法蔵菩薩は十劫の昔にその願を成就して成仏し、阿弥陀仏となって西方浄土に去ったのではなく、西方浄土から衆生の世界に舞い戻って、われわれの身近にあって、われわれに呼びかけているのでなければならない。つまり、法蔵菩薩から阿弥陀仏となった往相回向の菩薩としてではなく、阿弥陀仏から法蔵菩薩となって衆生の世界に戻った還相回向の菩薩として捉えられなければならないのである。

では、衆生の世界に戻った法蔵菩薩はそこで何をしているのか。依然として願を成就すべく修行しているといってもよい。しかし、法蔵菩薩はその願を成就して阿弥陀仏となったのであるから、法蔵菩薩が衆生の世界にあって修行しているということは、願がわれわれ衆生において成就するよう呼びかけているということである。そのように捉えられることで、法蔵菩薩はわれわれに身近な存在となってくる。そこに、親鸞が「至心に回向したまえり」という事態がある。

法蔵菩薩が「出離無縁」であるということは、われわれ衆生と共にあるということである。そこに法蔵菩薩が大悲心であり、回向心であるというゆえんがある。

そのように法蔵菩薩を捉えることは、法蔵菩薩を「法蔵菩薩から阿弥陀仏へ」という「従因向果」の方向ではなく、「阿弥陀仏から法蔵菩薩へ」という「従果向因」の方向に捉えることである。「果」としての阿弥陀仏から「因」としての法蔵菩薩へ戻って捉えることで、過去であった法蔵菩薩は現在となり、われわれ衆生のもとにあってわれわれに呼びかけてくる存在となる。その呼びかけが法蔵菩薩の修行であり、回向である。親鸞は法蔵菩薩をそのように捉えた。そのことを曽我は次のように述べる。

> 御開山聖人は法蔵菩薩を遠いところに感ぜられない。五念門の行は善男子善女人の修するところと天親菩薩はいふ。然るに御開山聖人は五念門の行は法蔵菩薩の修行し給ふところといはれる。さうしてみると我々はその五念門行を通して、そこに法蔵菩薩を感得する。法蔵菩薩は単なる物語ではない。併しこれを現すには物語の形をとつて現すより外に道がない。象徴の世界は物語の形をとつて現すより道がない。だから昔の物語のやうに書かれてある。けれども昔あつたものは今もあり未来にもある。そして黙々と五念門の行を行じてゐる。
>
> （「歎異抄聴記」『選集』第六巻、一六二頁）

そして、また次のように述べている。

この『大経』に於けるところの法蔵は、さながらに是れ神話的描写である。……然るに信巻の三心釈を拝読すると、その神話的法蔵菩薩が正しく歴史的現実として描き出されてゐるといふことは、まことに驚くべきことであり、又感激に堪へぬところである。実際信巻の三心釈の如きは古今独歩といふべきである。あの法蔵菩薩を、神話のごとく『大経』には描かれ、伝へられてゐる法蔵菩薩を現在にお出になる仏として、現在の法蔵菩薩として聖人は感得してゐられる。そして法蔵菩薩の内面、法蔵菩薩の御心を目に見えるやうに具体的に書きしるしてゐられる。あゝいふ仏の内面、仏の御心を、具体的に描写したといふあの手腕は実に驚嘆に余りあるものである。これは他にないことである。
（同書、六四〜六五頁）

ここで曽我が、聖人は「法蔵菩薩の内面、法蔵菩薩の御心を目に見えるやうに具体的に書きしるしてゐられる」として指しているのは、「三心釈」の「仏意釈」における描写である。そこで親鸞は、法蔵菩薩の心を「一切群生海の心」と捉えて、それに深い分析を加えている。曽我は、そのように法蔵菩薩が衆生の内面においてはたらいていることを次のようにもいう。

法蔵菩薩というのは、言うてみれば、まあ、仏さまだけれどもですね、つまり、自分自身の心の深いところに仏さまを見出して行こうというのが法蔵菩薩であろうと私は思うのであります。阿弥陀如来さまと言う時になれば、どうしても対象化されてくるかたむきがあるのでございますが、法蔵菩薩と言う時になると、はじめて自分自身の精神生活の深いところに仏さまの根というものを見出して行くことになる。自分自身の深いところに仏さまの根をもっておるのである。こういうことを教えるために法蔵菩薩ということを『大無量寿経』に教えて下されてあるのである……。

（「法蔵菩薩」『選集』第十二巻、一二五頁）

法蔵菩薩を以上のように捉えることで、弥陀の本願が天空ではなく、宿業の大地に出現して、われわれの身もとではたらいていることが示される。法蔵菩薩が衆生の宿業の大地に降りてくるのは、宿業の大地において重力に屈服している衆生を押し上げるためである。地上の一切のものは重力の法則に従って下降する。しかし、法蔵菩薩が宿業の世界に降りてくるのは重力の法則によってではない。いったい、重力によらないで下降するものは何か。それは大悲心であり、回向心である。

5　願生心と欲生心

阿弥陀如来が法蔵菩薩となって衆生の世界に現れるということは、阿弥陀如来が本願となってわれわれ衆生に現れるということである。では、如来の本願と衆生の願いとはどのように関係するのか。阿弥陀如来が本願となって衆生の世界に現れるのは、阿弥陀如来の願を一方的に衆生に押し付けるためではない。阿弥陀如来が法蔵菩薩の四十八願となって衆生の世界に現れるのは、それを通して、衆生が自らの真の願いに目覚めるためである。阿弥陀如来の本願は衆生の真の願いを表したものである。

衆生はさまざまな願いを抱いて地上に生きているが、実は、何を真に欲しているのか知らない。そのために偽りの願いに欺かれ、幻滅と生死流転の生を送ることを余儀なくされている。無明とは煩悩に覆われたありようであるが、それは真の願いを知らないということである。それゆえ、さとりとは衆生が自己の願いを滅却することではなく、真の願いに目覚めることである。しかし、衆生はその有限性のために自らの真の願いを摑みえない。それゆえ、真の願いを他者に教えてもらわねばならなかった。それが法蔵菩薩の四十八願である。したがって、如来の本願は如来の願いにして衆生の願いである。法蔵菩薩の四十八願は、衆生の真の願いを照らし出し、これをはっきり自覚させるための鏡なのである。それゆえ、曽我は次のようにいう。

仏さまの本願というのは、一方的な本願というものではありません。仏さまの本願は、われわれが生まれながらにしてもっている願い、だれでもがもっている願い、それは、いろいろ願いというものはあるけれども、基礎になる願いというものは一切の人類に共通した願いである。そこのところに仏の本願というものを感じるわけでしょう。だから仏の本願は、仏さまが一方的に本願をおこされるということはありません。われわれの願いというものと深い関係をもっている。

（「真宗大綱」『選集』第九巻、三六四頁）

では、衆生の願いと如来の願いはどのように繋がっているのか。それを示すのが「願往生心」と「欲生心」との関係である。

(1)「願往生心」

浄土仏教では、衆生の真の願いは「願往生心」として捉えられてきた。「願往生心」とは「浄土」もしくは「安楽国」に生まれたいという願いであって、『大無量寿経』では、「かの国に生まれんと願ずれば、すなわち往生を得て不退転に住す」と述べられ、また「それ衆生ありてかの国に生ずれば、みなことごとく正定の聚に住す。所以は何ん。かの仏国の中には、もろもろの邪聚および不定聚なければなり」（『聖典』四四頁）と述べられている。

しかし、衆生の真の願いが「願往生心」であるといわれるとき、「願往生心」とは何かを改めて深く追究しなければならない。なぜなら、現代ではかの国としての「浄土」の観念は曖昧で実在性をもたないものとなっており、そこに生まれたいという願いが「願往生心」であるといわれても、その言葉は心に響かなくなってしまっているからである。それゆえ、「願往生心」を衆生の真の願いであるとするなら、それが何かを自己の身上において改めて問い直してみるのでなければならない。それは人間の真に切実な要求は何かを摑むことである。

人間の真の要求は苦悩によって照らし出される。いったい人間にとって痛切な苦悩は何か。それは住む場所をもたないという苦悩であろう。そこにおいて安らぎ、根付く場所、自分に立ち返る場所、つまり、「住む」場所をもたないという苦悩は、いつの時代においても人間を苦しめてきた根本の苦悩であるといえよう。浄土仏教が「浄土に生まれたい」という「願往生心」を人間の根本の願いとして捉えてきたのも、その根源には、真に住む場所への欲求があったといえよう。そうであるなら、人間の真の願いとは「願生心」であると初めから一方的に決めつけるのではなく、願生心の源となっている、住む場所をもたないという苦悩に立ち返り、そこから願生心を捉え直すのでなければならない。その意味では、願生心は人間の根源的欲求というよりも、根源的欲求の派生形態といわねばならない。派生形態にすぎないものを本質とすることは、本質的なものを見失うことになる。

したがって、人間の真の欲求を「願生心」と規定して、そこから出発するのではなく、「住む場所をもたない」という人間の苦悩を探究の出発点として、そこから願生心を捉え直さなければならない。そうすることで、われわれは人間の真の願いをより広い視野に立って、より深く把握しうるようになると思う。「住む場所」をもたないという人間の根源的苦悩は、かつては浄土に生まれることを願う思いと捉えられたが、現代では家郷や祖国や故郷への要求となって現れている。しかし、それは単に自分が生まれた、空間的で固定した場所としての家郷ではない。自分の存在の全体が受け容れられて、落ち着く場所としての故郷であって、それは見える場所としての故郷を超えたものである。その意味で、住むとは、ただ空間的な居場所をもつというだけのことと考えられてはならない。そうであるなら、浄土に生まれることへの要求は根本では家郷への要求であり、同一のことを目指しているといえる。

竹内整一氏は「住む」という言葉が「澄む、済む、住む」という三つの意味を備えていることに注目している。「住む」とは問題が「解決」して、心が「透明」になることなのである。では、人間が真に住みうるところはどこか。それは自己が絶対的に受け容れられ、見捨てられないところ、自己が他者に呼びかけられて肯定され、承認され、証しされるところである。自己が真に肯定されるところは、自己が呼びかけられ、敬われるところである。そこが人間の真に住むところである。「浄土」とはそのような住む場所であり、「願往生心」とはそのような住む場所への欲求である。そして、「往生」とはそのような場所に生きることと捉えられなければならない。

(2)「欲生心」

そのような人間の根源的欲求である願生心に応えるものが「欲生心」として捉えられてきた。親鸞は欲生心を自己の欲求の最内奥にはたらきかける如来の呼び声、つまり「如来招喚の勅命」と捉えている。「如来招喚の勅命」とは、自己の存在の奥底に届く、自己を承認し、肯定し、敬う、如来の呼び声である。その声を聞くことで、自己の居場所が定まる。「信」の根源をなすものは、そのような如来の呼び声を自己の内奥に聞くこととして、「欲生心」といわれる。それゆえ、如来の呼び声としての「欲生心」は衆生の根源的な願いとしての「願往生心」に応えるものであり、「願生心」は「欲生心」によって満たされるのである。

「信」とは、自己の住むべき場所を獲得することである。信において自己の根源的要求が満足することによって、住む場所が定まる。そのことが「正定聚」に住することといわれるのである。正定聚とは、他者に呼びかけられて自己の住む場所が定まり、浄土に生まれて仏になることが定まった人々のことである。したがって、「信を獲ること」「正定聚に定まること」「浄土に往生すること」は事柄としては同じである。ただ、その概念の意味内容、位において異なるのである。

6　歴史的世界にはたらく本願

如来の本願は宿業の大地においてはたらいているが、それはどのようなところに感得されるのか。それは喜びを感じるところ、世界が美しく感じられるところ、有り難いという思いが生じるところである。有り難いという思いは宿業の世界に、宿業の世界を超えたものが出現してはたらいていることを証示する。それゆえ、人は本願に触れることによって、宿業の世界の中にあって、宿業を超えたところに立つのである。われわれの生きている世界は「我執に囚われた世界であり、白骨累々たる世界、死骸に満ちた世界」（『講義集』第一巻、九五頁）である。そういう世界にあって、「有り難い」という思いが生じるのは、そこにわれわれの宿業の世界を支配している秩序とは別の超越的秩序が感得されるからである。その超越的秩序が如来の本願であり、願力自然である。

ところで、有り難いということは一つの歴史的感覚というものに触れることだと曽我はいう。それは、有り難いという思いは空中ではなく、大地において、人間が生きている宿業の世界、歴史的世界において感得されるからである。われわれの生きる世界は人間の諸行によって混濁し、汚れている。その限り、そこに住む人間は苦悩に沈み、救われることはない。そこに人間の住む世界が宿業の世界だといわれるゆえんがある。しかし、宿業の世界が人間の世界のすべてではない。そこにおいて、有り難いという思いが生じるとき、世界の眺めが変わってくる。時間の方向が変わり、未来が開かれてくる。時間は過去から未来へと空しく流れてゆくものであることをやめて、未来から現在へと流れてくるものとなる。

新しいものは未来にある。たゞ宿業を繰返すだけのところに、未来はない。ほんたうの現在がないからである。純粋の未来、無限定の絶対から、現在を逆観する。さうすると、現在には、手も足も出ない宿業の世界、どこまでいつても割りきれない過去の世界が働いてゐると共に、割りきれぬものは割りきれぬまゝで、いくら流転輪廻しても、之れを超越し、それにいさゝかも苦しめられない清新な、絶対自由の世界がふくまれてゐる。……迷うても迷うても迷の底の知れぬ過去の宿業の暗い世界を担うてゐる現在には、又、我々の分別ではかり知れない大きな未来が裏付けとなつてゐるのである。その未来によつて、初めて、現在が有限にして又無限なる現在であり得る。

（『講義集』第一巻、一三九頁）

と曽我はいう。

そこに浄土の展望が開かれてくる。浄土の「二十九種荘厳」「本願の四十八願」はこの「有り難い」という思いの表現であり、それに客観的な形を与えたものである。したがって、浄土は宿業の世界と離れたところにあるのではない。宿業の世界に本願が浸透してきて、それが感得されるとき、宿業の世界は浄土に転ぜられるのである。したがって、浄土と宿業の世界は同一の素材でできている。宿業の世界が本願に照らされて輝くとき、宿業の世界は浄土に転ずるのである。そのことを曽我は次のようにいう。

本願成就すればそこに二十九種に開かれた浄土がある。こういうことが『浄土論』に言われてあるといいます。我々が他力の信を頂くと二十九種荘厳が与えられる。我々は浄土の反対のことをしておるが、それが今度は我々の身体全体が二十九種荘厳という世界になる。この世界に二十九種荘厳がやがて成就する。その前知らせがある。浄土というとこの世には影も形もないものと思うが、そんなものではない。ここは娑婆であるが、この中へ浄土の光の波が打ち寄せる。そういうことを我々の信心がひらめいて感得するのである。

（『講義集』第九巻、二一〇～二一一頁）

こうして、われわれが思いを致さなければならないのは、如来の本願はわれわれを離れた天空を飛翔しているのではなく、われわれの手もと、人と人との関わり、大地、宿業の世界に降りてきてはたらいているということである。ここに回向の思想の原点がある。回向の思想は、阿弥陀如来のいのちが衆生の歴史的世界に本願となって現れてはたらいているのを感得したところに生じたのである。

釈尊の正覚に映った弥陀の本願
――入涅槃から大般涅槃へ――

1 正覚の秘められた内奥

『大無量寿経』に説かれている「弥陀の本願」は釈尊が直に説いたものではない。だからといって、釈尊の弟子たちが捏造したものと考えられてはならない。弥陀の本願は、親鸞がいうように、やはり釈尊が説いたものでなければならない。では、どうしてそういいうるのか。それは、釈尊の弟子たちが、正覚に深く思いを致す中で、その底に弥陀の本願が見えてきたということである。弥陀の本願が正覚の底に映っているのを、釈尊の弟子たちが発見したのである。したがって、弥陀の本願は、釈尊の死後、釈尊の弟子たちが仮構して、後から正覚に貼り付けたのではなく、釈尊の正覚の内に初めからあったものを弟子たちが取り出したにすぎない。その限りにおいて、弥陀の本願は弟子たちが説いたとしても、やはり釈尊が説いたといいうるのである。

では、釈尊の正覚の底に弥陀の本願を発見させたものは何か。それは、「正覚」に関わる弟子たちの思いである。釈尊の弟子たちが、釈尊において生じた正覚が我が身においても証されることを願って、正覚を深く見つめ、問い直していく中で、その深みに弥陀の本願が見えてきたのである。正覚を自己化しようとする弟子たちの願いが、正覚の底に弥陀の本願を発見させたのである。

釈尊の正覚を自証しようという弟子たちの願いを突き動かしたのは、釈尊は死んでもういないという弟子たちの悲嘆である。それは、釈尊の正覚を与えられたものとして自己の外に置いて、これを尊崇するにとどまることを許さない。釈尊の不在は、弟子たちをして改めて正覚の底に深く潜行させ、その奥に弥陀の本願を発見するに至らしめた。そして、本願の信が弟子たちにとって涅槃を証するに至る道となったのである。

原始仏教において、釈尊の正覚は「四諦八正道」「縁起」「五蘊」「六波羅蜜」などによって説かれた。それらを釈尊の教えとして弟子たちに尊奉させたものは、釈尊が身近に存在するという弟子たちに共通する思いであった。その思いは釈尊を中心に弟子たちの共同体を形成せしめた。そこでは、正覚の内実は確固としたものとして与えられ、静止した感があった。

しかし、釈尊の不在が強く意識される中で、正覚の性格は変わってくる。自己の外側に置かれ、尊ばれるべき対象であった正覚は、各人において問い直され、吟味され、自己化され、生きられるべきものとなってくる。威風堂々とした感のあった正覚の正面は打ち破られ、その秘め隠された内奥がさらに問われてくる。それが大乗仏教において生じた事態である。釈尊が不在であるという弟子たちの悲痛な思いは、釈尊の正覚を自己において改めて取り戻そうという要求を生み、その要求は正覚の深みに踏み入って、それを捉え直すことを促したのである。正覚はそこでは「阿耨多羅三藐三菩提」（無上等正覚）と呼ばれて掘り下げられ、その解釈をめぐって、数多くの大乗経典が出現することになった。正覚において証された涅槃の境涯はさらに掘り下げられ、大般涅槃の境涯にまで深められることになったのである。

原始仏教において釈尊の正覚が固定され、それ以上に展開されることがなかったのは、実はその必要がなかったからである。そこでは、釈尊は教師として弟子たちの前に厳然と存在し、正覚の内容は四諦八正道や十二支縁起として、弟子たちの眼前に与えられていた。しかし、釈尊が不在であるという意識のもとでは事態は変わってくる。正覚は与えられてあるものから、自己において探究され、証されるべきものとなる。静的であった正覚は動的となるのである。

釈尊が不在であるという意識は、「末法」という歴史観と結びつくことでいっそう強められ、正覚の積極的な受け取り直しが行われることになる。末法の歴史観の強い影響を受けたのは浄土仏教であり、とりわけ親鸞である。親鸞は、『正像末和讃』において、「釈迦如来かくれましまして　二千余年になりたまう　正像の二時はおわりにき　如来の遺弟悲泣せよ」（『聖典』五〇〇頁）と詠い、「五十六億七千万　弥勒菩薩はとしをへん　まことの信心うるひとは　このたびさとりをひらくべし」（『聖典』五〇二頁）と詠った。釈尊が不在の今、正覚の正面に立ちどまって満足すべきではなく、正覚のさらに奥深くに立ち入って、その底に弥陀の本願を捉える、信の道が時機相応の教えであると説いたのである。

いずれにせよ、釈尊の不在の意識に伴って生じた、正覚を自己化しようという要求において正覚は深淵となり、内に種々の層を含むものとなってくる。四諦八正道や縁起や五蘊は正覚の比較的表面の浅いところに映った。したがって、弟子たちは釈尊がそれを説いたとして容易に取り出すことができた。しかし、阿弥陀如来の本願は正覚の奥深くに秘められていたので、釈尊といえどもはっきり捉えることができなかった。したがって、それを取り出すことは後の弟子たちの仕事になった。釈尊の正覚の深みに映っていながら、釈尊が十分に表明しえなかったものを弟子たちが取り出したのである。しかし、後になって見いだされたということは、それは初めから正覚の最内奥に秘められていたということである。こうして、正覚の概念は拡張されてくるが、そのように拡張された正覚の概念を、大乗仏教は「阿耨多羅三藐三菩提」（無上等正覚）と捉えたのであった。

　そこにおいて、正覚は、内に四諦八正道や十二支縁起や五蘊を映しているだけではない。そこには、さらに、華厳の「海印三昧」、般若の「等持王三昧」、法華の「無量義処三昧」、涅槃の「月愛三昧」、そして、弥陀の「大寂定三昧」などが映っている。そこでは、正覚は一切のものを映し出す鏡、あるいは一切のものがその底に沈んでいく無限の深淵のごときものとなる。そのとき、正覚は「釈尊の底なき深き宗教的自証」（「大無量寿経の定義」『選集』第四巻、一八七頁）を示すものとなるのである。

　釈尊の正覚は、原始仏教においてはあたかも、人々の手に触れて風化するのを避けて博物館の棚に秘蔵され、特定の人々にのみ開示されるという感があった。しかし大乗仏教では、そのような棚は取り払われ、正覚はすべての人々の生活に持ち出され、受用し、証されるものとなった。こうして、正覚の底に「阿弥陀如来のいのち」とそれの回向表現としての「本願」が見いだされてくる。そこに感得せられる世界を、親鸞は、「弥陀の本願信ずべし　本願信ずるひとはみな　摂取不捨の利益にて　無上覚をばさとるなり」

（正像末和讃、『聖典』五〇〇頁）と詠ったのである。

2　釈尊の正覚に映った弥陀の本願

『大無量寿経』の真意は、これまで正しく捉えられてこなかったというより、歪んで捉えられてきたといわねばならない。というのは、『大無量寿経』で語られているのは、釈尊の正覚ではなく、「法蔵菩薩の誓願」という一風変わった神話的な物語であると見なされてきたからである。つまり、法蔵菩薩の物語は、釈尊が、正覚とは無関係にいわば余技として語ったものと見なされてきたのである。そのために、『大無量寿経』を「真実の教」と親鸞が説いても、何か人騙しのようなうさん臭い経典と見なされてきた。そこでは、弥陀の本願は釈尊の正覚とどのような関係にあるのかが、そこでははっきり摑まれなかったのである。

では、親鸞は『大無量寿経』を如何なる意味で真実の教えと捉えたのであろうか。それは第一に、『大無量寿経』で説かれた「弥陀の本願」は釈尊の正覚の内実を表したものであるという意味においてである。第二に、「弥陀の本願」は人間の根源的な欲求や願いを捉えたものであるが、その人間の根源的要求を自覚の明るみにもたらしたのはまさに釈尊の正覚であるという意味においてである。しかし、『大無量寿経』は、そのように捉えられてこなかった。先に述べたように、弥陀の本願は釈尊の正覚とは無関係なものとして、釈尊がいわば余技として語った物語と見なされてきた。だが、弥陀の本願が釈尊の正覚の内実と無関係であるならば、釈尊がそれを説いたとしても、真実の教えとはいえないであろう。『大無量寿経』が真実の教えであるのは、そこで説かれている弥陀の本願が、釈尊の正覚の内実を語ったものであり、人間の根源的要求を摑んだものだからである。それゆえ、釈尊が語ったということは、釈尊の正覚の内実を語ったということである。正覚の内実は『大無量寿経』において「弥陀の本願」として表現されたのである。

したがって、「弥陀の本願」は釈尊の正覚の「大寂定三昧」「涅槃寂静三昧」の境地を表現したものであるといわねばならない。実際のところ、そのように断言しているのが『大無量寿経』序分の「五徳現瑞」の箇所である。そこでは、これから弥陀の本願を語ろうとしている釈尊の姿に、弟子の阿難が「光顔巍々として、威神極まりない」様子を感じて、それはなぜか問うていることが語られている。しかしながら、五徳現瑞はその真義から幾分ずれて理解されてきたように思われる。それは、「弥陀の本願」という前代未聞の物語を釈尊がこれから語るという一大イヴェントを盛り立て、飾るための舞台装置、あるいは、序章と見なされてきた感がある。しかし、それは五徳現瑞の表面の意義にすぎない。「五徳現瑞」の隠された真義は、釈尊はまさに正覚の内実を語ろうとしているということ、それを弥陀の本願として語ろうとしていることを示すところにある。阿難は釈尊のその姿を讃嘆して次のようにいう。

今日、世尊、諸根悦予し姿色清浄にして光顔巍巍とまします。明らかなる浄鏡の表裏に影暢《ようちょう》するがごとし。威容顕曜にして超絶したまえること無量なり。未だ曾て瞻覩《せんと》せず。殊妙なること今のごとくましますをば。……今日、世尊、奇特の法に住したまえり。今日、世雄《せおう》、仏の所住に住したまえり。

今日、世眼《せげん》、導師の行に住したまえり。今日、世英《せよう》、最勝の道に住したまえり。今日、天尊、如来の徳を行じたまえり。（『聖典』七頁）

と。この「五徳現瑞」において注目すべきところは、阿難が「今日、世雄、仏の所住に住したまえり」と述べているところである。釈尊が弥陀の本願を語ろうとすることにおいて「仏の住むところに住んでいる」と阿難が感得したということは、釈尊は弥陀の本願を語ることにおいて仏になったということである。そのことは、釈尊は単に弥陀の本願を語ったのではなく、正覚の内実として弥陀の本願を語ったということを意味する。「五徳現瑞」が示しているのはそのことである。したがって、五徳現瑞の背後には、次のような事態が考えられる。

正覚を得た釈尊の表情はなお沈鬱であったといわねばならない。それは、釈尊の出生の本懐がなお満たされていなかったからである。釈尊の出生の本懐とは、正覚を得て涅槃を証し仏になることである。では、どこでそれは満たされるのか。釈尊が弥陀の本願を感得し、それを説くところにおいてである。ということは、釈尊は弥陀の本願を語ることによって正覚の最内奥に踏み入ったということである。釈尊の正覚は、その底に弥陀の本願を見いだし、それを語ることによって全きものとなったのである。

それゆえ、「五徳現瑞」が示しているのは、釈尊が想像力にまかせて「弥陀の本願」を語ったのではなく、正覚の内実として弥陀の本願を語ったということである。そこに、親鸞が『大無量寿経』を「真実の教」と捉えた理由があった。

では、なぜ正覚の内実が弥陀の本願でなければならないのであろうか。『大無量寿経』はその理由を説明していない。ただ、そうだというだけである。実は、なぜかを説明しないのが「教」である。「そうだ」というだけで、「なぜか」を説明しないところに教の教たるゆえんがあるのである。

それゆえ、正覚の内実を弥陀の本願に捉えた『大無量寿経』が「真実の教」であるゆえんを『大無量寿経』に探ることはできない。その理由は『大無量寿経』の外に探らねばならない。

3　本願の思想の淵源――捨命住寿としての大般涅槃――

『大無量寿経』は釈尊の正覚の内実を弥陀の本願と捉えたが、どのようにして正覚の底に弥陀の本願が見いだされたのであろうか。

本願の思想は従来、山口益の見解にもとづいて、菩提樹下でさとりに至った釈尊が梵天の勧請によって説法に踏み出したところに見られる慈悲の精神に注目して、「智慧」から「慈悲」へと進んだ仏教体系の中で説明され、位置づけられてきた。しかし、智慧と慈悲を分け、一方から他方へと進んだとする仏教体系の理解の仕方は多分に一面的といわねばならない。なぜなら慈悲には智慧が含まれ、智慧には慈悲が備わっているのでなければならないからである。

それゆえ、本願の思想の淵源は、釈尊の正覚そのものの深まりの中に探らなければならない。具体的には、先に見たように、釈尊の正覚が「涅槃」の境涯から「大般涅槃」の境涯に進みゆく過程に求められなければならない。

『マハー・パリニッバーナ・スッタンタ』（中村元訳『ブッダ最後の旅』）において、正覚を得て涅槃を証した釈尊は、最晩年の故郷のクシナーラへの旅において、涅槃の境涯からさらに大般涅槃に入ったことが語られている。では、大般涅槃とはどのような境涯であろうか。

『マハー・パリニッバーナ・スッタンタ』では、釈尊は「注意深く、アーユスのサンカーラを捨てる」ことによって、大般涅槃に入ったと記されている。そのことを、『マハー・パリニッバーナ・スッタンタ』の漢訳である『遊行経』（『長阿含経』）は「定意三昧捨命住寿」と訳している。その言葉の内に「阿弥陀如来のいのち」と「本願の思想」の淵源となるものを見いだすことができると思う。以下は先にも述べたことであるが、重複を厭わず再説しておきたい。

釈尊はその最晩年、郷里のクシナーラへ向かう遊行の途中で、鍛冶職のチュンダの供養を受けて食べたキノコで中毒を起こし、それがもとで入滅した。正覚において得られる「涅槃」（nibbāna）に対して、入滅して入る涅槃は「大般涅槃」（pari-nibbāna）といわれる。「般」（pari）とは「完全な」という意味であるが、涅槃は死によって完成すると考えられることから、「大般涅槃」は入滅して入る涅槃と見なされてきた。『マハー・パリニッバーナ・スッタンタ』はこの大般涅槃を説いたものである。

しかし、『マハー・パリニッバーナ・スッタンタ』では、釈尊は、亡くなる三ヵ月前に、「注意深く、アーユス（āyus）のサンカーラ（saṅkhāra）を捨て」て「大般涅槃」（パリー・ニッバーナ）に入ったと記されているから、大般涅槃は、精確には、文字通りの命終によってではなく、「アーユスのサンカーラを捨てる」ことによって得られるのである。では、「アーユスのサンカーラを捨てる」とはどういうことか。そして、それによって証される「大般涅槃」とは何か。

中村元は「アーユスのサンカーラを捨てる」ことを「寿命の素因」を捨てることと訳している。しかし、「寿命」とは何か、また「素因」とは何か、そして、寿命と素因とはどのように関係するのか。そのことについて明確な説明がなされていないので、「寿命の素因を捨てる」とはどういうことなのかは結局のところ分からないままになっている。

『マハー・パリニッバーナ・スッタンタ』（『大般涅槃経』）にはさまざまな異訳があるので、「アーユスのサンカーラを捨てる」ということに関して共通した理解はない。ドイツ語訳や英訳の多くは、その言葉を単純に、「命終」つまり「生命を捨てる」という意味に捉えている。しかし、先に見たように、釈尊は亡くなる三ヵ月前に「アーユスのサンカーラを捨て」、「大般涅槃」（パリー・ニッバーナ）に入ったとされているのであるから、「アーユスのサンカーラを捨てる」ことは、単純に命終を意味するのでないことは確かである。では、「アーユスのサンカーラを捨てる」とはどういうことか。そして、「サンカーラ」と「アーユス」とはどのような関係にあるのか。

シュミットハウゼンのドイツ語訳では、「アーユスのサンカーラ」は“Triebfeder des Lebens”とされている。“Triebfeder”とは「生存の原動力」のことであるから、それはアーユスに活力を与え、動機づけている原動力を意味する。それと同時に、それはアーユスを内から縛っている重力のごときものと考えられる。つまり、アーユスの「サンカーラ」とは、アーユスの活動を成り立たしめ、それに形を与えつつ、しかも、それに鎧のようにのしかかっている自執性の原理と考えられる。それゆえ、「アーユスのサンカーラを捨てる」とは、単に生命を捨てることではなく、アーユスを内から縛っている自執性という重力の原理からアーユスが解放されて自由になることである。

「五蘊説」では、「サンカーラ」は「色・受・想・行・識」の「行」に相当する。そこでは、「行」とは「識」の手前にあって、識を方向づけ縛っている「自執性」と「無明」の原理である。そのサンカーラを無常と知って断つことにより、「識」は、それを圧していた覆いが取り去られて自由で透明で純粋な活動になるとされる。そしてアーユスは「無量のいのち」(アミターユス)、つまり、「阿弥陀如来」に帰入する。そのことが「大般涅槃」を超証することと考えられる。それゆえ、大般涅槃を証するとは、単に「命終」ではなく、阿弥陀如来のいのちに帰入してこれを受用することであり、そのための条件が「アーユスのサンカーラを捨てる」ことと考えられねばならない。こうして、釈尊が正覚において証した「涅槃」の境涯はさらに深められ、「大般涅槃」において、無量のいのち、つまり「阿弥陀如来のいのち」(アミターユス)の内に住することと捉えられたのである。

『マハー・パリニッバーナ・スッタンタ』の漢訳である『遊行経』(『長阿含経』)は、「アーユスのサンカーラを捨てる」を「定意三昧捨命住寿」と訳すことで、それをこのような意味に解していると思われる。「捨命住寿」とは、「有限な命」を捨てて「無量のいのち」に住むことであるが、それは、われわれを閉じ込め縛っている、狭い、自己執着に満ちた命、時間的で有限な命(それがサンカーラと考えられる)を捨てて、寿、つまり無量のいのち、阿弥陀如来のいのちに住することである。それは善導が「前念命終、後念即生」と捉えたことにほかならない。

「寿」（アーユス）とは、有限な生命（ジーヴァ）とは異なった質をもっている。それゆえ、「無量寿」は有限な命を延長した長寿を意味するのではなく、有限な命を超出した「無量のいのち」（アミターユス）、つまり「阿弥陀如来のいのち」である。この無量のいのちは人を覚者にするはたらきをもっている。阿弥陀如来が「受用身」といわれる理由がそこにある。受用身とは「阿弥陀如来のいのち」を享受し、味わうことである。そのことで大般涅槃が証される。「捨命住寿」とは、人をこの世に繋ぎ留めてきた柵、自分を縛ってきた古い命の殻が捨て去られて、阿弥陀如来のいのちに帰入することである。親鸞はそれを「臨終の一念の夕、大般涅槃を超証す」（教行信証・信巻、『聖典』二五〇頁）と捉えたのである。

『遊行経』が解したように、「大般涅槃」を「捨命住寿」と捉えるとき、釈尊の正覚と弥陀の本願とを繋ぐものが明らかになってくる。そこにおいて「釈尊の正覚に弥陀の本願が映った」といいうるのである。

大涅槃の境涯は寂滅であり、空であり、無碍であり、絶対自由である。その大涅槃の境涯において「阿弥陀如来のいのち」の響きが感得され、それが衆生の世界に本願となって届いてくる。「阿弥陀如来のいのち」は、一切の衆生を内に摂取する無限の肯定の原理である。その肯定の原理が大般涅槃において享受され、われわれ衆生の五濁にまみれた「ジーヴァ」の世界に「本願」となって現れてくるのである。そのことが「回向」といわれる。

「阿弥陀如来のいのち」が衆生の世界に「本願」となって出現してくるとき、その本願は「サンカーラ」であり、「行」でなければならない。なぜなら、衆生の世界を支配しているものはサンカーラだからである。しかし、本願は「阿弥陀如来のいのち」から流れ出た純粋な行であり、無明と自執性に覆われた行ではない。それゆえ、その行は衆生を覚醒させ、解放するはたらきをもつ。本願が「本願力」といわれ、また「大願業力」といわれるのはそのためである。

4　行（サンカーラ）と本願力

先に述べたように、『遊行経』は、釈尊が「アーユスのサンカーラを捨て」て、「大般涅槃」を超証したことを「捨命住寿」と捉えた。大般涅槃を、有限な命を捨て「無量寿」、つまり「阿弥陀如来のいのち」に住することと捉えたのである。

ところで、衆生は、釈尊のように独力でアーユスのサンカーラを捨てて阿弥陀如来のいのちに帰入することはできない。衆生が、自執性の原理としてのサンカーラを捨てるには、それを克服する「もう一つのサンカーラ」によらねばならない。それが「本願」である。ジーヴァの世界に生きている衆生が、煩悩としての欲望や感情を超えるには、理性や知性ではなく、もう一つの欲望や感情によらねばならない。本願はそのようなもう一つの欲望であり、行なのである。つまり、本願は、阿弥陀如来のいのちが衆生の世界に「行」という形をとって現れたものである。それゆえ、行には悪にも善にもなりうる二面性があることに注意しなければならない。大般涅槃において受用された「阿弥陀如来のいのち」が、次いで、衆生のサンカーラの世界に行となって現れたのが「本願」である。その本願に乗託して、衆生は自執性にまとわれたサンカーラの世界を超えて、「阿弥陀如来のいのち」に帰入する。本願の思想の淵源はここにある。

その際、本願に関して二つのことに注目しなければならない。一つは、本願がはたらく「場所」である。それは衆生の宿業の世界である。もう一つは、本願が宿業の世界においてとる形である。それは「力」である。

(1) 宿業の世界にはたらく本願

本願はわれわれの身体において、われわれの環境、国土においてはたらいている。正報・依報、つまりわれわれの宿業の世界が本願のはたらく場である。それゆえ、本願は宿業の世界のさまざまな事柄や出来事に即して感得されるのである。

では、われわれの生きている宿業の世界とはどのようなものか。「宿業」という言葉は現代では死せる言葉であるが、曽我は、「本能」という現代の言葉にそれを置き換えることで、その意味が分かったという。では、どのようなことが分かったのか。宿業とは、そこにおいて一切の生きものが個々別々に孤立しているのではなく、相互に連関し、響き合って生きている感応道交の世界であるということである。宿業が本能だということは、それは無限に広くて深い生命の世界、感応道交の世界であるということである。

曽我は、そのことを次のように述べている。


我々は太陽を感ずる、月を感ずる、山を感じ河を感ずる。国土を感ずる、……親を感覚し、……自分及び他人を感覚する。しかもそれを感覚する世界は、外にあつては広大無辺であり、内にあつては深きこと涯底がない。（『講義集』第四巻、二一八頁）

宿業を、そのようなわれわれが生きている無限に広く深い生命の世界と捉えるとき、宿業という言葉のもつ重苦しくのしかかってくる暗いイメージが取り去られてくる。曽我は、宿業を本能と捉えることで、宿業の世界が本来的には、一切のものが感応道交し合っている、無限に広く深い生命の世界、一味平等の世界であることに注目するのである。

然るに宿業に眼を開くとき始めて山河大地と自分とは無始曠劫の昔より相離れぬ関係を有つ。眼を開いて山を見る。比叡山を見ても単に山だと云ふことは出来ない。何か知らぬがこの比叡山は憧れの対象、自分と宿世の昔より繋がりをもつてゐる。今日比叡山に会ふことは全く偶然であるがそこには本当の意味の必然がある。歴史的必然がある。自我的論理的必然はないが寧ろ心理的必然、もつと歴史的必然がある。依正二報、山河大地と自分との間に生命が続いてゐる。単に民族のみの繋がりではなく、山河大地とも血が続き一切の非情みな血が続く、草も木も海も山もみな血が続いてゐる。寧ろ自然は自分の母であり親である。だから宿業を念ずる時、「一切の有情はみなもて世々生々の父母兄弟なり」といふお言葉が出る。そしてそのお言葉の出て来る元には依報があり国土といふものがある。たゞ有情のみゐるのではない。我といふものを考へる時は我が元で、国土といふものは何処かで探し当て丶、たゞ自分の欲望を満足させるだけのものである。併し宿業に眼を開けば国土は自分の生命の根元である。

（「歎異抄聴記」『選集』第六巻、二三六頁）

しかし、宿業の世界は、本来は万物が感応道交し合っている一味平等の世界であるとしても、現実的にはそうではない。われわれが生きている現実の世界は、感応が断たれ、差別が支配する不自由で不平等な苦悩の世界、業繫の世界である。それゆえに、われわれの生きる世界が宿業の世界といわれるのである。それゆえ、宿業の世界がその本来の、自由で一味平等の世界、感応道交の世界となるためには、そこに本能とは別の原理が出現してきて、断たれた感応道交が回復されるのでなければならない。それが本願である。本願が本能の底から立ち上がってきて、本能の暗い、閉じた世界を開くのである。それゆえ、曽我は本願を「純粋本能」という。本来の一味平等な宿業の世界においては本能と本願、動物的本能と純粋本能とは溶け合っていて、区別はない。だが、宿業の世界において感応道交が断たれることによって、本能は不純なものとなる。それゆえ、宿業の世界がその本来の一味平等の自由なありようを取り戻すには、そこに純粋本能としての本願が出現してこなければならない。そのことを曽我は次のようにいう。

故に、感応道交——それを機として仏の本願といふものがはじまつて来た。……仏の本願は、その感応道交するところの本能、そのハズミで本願が起つて来た。感応道交は与へられた力である。感応道交は本当に与へられた力で、さうして、吾々の内から本当に湧出て来る力である。つまり、歴史といふ一つの力を以て吾々に与へられて居る。歴史的に感応道交は与へられて居る。

（『講義集』第一巻、一七頁）

宿業の世界において本願が感得されることで、宿業の世界の眺めは変わってくる。しかし、宿業の世界は別のものになるのではない。それは別の輝きをもって現れてくるのである。国土はわれわれを重圧するものではなく、そこに足を据えて生きる場所、自由を実現する場所となる。親鸞は「心を弘誓の仏地に樹て、念を難思の法海に流す」（教行信証・化身土巻、『聖典』四〇〇頁）と述べている。そこにおいて親鸞は単に「阿弥陀如来の利益」に思いを致しているのではなく、本願のはたらいている宿業の大地に思いを致しているのである。それゆえ、そこでわれわれは「阿弥陀仏の利益」ではなく、「弥陀の仏土の至徳」に思いを致さねばならない、と曽我はいう。光の明るさは、それが照らした対象の明るさによって計られるように、本願のはたらきは、それが照らした対象や場所によって知られる。そこに、本願は、それがはたらく場所、つまり、国土や環境との関わりにおいて捉えられなければならないゆえんがある。

(2)　力としての本願

本願のはたらく場所が宿業の世界であるとき、そこでは、本願は「力」、つまり「本願力」となる。先に述べたように、衆生の世界を支配するものは力である。それゆえ、本願がそこで効力をもつためには、本願もまた力とならなければならない。本願が力となるという事実を曇鸞は「仏法力不可思議」と捉えた。

親鸞が「本願力」に遇うことを特に「値遇《まうあふ》」と述べたのも、その事実に注目したからであると思う。

いったい、親鸞は本願力に遇うことをなぜことさらに「まうあふ」というのか。そこには、単に言葉のあや以上のものがあると考えなければならない。それは、本願が本願力となるという不可思議な事実に親鸞が直面したということである。本願が本願力となるのは、本願が衆生の「信」において成就するときである。本願が力となるのは、信の成立する「今」でなければならない。それゆえ、親鸞はその事実に真っ直ぐに出会うことを「まうあふ」といったのである。

曇鸞が、本願力を「本法蔵菩薩の四十八願と、今日の阿弥陀如来の自在神力」（教行信証・真仏土、『聖典』三一六頁）の二つに分け、「本の本願」に「今の仏力」が加わることによって本願力が成立すると捉えたのも同様である。本願は本から本願力としてあるのではない。「本の法蔵菩薩の四十八願」に「今の仏力」、あるいは「今日の阿弥陀如来の自在神力」が加わることによって本願力となるのである。

本願力に「まうあふ」ということは、本願が「信」において成就する今において、「力」となるという不可思議な事実に出会うことである。世親はそこに本願力の「不虚作住持功徳」を捉え、「仏の本願力を観ずるに、遇うて空しく過ぐる者なし」（浄土論、『聖典』一三七頁）と述べた。そして、それを受けて曇鸞は、本願力は「本法蔵菩薩の四十八願と、今日の阿弥陀如来の自在神力」からなるとした。そして、親鸞はそのことを「本願力にあいぬれば　むなしくすぐるひとぞなき　功徳の宝海みちみちて　煩悩の濁水へだてなし」（高僧和讃、『聖典』四九〇頁）と詠ったのである。重要なことは、三人が共に、本願が衆生の信において「力」となるという不可思議な事実に注目し、それを「まうあふ」と捉えたということである。

そういうことから、曽我は果上の阿弥陀仏の力に注目しなければならないとして、「如来の本願力の意義については、主として因位法蔵菩薩の大願業力が高揚せられ、今日正覚阿弥陀仏の自在神力が無視されて居る。是れは我々の深考を要する点でなからふか」（「開神」『選集』第五巻、六八頁）と述べている。この曽我の発言は、「果上」の阿弥陀仏を礼拝するのではなく、「因」としての本願に思いを致すべきであるとする従来の曽我の考えと矛盾しているように思われる。しかし、そうではない。因としての「本願の信」を根本としなければならないという曽我の考えは変わらない。しかし、その本願が信において「力」となるという「不可思議な事実」に深く思いを致さねばならないと述べているのである。

曇鸞は本願力を「本法蔵菩薩の四十八願と、今日の阿弥陀如来の自在神力」からなると捉えた。そのことで、曇鸞が注目するのは、本願力が初めから「本願力」としてあるのではなく、本願に「今日の仏力」「阿弥陀如来の善住持力」が加わることによって「本願力」になるという、本願力の「力動性」である。そのことを曇鸞は「願もって力を成ず、力もって願に就く。願徒然ならず、力虚設ならず。力・願あい府《かの》うて畢竟じて差わず。かるがゆえに成就と曰う」（教行信証・真仏土、『聖典』三一六頁）と述べた。本願は衆生の信において「力」となるのでなければ「成就」したといえない。しかし、「本願力」の力は自然にはたらく物力ではなく、本願の力である。それは「龍神力」ではなく「仏法力」である。形なく、力なく、見えざる本願が力となるのである。その力は自然の力がもたない力をもつ。それは人間の苦悩を抜き傷を癒すという力である。そのような、本願力に固有な力を、曇鸞は本願力の「不虚作住持功徳」と名づけたのである。そして、本願力がそのような質の力であるがゆえに、曇鸞は「力・願あい府うて畢竟じて差わず。かるがゆえに成就と曰う」と述べたのである。われわれが深く思いを致さねばならないのは、本願力は力であっても、人間を縛り落下させる力ではなく、人間を解放し、上昇せしめる力であるということである。それゆえ、曇鸞は「力は願に就く」と述べたのである。

Ⅱ　本願の信

本願の信と自信

——自己を証しすること——

はじめに

信とは如来の本願を信じることであるが、信の究極的意義は、「本願の信」を通して、自身を信じるに至ることにある。自己を信じるとは自己を証し、正定聚に住することである。清沢がその生涯にわたって追究したのはこの自己を信じることとしての「自信」であり、そこに清沢の思想の核心があった。では、「自身を信じる」とはどういうことか。

1　自信としての「機の深信」

われわれは、自己を信じるとは自己が何か取り柄のあるものをもっていることだと考える。一時、自分探しという言葉でよくいわれた、自分に固有なアイデンティティを摑むことが自分を信じることだと考えるのである。しかし、自己を信じるとは、そのようなことをいうのではない。自分に格別なものは何もないと見据えて、その無なる自分に安んじること、仮に、自分が何ものかであっても、それは大海の波浪のごとく無に等しいと深く思いを致すことが自己を信じることである。自己が無であるという思いに徹するところにおいて、一切が無差別で自由かつ平等な世界が開かれてくる。そこに清沢は自己を捉え、「自己とは他なし、絶対無限の妙用に乗託して任運に法爾に此境遇に落在せるもの即ち是なり」（『清沢満之全集』第八巻、三六三頁）と述べた。此境遇が如何なるものであろうと、そこに落在するところに自己がある。それは「追放可なり」、「凌辱可なり」、「誹謗擯斥可なり」のところであり、そこに落在する限りにおいて、すべてが無差別で自由で平等なのである。清沢は、そのように現前の境遇に落在するところに自身を深信することを捉えた。「機の深信」が「自利」といわれるゆえんがそこにある。

では、自利とは何か。それは具体的には劣等感から解放されることである。信は、人を劣等感やその反対の優越感から救う。そこに信の利益があるのである。

われわれは、釈尊の出家の大きな動機が驕慢の反省にあったことに深く思いを致さねばならない。若い釈尊は老人を見て醜いと感じたことを恥じて家を出たことが『増支部』で語られている。老人を見て醜いと感じたことに、感受性にまで入ってきて無意識にはたらいている優越感、驕慢を見いだして釈尊は驚き、それを自分にふさわしくないと恥じて出家したのである。それゆえ、出家した後の釈尊の自省と思索は、自己の存在の底に巣くっているこの驕慢の根を掘り起こして、それを取り除くことにあった。われわれはこのことを忘れてはならない。すなわち、釈尊の自省は単独者の救いを目指した孤独な反省ではなく、人と人との関係をめぐって深められたものであったことに、深く思いを致さねばならない。釈尊の正覚が智慧と同時に慈悲心を包み、深い平等の精神的安らぎを湛えていることの理由がそこにある。

曽我は人間に取りつき支配している「邪見」の最も大きなものは劣等感だという。劣等感は、自分が他者より劣っていると感ずるところに生じる複合感情（コンプレックス）であって、社会に生きる人間の心を責め苛《さいな》んでいる苦悩の内で最も大きく、そして最も抜き難いものであるといわねばならない。社会を支配している差別と不平等の根源にあって、それらを動かし、活力を与えているものは劣等感である。人は劣等感から免れるために、その対極の優越感に立とうとすることで、差別を助長し、劣等感を増殖させてゆく。こうして、太古の昔から、劣等感と優越感は円環を描いて差別の輪を拡大し、そのうちに人間を巻き込んで責め苛んできた。業や輪廻の思想はこの差別と劣等感が描く循環の内で育まれてきたといいうる。仏教が目指したのは、そのような差別と劣等感の源にあるものを邪見と驕慢として捉え、その軛《くびき》から如何に人々を解放するかということにあった。

親鸞は『正信偈』において、そのような「邪見・驕慢」に囚われた衆生を「悪衆生」と呼び、「邪見・驕慢の悪衆生は信楽を受持することは甚々困難である」と述べている。そのことは、逆にいえば、衆生は信楽を獲《え》ることによって、邪見・驕慢の陥穽《かんせい》から救われるということである。信は人を劣等感から救うという利益をもっているというのは、そういう意味である。信楽を受持することによって、人は社会を覆っている差別の苦悩を超えることができるのである。そこに仏教の社会的意義がある。仏教が社会性をもつために取り立てて特別な社会活動をしなければならないと考えるに及ばない。人を劣等感から解き放って、平等な世界を開いてきたところに、仏教の最も大きな社会的意義があることに思いを致さなければならない。人々がそれぞれ自信を獲ることによって、社会は救われるのである。ここに自信をもつことの深い意義があることを忘れてはならない。

こうして、曽我は次のようにいう。

この自身を信ずるといふことは……この如何ともなし得ない罪悪生死の凡夫だといふところに安住したのです。……自分に何の長所もない、といふことになるといふと、我々は自暴自棄といふことになる。何の取柄がないからというて、自暴自棄する必要はない。本当に何の取柄もないといふことによつて、いよ〳〵そこで何か不動のものを有してをるのである。そこに何か動かない自分の安住の場所がある。……だから私共は自分を絶対的に信ずる。どんなに我身が罪悪愚痴の存在であつても、自身に対する信念を失はない。いよ〳〵罪悪深重であればあるほど、むしろ自信が明らかになる訳である。……だから、本当に我身を信ずる信心といふものが、それがまた、他人を自信せしめる。……これが「自信教人信」といふことです。

（「自信教人信」『選集』第十二巻、一一三〜一一八頁）

ありのままの自分を見つめて、それを人前に曝《さら》すのをいささかも憚《はばか》ることのなかったのは親鸞である。そこに親鸞の徹底した自信が示されている。比叡山での僧としての立場を捨てて下山して、妻帯に踏み切った親鸞の生きざまは、当時の社会通念からすればスキャンダラスであったはずだが、親鸞は従容としてその道を進んだ。そこには反逆や開き直り、露悪趣味があったわけではない。むしろ、それは親鸞が凡夫という自身の姿を正直に見据えたところからくる覚悟であった。

そのことに関して夏目漱石が述べていることは意義深い。漱石は「私の個人主義」という講演において「自己本位」ということを述べ、それによって自己の立つ場を確立したとされているが、その一年後の「模倣と独立」という講演で、「有りの儘を有りの儘に書き得る人があれば、其人は如何なる意味から見ても悪いと云うことを行ったにせよ、有りの儘を有りの儘に隠しもせず漏らしもせず描き得たならば、其人は描いた功徳に依って正に成仏することが出来る。法律には触れます。懲役にはなります。けれども其人の罪は其人の描いたもので十分に清められるものだと思う。私は確かにそう信じて居る」(『夏目漱石全集』第十巻、二四四頁)と語っている。そして、そのような人として、漱石は親鸞とイプセンを挙げている。漱石はここで、親鸞が「自身を深信する」としたところを自分の言葉で語っているのである。

漱石が語っているように、自分のありのままを正直に描くことによってその人が成仏するのはなぜか。それは、ありのままに描くことで、その人はまさしく、清沢のいう現前の「此境遇に落在」するからである。現前の境遇に落在するということは、自分を捨てて無私となることである。自分をありのままに描いたということによって、その人は自分を如来の手に委ね、無私となっているのである。

自信とは、自分を捨てることであり、自分を離れたところ、超え出たところから自分を見ることである。そこに、自信が「劣等感から救われる」ことであり、「成仏する」ことであるゆえんがある。

2　自信を可能にするもの

信とは自信、つまり自身を信じることであるが、しかしそのことは簡単なようで簡単ではない。というのは、われわれは実際のところ自分で自分を信ずることはできないからである。われわれが「何の取り柄もない自分」、「虚仮不実な我が身であること」を自らに引き受けることができるのは、そのような自分が他者によって無条件に受け容れられ、肯定されているという確信をもつことによってである。他者に肯定され敬われていると感得することによって、われわれは、自身を信じ、引き受けることができるのである。それゆえ、自信の根拠には他者による承認があるといわねばならない。自信は、実は、他者から「与えられる」のである。信において深く思いを致さねばならないのはこのことである。

自信の根拠が他者にあることは、われわれが日常生活において経験していることである。小さな子供が安心して外へ遊びに行くのは、親によって、あるいは、親に代わる誰かによって見守られているという安心感があるときである。見守られ愛されているという実感が、自己を信じて活動するエネルギーを生む。それゆえ、親から、あるいは他者から、無条件に愛され肯定されたという経験をもったことのない子供は、自己存在の根底に確信をもちえず、人生を生きる上で大きな困難と重荷を背負わねばならない。ここに子育てにおいて忘れてはならない重要な点があると思うが、それは「信」の問題と直結した事柄なのである。むしろ、信の問題は、子育てや他者との関わりという具体的な事柄と不可分であることが注目されなければならない。

そのことに関して、二階堂行邦の言葉は注目すべきものと思うので引用しておきたい。氏は次のように述べている。

……自分で自分を受け止めることができればいい。自分の父親なり母親なり、誰でもいいのですが、他者が受け止めてくれたという経験が大事なのでしょう。つまり、本当にこの人は私の全部を無条件で受け止めてくれたということの体験のなかから、自分を受け止めることができるのではないか。そして、他者に対して自分はどうするのかということの一歩の課題が自分のなかに与えられてくる。それが、救われたということの恩恵なのではないかと思うのです。

（「現代社会に親鸞思想は応え得るか」『現代と親鸞』第13号、一五二頁）

幼児虐待やいじめの問題は、根本的には、この自信の問題、自己を信じるという問題に関わっている。幼児虐待やいじめが由々しき問題であるゆえんは、それが暴力だからではなく、目に見える暴力の背後の見えないところで、子供が自己を肯定する能力、自身を深信する力が破壊されるというところにある。虐待やいじめは殺人ではないが、目に見えないところで子供の生きる力の源泉を襲撃することにおいて、それは殺人に等しい犯罪となるのである。

自己を肯定する能力を奪われた人はどうなるか。そこにはたらくメカニスムは自然法則に近いものがあるといわねばならない。自己を肯定できない者は周囲の他者を肯定できず、周囲の世界を否定し、破壊することに向かわざるをえない。虐待が往々にして、世代を通して連鎖していく理由がそこにある。虐待する者はすでに虐待された者である。自己を肯定しえない者の心の底にわだかまる毒素は、怨恨や復讐心となって増殖することで自己を破壊し、そこから世界を悪一色に染め上げてゆく。自己を破壊された者が周囲を破壊してゆくのはこれも自然なのである。

ニーチェは、人間を苛んでいる苦悩の底にあるものを「復讐心」（Rache）と名づけ、復讐心を精神の病と捉えた。そして、そのような復讐心が、社会や文化、そして道徳、宗教の内にも潜伏して、社会や文化を歪め、病んだものにしている様子を、人間という種の根本問題として抉《えぐ》り出した。復讐心が精神の健康の喪失であるゆえんは、それが人間を閉鎖的な空間に閉じ込めて窒息させるからである。ニーチェは、そのような復讐心に囚われた者を弱者とし、復讐心を超えた精神をもつ強者とならねばならないと主張したが、しかし、どうしたら人は強者となって復讐心を払いのけることができるかについて説得的なことを述べたわけではなかった。ニーチェは復讐心を超えるものとして「超人」や「永劫回帰」の思想を説いたが、その思想によって、ニーチェは精神の健康を得るどころか病気になったのであるから、その思想は人を救うものではなかったといわねばならない。だが、精神の健康は復讐心を超えたところにあるという、ニーチェの洞察は真理である。ただ問題は、如何にして復讐心を克服しうるかということである。

ニーチェは、自己肯定の能力が奪われた人間の心の内に出現して、心を独特の色調で染め上げる情念を復讐心と呼んだが、そのような情念をシモーヌ・ヴェイユは「不幸」の内に見ている。不幸は苦痛がなければありえないが、不幸は苦痛とは別のものである。苦痛は過ぎれば忘れ去られるが、不幸は苦痛が過ぎ去っても忘れられず、思考が一つの表象に繋がれてその周囲をぐるぐる回ることを余儀なくされる精神のありようである。そこに苦痛と不幸との違いがあるとヴェイユはいう。大きな苦痛でも過ぎ去れば忘れられるが、小さな苦痛であっても、それが長く続く場合、人を不幸にする。それは思考が彼方に向かいたいのに、苦痛という表象に繋ぎ留められ、その周りをぐるぐる回ることを強いられるからである。そのような精神のありようは、針で地面に刺し留められてもがく昆虫のようにすさまじいものとなる。出口のない輪に閉ざされ、自由を失った人間の心にさまざまな怨念や毒念が生じ、それが自己自身や周囲を害してゆく。そのような不自由な狭い輪の中にどうして人間の精神が自らを閉じ込めてしまうことになるのかが分からないところに、不幸が謎であり神秘であるゆえんがあるとヴェイユはいうが、そのような不幸はわれわれの日常生活の至るところに潜んでいて、誰かの上に落ちかかろうと狙っているのである。

名誉心や復讐心や嫉妬心などの人間の執念もまた、そのような閉鎖的な輪に人間を閉じ込める情念(Leidenschaft)であり、不幸と同じ構造を有している。不幸のメカニズムの解明と、それが人間を閉じ込める狭い輪から如何にして脱するかを、ヴェイユは「哲学の根本問題」として生涯にわたって追究したが、それはまた宗教の根本問題でなければならない。

人間が喪失した自信を如何にして取り戻すか。ここに「信」の根本問題がある。自己肯定の力を奪われ、復讐心の塊となった存在が『観無量寿経』で取り上げられている阿闍世である。阿闍世の親殺しの源には、実は生まれてくる際に親によって殺されかけたという、親による子殺しがあった。その出来事を提婆達多から知らされて、阿闍世の自信の源、自己肯定の土台が破壊されたところに、阿闍世の抱えた問題と苦悩がある。

それゆえ、阿闍世の物語は、親殺しという大罪人が如何にして救われゆくかを語っているのではない。親殺しという目に見える出来事の裏で阿闍世が抱え込んでいる「恨み」という目に見えない苦悩から、阿闍世が如何にして救われるかを語っているのである。親殺しという犯罪はその苦悩の表に現れた現象にすぎない。それゆえ、自己自身を肯定することができないという苦悩から如何にして救われるかということに阿闍世の物語の主題がある。『教行信証』の「総序」において、親鸞が阿闍世の「逆害」に言及し、また、阿闍世について述べた『涅槃経』の部分を「信巻」において長々と引用しているのは、阿闍世の抱えている苦悩の解決こそ「信」の根本の問題であると、親鸞が捉えたからである。

したがって、大切なことは、繰り返すことになるが、信の根本問題とは何かについての深い洞察をもつことである。如来の本願を信じるか否かということが、信の根本の問題なのではない。失った自己肯定の能力を如何に取り戻し、自信をもつに至るかというところに、信の根本問題があることに思いを致さねばならない。如来の本願の信は、自信の問題、つまり自己の「証し」の問題に帰着するのである。

自己を信じるとは、自己を証しすることである。しかし、承認され、敬まわれるところ、要するに、自己の存在が絶対的に肯定されるところにおいて自己は証しされる。自己が「証し」され、「保証」されたところにおいて、人は復讐心から解放されて真に満足し、自己を忘れ、自己を離れて寂滅に至りうる。涅槃の境涯がそこに開かれる。

自己を無条件に受け容れてくれるものは、完全に清浄なもの、純粋なもの、善なるものでなければならない。そのような清浄なものに触れることで初めて、人は自己を肯定することができる。そのような善なるもの、清浄なるものは如来の心であり、如来の本願である。如来の本願であるがゆえに、それは不朽かつ不壊であり、悪に触れて傷ついたり潰れたりすることはない。

したがって、注意すべきことは、信とは究極的には自己を信じることであるが、その自信に至るには自己を超えた如来の心との接触がなければならないということである。信が「本願の信」とされるゆえんがそこにある。真実信とは、完全に善なる如来の心が人間の心に入ってきて、そこで成長し花開くことによって、自信が生じることである。自信を得ることによって人は「涅槃」を証するに至りうる。それゆえ、「涅槃の真因は信をもってす」といわれる。人間の心に出現した如来の心が現実を安んじて生きうる力となり、人は「必至滅度」に至るのである。

「信心の業識にあらずは光明土に到ることなし」（教行信証・行巻、『聖典』一九〇頁）という親鸞の謎めいた言葉が示すのもこのことであると思う。「信心の業識」は、光明と名号を「外縁」として生じる「内因」といわれるが、内因とは、信のいのちの源となる「胚珠」ともいうべきものであって、それは自己においておのずから成長する「自信」のことにほかならない。親鸞はこの言葉で、信が成長する生命体であることを述べている。植物の種子が花開いて実を結ぶように、信は人において成長して果実を結ぶことによって、その人を「光明土」に至らしめるのである。

人間は自己肯定の能力、つまり自信が破壊されるとき、他者を棄損することへと向かわざるをえない。

そのことは、宇宙を支配する重力の法則のもとに人間が置かれていることに由来する。自信を喪失してひたすら落下してゆく存在が阿闍世であった。親鸞は人間を支配しているこの重力の法則を身に染みて痛切に感じ、その重力の法則が支配する世界を宿業の世界と捉え、業道自然と名づけた。一方、親鸞はそのような業道自然の裏面に揚力の法則がはたらいていることに深く注目し、それを「願力自然」と名づけた。重力が地球を支配しているのと同じように、揚力もまた地球においてはたらいている。ところで、重力が地球の底の闇から出現してくるのに対して、揚力は地球を超えたところ、いわば法界から出現して人間を上昇せしめる。両者はいずれも、われわれの住む世界に現れてはたらいている法則であるがゆえに自然といわれる。しかし、注目すべきは揚力である。親鸞は、重力が支配する宿業の世界に現れて、逆方向にはたらくこの揚力の法則を本願力「回向」と名づけて、真宗の教えの根幹に置いたのである。

3　意志の根源にはたらく愛

われわれが自己を信じて生きることができるのは、他者によって自分が尊重され、無条件に肯定されているという確信をもつことによってである。それゆえ、われわれが深く思いを致すべきことは、われわれが現に自己を信じて生きているなら、そのことの背後にはすでに他者によって肯定されているという事実があるということである。われわれが住んでいる環境の内に他者の思いが蓄積されていて、それをわれわれは吸収し、摂取して現に生きているのである。農業とは、ただ収穫を上げることではなく、収穫を上げるために土地を肥やすことであるといわれる。そのことは、より根本的には人間の住んでいる国土、つまり環境についてもいわれねばならない。人間は環境から得られる養分を摂取して生きているがゆえに、環境を作ることは人間を作ることなのである。そこに教育の使命がある。

われわれが環境に依存して生きている存在であることに思いを致すとき、環境に対するわれわれの態度は変わってこなければならない。環境は、それと格闘し、搾取し、利用する対象ではなく、そこから恩恵を受けるものとして尊重し、保護すべきものとみられてくる。そのとき、環境の性格は変わってくる。環境は依報といわれるが、それは「化土」であることをやめて「報土」となるのである。化土とは、求めても得られない世界であるのに対して、報土とは、求めずして与えられている世界のことだと曽我はいう（「本願の仏地」『選集』第五巻、二九六頁）。そのことは、化土は人間が搾取的に関わる環境であるのに対して、報土は、人間が恩恵を受けていると感得する環境だということである。報土とは、そこにおいて如来のいのちが流れ、それによって人間が生かされ、育まれている環境である。そこを流れる如来のいのちに育まれて生きるところに「往生」という宗教的生がある。したがって、往生は死後の生に限らない。如来のいのちが流れる国土が報土であり、その「報土」に生きているという感触が往生である。それゆえ、報土は現生と死後の世界との区別を超えて両者を共に包む世界である。したがって、報土に生まれることとしての往生も、現生や死後の世界のいずれかに限定されない。往生は分段生死を超えているのである。

だが、われわれが環境を報土としないで、これを化土として搾取し続けているのはなぜか。それは、われわれは環境によって育まれていると思わないからである。すなわち、われわれは自らを独立自尊な単独者と見なしているからである。われわれは自らを動かすエネルギーを自分の内に有していると思っている。しかし、それは錯覚である。その錯覚は、われわれが環境から供給されるエネルギーをストックしており、その備蓄にゆとりがあって、底をついていないということから生じる。その事情は、手元の財布に金があるとき、銀行のことを思い浮かべないのと同様である。手持ちのお金が底をついて初めて、銀行へ行って下してこなければならないと考える。同様に、われわれに、自由に活用できるエネルギーのストックがあるかぎり、自分がエネルギーの源泉であると錯覚し、他者に依存していないと思い込むのである。

ここに人間の根本の迷妄がある。人間の無明はさまざまに捉えられるが、根本無明は、われわれが自分を動かすエネルギーの源泉を自分自身の内に有していると思い込む錯覚であるといえよう。親鸞が回向や他力という概念によって示そうとしたことは、煎じ詰めるならこの錯覚から解放されることであった。無明とは自力の錯覚なのである。

自力の錯覚は、『聖書』の「放蕩息子の帰還」の物語において如実に語られている。それは、遺産の自分の分け前を父からもらって家出をし、異郷で放蕩に使い果たして、文なしになって還ってくる息子の話である。

詳しくは、父親の許ではたらいていた二人の息子のうち、父親のいい付けに従って家業に従事していた兄とは異なって、弟の方はそのようなつまらぬ仕事に嫌気がさして、遺産の分け前を要求して家出をする。そして、国元を遠く離れた異郷の地で放蕩三昧に金を使い果たし、豚の餌を食べて飢えを凌ぐというようなひどい目に遭って、還ってくる。すると、父親は喜んで牛を屠《ほふ》って息子を歓待する。ところが、弟は再び金を要求して親元から脱出し、使い果たして親元に還ってくる。すると、父親はまたもや牛を屠って歓待する。当然、兄は怒る。いい付けを守って働いている自分を無視して、財産の分け前を要求して家出して、放蕩に使い果たして帰ってきた弟を、父が牛を屠ってまで歓待するのはどういうわけだと怒る。ここに描かれているのは、その辺りのどこにでもいる不良息子の話であって、格別珍しいものではない。

しかし、この物語で語られている二つの真理に思いを致さねばならない。一つは、人間は自分の自由に使えるお金を手にするとき、自分を自立した独立存在と思い込むということである。もう一つは、人間は手元の金を使い果たして無一物にならなければ、決してお金の出所に思いを致すことはないということである。弟は無一物になって、初めて自分が親に養われていたことを思い知って懺悔した。父親が牛を屠って弟を歓待したのは、真面目な兄はそのことを知らず、放蕩息子の弟はそのことを身に染みてさとったことを、父は知ったからである。つまり、弟が自力の錯覚に気づき、迷妄から目覚めたことに父親は喜び、牛を屠って祝ったのである。

この物語が語っている自力の錯覚は至るところにある。それは、自分は他に依存していないという錯覚である。

そのことで思い致されてくるのは、アメリカの宗教社会学者ロバート・ベラーの言葉である。彼は、自分が殺人者でなかったとしても、それは自分の内に殺人者の衝動がなかったからではなく、自分がこれまで他の人々の愛や支えを通して受けてきた恩寵のゆえであると語っている。もし、そのような恩寵がなければ、私が殺人を犯したとしても、それはごく自然なことであった。したがって、私と死刑に定められた人間との唯一の違いは、彼がたまたま、より少ない恩寵しか受けていなかったということなのだと述べている（『宗教と社会科学のあいだ』一八頁）。

ベラーは、自分が殺人者でなかったのは、自分が他の人々の愛や支えを受けてきたこと、そして、その記憶が彼の内に存続していたからだと語っている。それが、彼の内に殺人の衝動が生じるのを防いだのである。それゆえ、私たちが深く思いを致すべきことは、人間を犯罪という行為へと向かわせるのは意志ではなく、意志以上の＋αだということである。この認識が、宗教が社会問題を考える際の要《かなめ》になると思う。

人から愛されたという経験や記憶がない者にとって、殺人は何か特別のことではない。そのことを証明しているのは、例えばテロリストたちである。彼らが育ってきた厳しく非情な環境は、彼らをして殺人を自然のことにしている。殺人を妨げる方向にはたらく環境はすでに破壊され、彼らには存在しないからである。そのような環境がなければ、怨みや憎しみが生じて、人の心を攫《さら》っていってしまうのは、自然の成り行きといわねばならない。

それゆえ、われわれが忘れてはならないのは、社会を揺るがすような衝撃的な事件が生じた場合、それを生じさせた原因は何かと問うのではなく、それが生じるのを防いでいるのは何かを問わねばならないということである。何が人に恨みや憎しみを生じさせたかということではなく、恨みや憎しみが人間の心に生じて増殖し社会に蔓延するのを防いでいるものは何かを、問われねばならないのである。積極的な意味をもつのは、病原菌は何かではなく、病原菌を退治するもの、あるいは防いでいるものは何かについて明確な洞察をもつことなのである。

したがって重要なことは、事件や犯罪をどのような方向に考えるかということである。通常考えられるのは、犯罪と犯罪者を異常と見なし、それらを一般人と区別して特殊化して、そのような犯罪が生じた社会的、家庭的原因を探ることである。次いで、その心理的動機を探り、それがはっきりしなければ、今度は精神鑑定に訴えるという方向である。これがジャーナリズムや、そしてまた、われわれが通常考える方向である。この思考は複雑なものを単純な要素に還元して理解するもので、科学的として歓迎される。しかし、そのようにして見いだされた原因は説明のための仮説であって、もっともらしく見えて、実は抽象的なものにすぎない。

真に実在的な原因は、先に述べたように、そのような犯罪が生じるのを防ぐものが犯罪者に恵まれていなかったと見ることから明らかになってくる。事件が起きておかしくない社会にあって、それが起こるのを防いでいるのは何かを探究することが、実在的な原因を認識させる。それは目に見えるものではないので、摑むのは容易ではないが、事件の真の原因はその方向に探られなければならない。

事件をそのような方向に見るとき、事件は、起こした者だけではなく起こさなかった者にも関係し、自己反省を促すものとなってくる。なぜなら、事件は両者に共通する事柄の中で生じたのであって、一方にあったものが他方になかったからにすぎないからである。そこで思い致されてくることは、人間は状況次第でどのようにでもなる、脆い存在であるということである。そして、そのような脆い存在に生きる力を与えているものが何かということである。そのようにして、事件は、人間がどのような環境に生きているかに改めて思いを致さしめる。この方向に考えるのが宗教的思考である。そこでは、犯罪の原因ではなく、社会において犯罪が生じるのを防いでいるものは何かについて、深い認識をもつことが要求されてくる。社会における宗教の役割はその認識をもつことにある。

宗教的思考が目を向けるのは、煩悩具足の凡夫、生死罪濁の群萌であるわれらが、社会において曲がりなりにも生きているのは、何によってかということである。宗教的思考はそれを「本願」に見いだしてきた。本願は、宿業的存在としての人間が一様に屈服している重力に抗して、それを引き上げる揚力の法則である。先に述べたように、重力の法則を「業道自然」というなら、上昇する方向にはたらく法則は「願力自然」である。業道自然の内に浸透してはたらいているそのような願力自然のはたらきによって、衆生は落下することから護られていることに思いが致されてくる。

では、本願のはたらきは人間にどのように受け止められ、どのようにはたらくのか。それを具体的に証示するものとして、アウシュビッツの強制収容所を生き延びた精神科医のV・フランクルの言葉を見ておきたい（以下は、フランクル『夜と霧』による）。フランクルは、「信」とは「内面的世界」をもつことだという。そこで内面的世界といわれるのは、人間が生きる力を汲み取ってくる源泉のことである。やらねばならない仕事をもっている人、自分が責任を負っている人を抱えている人、自分を待っている人がある人は、決して自殺しないとフランクルはいう。それは、そのような人は、生きる力を汲み取ってくる源泉を心の底にもっているからである。夕日を美しいと思う心、ユーモアのセンスもまた、そのような力の源となる。それは、一瞬であっても、人を過酷な現実の外に連れ出し、精神が生きる喜びを感じ、呼吸しうる空間を開くからである。一方、そのような内面的世界を心の底にもたなかった人は、いかに頑丈な身体をもった人であっても、収容所では先に潰れ、崩れていったとフランクルは述べている。そのことは、人間は何を糧として生きているかに改めて思いを致さしめる。

フランクルは収容所の一人の女性の場合を例に挙げている。その女性はすでに死にかけていたが、内面的な破壊を免れていた人であった。その女性は収容所の庭のマロニエの樹を指して、私はあの樹と話をしますと彼にいった。どういう話をするかと尋ねると、彼女は、あの樹は私に「自分はここにいる、ここに生きている、自分はいのちである」と語りかけているといった。彼女は心の底に語りかける他者をもつことによって、生きる力を汲み取ってくる内面世界を保持していたのである。

信とは、そのような生きる力を汲み取ってくる内面的空間をもつことである。本願とは、そのような内面的世界に響く汝の「呼び声」にほかならない。如来の本願は、その女性にとっては、収容所の庭で「私はここにいる。私は永遠の生命だ」と語りかけてくる呼び声であったのである。

それゆえ、繰り返すことになるが、私たちが深く思いを致すべきは、私たちは生きる力を、自分を超えた他者から得ているということである。西田幾多郎は、そのような生きる力の源泉となるものは「意志」ではなく「愛」だという。そして、次のように述べている。

キリスト教でも、神は愛から世界を創造したと考へられるが、それは絶対者の自己否定と云ふことであり、即ち神の愛と云ふことでなければならない。之に反し、我々の自己が絶対愛に包まれると云ふことから、真に我々の自己の心の底から当為と云ふものが出て来るのである。人は愛と云ふことについて、真に理解してゐない。……絶対的当為の裏面には、絶対の愛がなければならない。……創造はいつも愛からでなければならない」（同書、四三七頁）とも述べている。

（『西田幾多郎全集』第十一巻、四三六〜四三七頁）

西田は、「絶対愛の世界は互に鞘《さば》く世界ではない。互に相敬愛し、自他一となつて創造する世界である。……創造はいつも愛からでなければならない」（同書、四三七頁）とも述べている。

西田は「人は愛と云ふことについて、真に理解していない」というが、それはどういうことかをはっきり理解していなければならない。西田がいうのは、人は何によって動くのかを真に明確に摑んでいないということである。いい換えるなら、自分の行為を導くものを意志、つまり、「当為」（かくすべしという命令）と見なしているということである。しかし、それは人間の錯覚である。それは行為の真実を捉えていない。当為は意志からではなく、愛から生じるのだと西田はいう。愛に裏付けられて初めて、当為、つまり、しなければならないという意志が出現してくると西田は述べている。意志の源には意志を動かす動因、つまり愛がなければならない。意志によって自分を動かそうとすることは、アクセルだけで車を動かそうとするに等しい。人間の意志は、動因となる愛が供給されなければ、車は瞬時には動いても持続しない。意志の動因は、道徳の問題にして宗教の問題である。人間の意志をその根源において動かすものは何かについて深く思いを致したところに「本願の思想」が生じたのである。

4　環境としての浄土

本願の思想の源には人間の意志の動因についての深い洞察がある。先に本願のはたらく場所は衆生の生きる宿業の大地であると述べたが、そのことは宿業の大地は衆生が行為し決断する場所、つまり、心を樹《た》てる場所であり、その決断を成り立たしめるものが本願であるということである。それゆえ、本願のはたらきをよく知るには、本願を衆生の生きる大地、つまり環境との関わりにおいて見るのでなければならない。

人間は大地において生きているが、大地に生きているということは、あらゆる生物の条件である。その点において、人間は「蜆飛蠕動《けんびねんどう》の類い」と大差なく、さらに植物とも変わりはない。そこに、人間が十方衆生といわれるゆえんがある。しかし、大地に生きているということは、単に地上に生きているというだけのことではない。大地は、そこにおいてあらゆる生物が水や空気や食物を得て生きている環境として、命の源なのである。

大地において空気や水や食物を得て生きているという基本構造において、人間はあらゆる生物と本質的に同じであるが、一点において他の生物と異なっている。それは、人間は無限という食物を摂取して生きているということである。いったい、無限を摂取するとはどういうことか。それは、人間は、例えば、海や空や広々と広がる光景を眺めて生きているということである。それらを見ることで人間の心は落ち着く。

そのような空や海や景色に見られるのは自然環境に現れた無限といえる。それらを見て人間の心が落ち着くというのは、人間は、心の底に無限を秘めた存在、無限に連なっている存在であるということである。

そのような無限は自然環境においてだけ見られるのではない。無限は社会環境や精神環境においてもはたらいている。それは人と人との関わりにおいて、また文化や道徳、芸術や宗教において感得される。それらから人間は、無限を摂取して生きているのである。無限は、そこでは「あわれ」や「悲しみ」という心情や、愛情、そして尊敬の念などとなって現れる。人間はそれらを通して無限を吸収して、生きているのである。

しかし、それは目に見えるものではないので、往々にして無視され、切り捨てられる。だが、それは無くてもよいと考えるのは人間の錯覚であって、人間は、それが欠如して初めて、欠かせないものであることに気づくのである。

神や仏を無限という観念で捉えたのは清沢満之である。一見すると、無限は抽象的な観念であって、何の味わいもないものと考えられる。しかし、阿弥陀如来や本願や法蔵菩薩を無限と捉えることで、清沢は、それらが有限なものに転落することを防いだのである。

清沢は無限を二つに区別している。「凝然無限」と「随縁無限」である。凝然無限は絶対的無限で、色も形もないものとして法性法身である。一方、随縁無限は、人間社会においてさまざまな形をとって現れた無限で、方便法身あるいは報身といわれるものである。弥陀の本願とは、そのような、われわれが生きる環境に形を変えて現れた無限であり、随縁無限ともいうべきものである。

弥陀の本願は、人間の環境世界に現れた随縁無限である。他力門哲学、あるいは浄土真宗は、そのような人間の環境に形を変えて現れている無限への深い洞察をもつところに成立した。人間はそのような無限を糧として生きている。浄土仏教はそのような無限を「本願」として捉え、その本願が現れてはたらく環境を浄土、もしくは報土として捉えた。そして、本願によって生きることを、浄土に生まれることとして、「往生」と名づけたのである。

シモーヌ・ヴェイユは、そのような人間が生きる場所に現れてはたらく無限を「詩」と捉えている。そして、「民衆はパンと同じように詩を必要としている」という。民衆はパンを稼ぐために額に汗してはたらいているが、そのような労働の中で民衆が必要としているのは、パンよりもむしろ「詩」だというのである。労働を苦しいものにしているのは労働の場に詩が欠如しているということである。詩が欠如しても人は死ぬことはないが、それは飢えと同様に、あるいは飢え以上に苦しいものだとヴェイユはいう。ここで詩といわれるのは、言葉に閉じ込められた詩、贅沢としての詩のことではなく、「日々の生活の実質」が詩であるということである。人間は、そのような行為において現れる詩を必要としている。日常生活の場においてそのような詩が感得されるとき、日常生活の実質が全く異なったものとなってくる。労働はつらいものであることは変わらないとしても、そのつらさの内に喜びと充実が感じられてくる。そのような詩の源泉は唯一神であって、そのような詩は宗教であるとヴェイユは述べている。

ここでヴェイユが「詩」と述べていることは「本願」といい換えて全く差し支えない。あるいは、本願を「詩」といい換えてもいい。弥陀の本願はわれわれの宿業の世界に現れ、それを呼吸することで、われわれわれは宿業の世界の重力に耐えて生きうるようになる。弥陀の本願はそのようなわれわれに生きる力を与える詩なのである。人間は、空気中の酸素を吸収するように、日常生活に含まれた詩を呼吸して生きている。日常生活においてそのような詩を感得するところに「有り難い」という思いが生じる。有り難いという思いがあるところに「浄土の荘厳」が輝く。したがって、浄土の問題は古い問題にして、最も新しい現代の問題である。人間が身体をもって大地、つまり環境に生きている存在であることが、本願の信と浄土の問題を人間に不可欠なものとするのである。

七地沈空とその超出をめぐって
――曽我量深の信と思索――

1　曽我量深の信と思索

曽我量深は、四十代前半の中期において、「七地沈空」ともいうべき精神的沈滞に落ち込んだ。それは如何なる事態であり、曽我はそれをどのようなこととして理解し、如何に乗り超えたか。それを見ることで、その後の曽我の信と思索を方向づけたものを追究してみたい。本論に入る前に、曽我について述べた西谷啓治の文章があるので紹介しておきたい。曽我の人と思想を知る鍵となるものがそこで語られていると思うからである。

曽我（量深）先生のお話を聴いてゐると、いつも、どことなくモノローグ（独白）の響きが籠つてゐる。多くの聴衆を前にした講演の場合でも、自分ひとりと話してゐられる様な風調が漂ふ。内に閃いて来るものがあって、それを相手に向つて話されながら、同時に自分自身に向つて念を押し、それの確かさを自ら嚙みしめ、自ら肯づいて居られるかの様である。さういふ独白の響が自然に出てくるのは、或る頂点に立つて話されるからである。話題である事柄が紆余曲折を経て到りつく、その頂上の処を話されるからである。それは通常の意味での学問的な知解ではない。経典や祖師の文言を講解される場合でも、それはその文言の裡に籠つてゐる生命の捕捉であり、その文言の裏に輝いてゐる光明の直観である。そして、その生命を捕捉し、その光を見ることは、自らが一箇の全体としてその生命に捕捉され、その光に自己の心底を照らされることによつて初めて可能であるから、その処に立つてその処を語らうとすれば、必然的に独白の調を帯びて来ざるを得ない。しかし、さういふ言葉こそ、聴く者の心底に深く通り得るのである。生命に捉へられてそれを捉へることを信と呼び、光に照らされて光を見ることを知と呼べば、信知が信知を換び起す、自信教人信である。曽我先生が語られる場合、いつも、さういふ処が現はれてゐる。先生の語られたもの、書かれたものは、いつも頗る濶達である。深い自由がある。本当の信知は本質的に自由である。自由と言つたのは、すべて既製のものの枠に囚はれないといふことでもあるが、創造的といふことでもある。自由なものは、常に新しい。先生の語られることには新鮮さが漲つてゐて、同じ事柄に関する話であつても、その都度新しい。むしろ、根本的には、「法」として常に不変な事柄があればこそ、それを身に受けた頂上の「人」は真に自由であり得、その人の語り、行ひ、考へる事は、その時その時に新しくあり得る。歴史といふものが本当の意味で成り立つのも、さういふ処においてである。「人」と「時」と「事」との合一点を機と呼べば、機法二種の深信といはれるものは、一なるはたらきとして歴史的-創造的である。

さういふ深信の風光、真の信と知との趣を開示する人は、何時の世でも稀れである。そして疑ひもなく、曽我先生といふ方は、現代におけるさういふ稀れな人の一人である。

（『西谷啓治著作集』第二十一巻、一二七頁）

曽我が生涯にわたって追究したのは「信の問題」であった。そのことについて曽我は、九十歳のときに、「我如来を信ずるが故に如来在ます也」という題のもとで清沢満之について語った記念講演において、次のように述べている。

それは、清沢が東京の真宗大学の初代学長であったときのことであるが、清沢は学生に「如来があって信があるのか、信があって如来があるのか」という問いを出して、みんなで考えてみよといわれた。そのことを自分はずっと忘れたような状態であったが、この歳になって忽然と思い出した。思い出さないまま死んだのであれば全く忘れていたということだが、思い出したということは忘れていたのではない。心の深いところで、この問いが生きて自分を動かしていたということだ。実際のところ、この問題によって自分は育てられ、一生を歩ませていただいたのであった、と。「如来の信」が自分の生涯を貫いてきた問題であったと曽我は述懐しているのである。

では、曽我は信をどのようなことと捉えているのか。まず注目すべきことは、曽我において信は深い思索に貫かれていることである。

一見すると、「信」とは「疑いを離れること」だから、疑うことを本分とする思索を退けることが信であると考えられる。しかし、信とは、精確には、「疑わないこと」ではなく、「疑いがなくなること」、「疑蓋無雑」となることである。「疑蓋無雑」とは、それまで覆っていた疑いの雲が取り除かれて、如来が心に映ることである。そうなるためには、疑いを探り出して正体を暴き、それを取り除かねばならない。そのはたらきが思索である。そういうわけで、親鸞は、信における思索の重要性に注目して、「信にまた二種あり。一つには聞より生ず、二つには思より生ず。この人の信心、聞よりして生じて思より生ぜざる、このゆえに名づけて「信不具足」とす」という『涅槃経』の言葉に注目している（教行信証・信巻、『聖典』二三〇頁）。

しかし、信が思索を必要とする理由をさらに立ち入って問うなら、「信心の業識にあらずは光明土に到ることなし」（教行信証・行巻、『聖典』一九〇頁）と親鸞がいうように、信は「業識」ともいうべき「生命体」であって、成長するものだからである。すなわち、それは名号と光明という父母を外縁とするが、自らを内因として発芽し、生成し、開花し、結実する、いわば胚珠のごときものだからである。逆にいうなら、放置すれば、停滞し、死滅してしまう生きものだからである。そのように信を壊死させるものが疑蓋である。それゆえ、信は、成長するためには放置されてはならず、注意深く疑蓋を取り除かねばならない。そうすることで初めて、人は信において「光明土」に至りうるのである。

では、信を壊死させる疑惑とは何か。それは「自力の執心（我執）」といわれてきた。それは信以前にあるのではなく、信以後に生じて、信の畑に混じって雑草のように成長し、これを壊死させるものである。しかし、それは無意識の内におのずから出現してくるものなので、注意深く見つけ出し、根気よく取り除かねばならない。そのためには、それを見つける思索を必要とする。親鸞が繰り返し用いている「よくよく案ずれば」とか、「ひそかに案じ見れば」とか、「その心を推するに」といった言葉は、そういった思索を示している。「信」は、そのような思索に伴われて人間の心において成長して妙果を生み、人間を光明土に至らしめるのである。

曽我の信がそのような思索に裏打ちされていることを示すのが、曽我の次の言葉である。この言葉は不遜の響きをもっていて、如何にも曽我らしいものなので引用しておきたい。

それでお話する標準といふものはどこに置くか、詰り自分に置くのであります。で、自分は一番愚なものであるかどうか、それは判りませぬ、私よりもつと愚なものが世の中にあるかも知れませぬ。けれども兎に角、自分の愚な点は自分に一番よく解つて居るのだからして、此の愚な自分が、なる程それに間違ひない、お前のいふ言葉に誤魔化しが無いので、成る程それに間違ひない、詰り愚な自分が首肯《うなづ》くまで自分に話して聞かせて、さうして愚な自分が成る程と受取つて呉れる迄話をしたいと思ふのであります。だから皆様は御相伴であつて、詰りどうでもよいのであります。併し皆様もやはり十方衆生だから、私の一つの象徴である。従つて皆様も私と同じ程度に愚なものである、大体斯う見做して、兎に角一番愚な自分が、なる程さうだ、少し解つて来たやうだといふ風になるやうにお話をしようと思ふのであります。だからして私の話は、事によると一向人に解つても解らんでも構ふことは無いといふ調子で話す、まことに冷酷な男だといふやうに聞く人があるさうでありますが、私は自分に一番忠実であつて、自分の心に会得の出来るまで自分に言ひ聞かせるのでありますから、皆様から見れば、何と愚な奴だ、愚論を吐いて居るとお思ひになるかも知れませんが、私にとつては、悉く必要な事を語つて居るのでありますからして、さういふ心持をよく諒解して、暫くの間御清聴あらんことを請願ふのであります。（「如来表現の範疇としての三心観」『選集』第五巻、一五五～一五六頁）

このように、自分が真に納得するまで追究するところに思索の本質があり、そうして初めて、信に混じっている主観的で特殊なものが超えられ、すべての人に通じる普遍的なところが開かれてくる。しかし、曽我のように目前の聴衆に向かって、「皆様は御相伴であつて、詰りどうでもよいのであります」とは普通はいわないものであるが、それをいうのが曽我である。その不遜なところに曽我の思索の特質が現れている。ところが、曽我は、そのような不遜なところこそ親鸞の本領だとして、親鸞は「大それたこと」をいう「反逆者」であり「悪人」だという。しかし、この言葉によって曽我は親鸞を非難しているのではなく、自分と同じ親鸞の思索の本質を語っているのである。

ではなぜ、親鸞は反逆者で悪人なのか。それは、法然上人が一切合財を念仏に包み込み、これを「丸呑み」にして往生成仏したのに、親鸞はこれを「丸呑み」にできず疑ってかかったからである。どうして名号を称えて救われるのかに、ひっかかるものを感じた。法然が直観的に摑んで受け入れたところを、親鸞は納得がいくまで追究せずにはおれなかった。その結果、親鸞は「行巻」から片腕を出して「信巻」に突込んだ。ここに親鸞が反逆者で悪人であるゆえんがある、と曽我はいうのである。

しかし、真に納得するまで追究をやめないところに、大思想家としての親鸞の面目があるのであって、その趣は、「信巻」の「三一問答」の「仏意釈」によく現れている。そこで、親鸞は、論主（世親）が信心を「涅槃の真因」として「一心」と捉えたのに対して、『経』（『大無量寿経』）ではなぜ、信心が「至心・信楽・欲生」の「三心」に分けられているのかと問うて、「仏意測り難し、しかりといえども竊かにこの心を推するに、一切の群生海……」（教行信証・信巻、『聖典』二二五頁）という具合に、信の根拠を徹底して追究して、「一切の群生海の心」である如来の心を探り当てている。このように、信が徹底した思索に裏付けられているところに、親鸞の、そしてまた、曽我の信の特色があるのである。

2　「七地沈空」と「魂の闇夜」

ここで「曽我量深の信と思索」という副題を掲げたのは、先に述べたように、曽我はその人生の中期に「七地沈空」ともいうべき深い疑惑に落ち込んだのであるが、その泥沼からどうにか這い上がった。では、如何にして這い上がったのか。そこに曽我の信と思索の要となるものが窺われると思うので、それを見ておきたいと考えるからである。

曽我が陥った疑惑はどのようなものであったのか。曽我は明治四十四年（一九一一）十月、東京の真宗大学の京都移転に伴い郷里の北越に帰って、以後五年間そこで田僧として過ごしたが、そこで生活しているうちに極度の精神的な沈滞に落ち込み、深い疑惑に取り付かれた。それまで情熱をかけて追究してきた真宗の教義が白々しく、何の感興も呼び起こさないものになった。そういう精神的空白の中で過ごしている自分が人間以下の水準に落ちたものと感じられてきた。曽我は、そういう自分を、蒲原の大平原のただ中で雪を食って狂乱している「食雪鬼」、単なる物力にすぎない「米つき男」、覚悟の定まらない「新兵」と呼んでいる。

そして、その頃の自分の空白な精神状態を、友人の金子大栄宛の手紙で、次のように告白している。

君の知らるゝ如く、私は二十余年来の脳の病に苦められ、幾度か絶望の淵に陥らんとしたことでありませう。自分は多々の師友からどれだけの教を受けたか知れない、しかし今日心に想ひ出すものは一つもありません。自分が最も愛誦したと称して居る所の、『教行信証』や先師の遺文《いぶん》に就てさへ、何の憶持して居るものがないではないか。自分はかつて『観経』の中に「仏心者（とは）大慈悲是（なり）」の文字を発見し、『大経』の中に「如来智慧海」の一句を拝誦して、始めて如来と釈尊と自己とに遭たこともあつた。けれども是も昔の夢となつた。又かつては「如来は我なり」の一句を得て現実界の救主法蔵菩薩の御姿に遭ふの喜を感じたこともあつたが此も過去の夢となつた。

（「永久の往生人」『選集』第三巻、八〇頁）

こう述べて、曽我は自分が落ち込んだこの精神的停滞を「七地沈空」と捉えている。そして、金子大栄に「君も他方仏土の諸菩薩衆の一人であります。七地沈空の難がなければと憶念するのであります。何事も他人事ではありませぬ」（『両眼人』一四五頁）と書き送っている。

「七地沈空」という言葉はあまり馴染みのない言葉かもしれないが、現代の言葉でいうなら、精神的な中心点が瓦解し、生きる意味と力の源泉を喪失したニヒリズムに近いといえよう。現代の人間は、罪悪や生死の苦悩よりもむしろ、このような無意味という精神的空白の苦悩に悩まされている。曽我は蒲原の平原で一田僧として暮らしているうちに、精神的な中心点が瓦解して生きる力を失い、ニヒリズムの虚無に落ち込んだのである。

ところで、西欧近代の精神の中枢に潜む病巣を「ニヒリズム」と捉えて、それが現代世界の文化や宗教にどのような影響を及ぼしているかを広く思想史的観点から追究したのは、西谷啓治であるが、西谷は、ニヒリズムの虚無は、生老病死というような、人間がどの時代でも普遍的に出会う自然的虚無と異なって、それを克服しようとして人間が打ち立てた宗教という営為のただ中から、宗教を否定するものとして立ち現れてくる歴史的虚無であると注意している。それは、ちょうど、強力な薬品によって駆逐されたと思われたウイルスや細菌が、それを上回る抗性をもって出現してくるといった事態である。そういう二乗化された虚無であるところに、ニヒリズムの虚無が通常の虚無と異なった厄介なところがあり、そのような虚無に晒されているところに現代の宗教の問題があると西谷は述べている。というのは、宗教を破って出現してくるニヒリズムは宗教と同じ高さをもっているので、それはもはや宗教によっては克服しえないからである。その虚無は外からは克服しえず、虚無の中からしか克服しえない。西谷はそこに、ニヒリズムが本来宗教によって克服されるはずの問題でありながら、宗教だけでは不十分で、どうしても哲学において取り組まれなければならない問題であるゆえんがあると述べている。

「七地沈空」の虚無は、そういうニヒリズムの虚無と似た性格をもっている。それは「信」以後に、信の内から信を否定するものとして出現してくる疑惑であるから、信を奮い起こしたり、強固にしようと努力することによっては克服されない。人はそこで自力の限界にぶつかるのである。

「七地沈空」という事態は仏教でどのように捉えられているか。それは、『十地経』では、「初歓喜地」から始まって「十地」（法雲地）で完成する、修道の十段階のうちの「七地」（遠行地）において生じるとされている。そこでは、上には、「菩提を求める心」はなく、下には、「教化しようとする衆生」もなくなり、仏道を離れて実際を証する、つまり、自分だけでさとったような自足した世界に閉じ籠もろうとする。それは外から見ればさとったようであるが、実は全き精神的空白の状態で、その空白を自分でどうにも始末できない。外からとやかくいわれても、「放っておいてくれ」と開き直るしかない。そういう白けた行き詰まりの状態が「七地沈空」といわれているのである。

しかし、このような沈滞状況は仏道に限らず、スポーツや芸道や武道や職人の技の習得などにおいても生じるものである。そこには、ある段階まで来ると、どうしてもそれ以上進めなくなる壁のようなものがある。その道の奥義、要、骨ともいうべきものを摑むには、ある飛躍ないし開眼が必要なのであるが、それが摑めない。結局、修行が身に付かず、最終的には投げ出すしかない。そのような事態が「信」において生じる。それが「七地沈空」である。

それは、植物の芽が出て葉が茂っても、土壌が合わないか何かの事情で、途中で枯死してしまうことに似ている。そういう七地の危機を乗り超えて初めて花が咲き、実を結ぶのであるが、曇鸞は、そういう限界を乗り超えるのは「八地以上」で、そこで初めて「仏を見奉る」ということ、つまり、「本願力に遇う」ということがあるとして、その境界において本願力の「不虚作住持功徳」を説いている。

キリスト教のカトリックでは、この「七地沈空」に当たるものは「魂の闇夜」といわれている。それは、神秘家の修道の過程において生じるもので、恍惚と観想の中で光を見て、神と一体となったという経験をした魂が、やがて神から見放され、孤独の中に取り残されて、暗闇に沈没するという事態である。それが「魂の闇夜」といわれるのは、魂が光に触れた後に落ち込む事態だからである。しかし、この「魂の闇夜」が一瞬にせよ長時間のものにせよ、その経験を経ているか否かが完全な神秘主義とそうでないものを分かつ境目になるとして、キリスト教神秘主義において特に重要なものとされている。

「魂の闇夜」に陥った神秘家は、最初はどうして自分がこういう状態に落ち込んだのか分からない。しかし、やがてそれは、自分のありように問題があって、それを知らせる合図なのだと気づく。自分はこれまで、光の観想と恍惚の中で神と一つになったと思って喜んでいた。しかし、それは錯覚であった。それは感情の表面における合一であっても、意志の深みにおける合一ではなかった。感情において一体であっても、意志が神の外に取り残されておれば、神と真に一体になったとはいえない。意志も神の内に置かれなければならない。神秘家は深い反省の結果、自分の陥った闇が、そのことを知らせる合図であったと気づく。そうさとった魂は、以後、光の観想を捨てて暗黒の現実に踏み入り、行動と意志において神と一つになろうとする。そこに、完全な神秘主義があるといわれている。

3　七地沈空とその克服（一）――親鸞との出会い――

曽我が陥った「七地沈空」は、事柄としては、このキリスト教の「魂の闇夜」に近いところがあるといえる。曽我がその経験を語るために用いられている「光」や「闇」という比喩も、「魂の闇夜」で用いられている比喩と似たところがある。実際のところ、「七地沈空」と「魂の闇夜」は、「信」の事柄としては、同じ事態を指し示しているといいうるのである。

では、曽我にとって「七地沈空」はどのような経験であったか。曽我はそれまで、自分は一角《ひとかど》の宗教者であると自負して教学の研究に情熱的に取り組んできた。とりわけ、曽我は「如来は我なり。如来我となりて我を救ひ給ふ。如来我となるとは法蔵菩薩の降誕のことなり」（『選集』第二巻、四〇八頁）という命題を感得して大いに喜んだ。ところが、そのうちに、気がついてみると、この命題は空疎となり、何の感興ももたらさないものになってしまっていた。信は空洞となり、曽我は「七地沈空」に落ち込んでいる自分を発見したのである。

いったい、どうしてそういう事態に陥ったか。曽我はいろいろ思索をめぐらして、それまでの自分のありようを反省している。そこで、次のことに気づいた。自分はこれまで現実を厭って、光の観念界に安住する方向に如来を求めていた。その限り、自分は真の自己ではなかった。足が地に着いておらず、浮かれていた。自分の陥った空白状態は、そのことを思い知らせる合図であった。そう知った曽我は次のように帰結するに至る。「温なる偶像の光の母胎は永久の生命を求むる者の安息する所ではない。われは直に光の華胎を破りて、黒闇の生死海に来りて、原始的なる菩薩の本願の喚声を聞かねばならぬ」（「光胎をいでゝ」『選集』第三巻、二三頁）。自分はこれまで「入山の釈尊」を追って、「出山の釈尊」を知らなかった。「聖賢の後」を尋ねて、「如来本願の大道」を忘れていた。それは間違いであった。「光の観念界」から出て、「暗黒の現実界」に出なければならない。光の過去を捨てて、暗黒の未来に向かって進むのでなければならない。そうして初めて、現実に足を据えて立つといいうる、と気づいたのである。

曽我が陥った七地沈空は「闇」の経験であったといえる。それは現実と接触したという経験でもあった。曽我は闇に落ちて、真の自分に出会ったと感じた。この闇は自己を示しているから、これを厭って取り除こうとしてはならない。したがって、光に向かうことで安心しようとしてはならない。闇の方向に進まねばならないのである。そこで、曽我は「闇へ闇へ」といっている。闇に踏み入って、暗黒の現実に立つのでなければならないと覚悟したのである。闇の方向に進むとは現実生活のただ中に踏み入ることである。それは「食雪鬼」、あるいは「米つき男」の自覚に徹することである。

しかし、現実に立たねばならないと考えることは、まだ、自分が現実に立っているということではない。重要なことは、実際に闇の現実に足を据えて立つということである。では、如何にして立つのか。その力をどこから得るか。曽我は、その問いに迫られて心の底に感じた飢渇を「私は自己の全身に入り満ちてわが全身を震ひ動かす現実の力に接し度い」（「祖聖を憶ひつゝ」同書、一〇一頁）と語っている。

そこで、曽我は二つの対象に思いを向けることになる。一つは親鸞である。もう一つは法蔵菩薩である。

では、それぞれにおいて、曽我はどのようなことに思いを致したのか。

蒲原の大平原で落ち込んだ曽我は、改めて親鸞に深く思いを致した。しかし、それは『教行信証』の大著述家としての親鸞ではなく、都から北越に流されてきた親鸞、そして、曽我が眺めているこの平原を、六百年前に実際に眺めていた親鸞である。親鸞はどのような思いで、この荒涼たる曠野を眺めたか。親鸞もまた胸中に暗黒を抱いてこの原野を見たに違いない。そこで親鸞は何を見たのか。曽我は、その親鸞の胸中に思いを致し、親鸞を通して自分の胸中の暗黒を見直している。すると、親鸞の暗黒が自分の胸中に流れ込んできて、自分の胸中の暗黒が親鸞の胸中に吸収されてゆき、自分の暗黒の痼《しこり》が溶けて、心を責め苛むものでなくなってきた。自分の胸中を圧迫している暗黒が透明になり、孤独の思いが薄れてくるのを感じた。そして、食雪鬼となって荒れ狂っていた曽我の胸中の嵐は収まって、蒲原の大平原に足を据えて立とうという落ち着きが生じてきた。親鸞の胸中の暗黒を通して自分の胸中の暗黒を見ることで、蒲原の平原で生きようという力が出てきたという経験を、曽我は語っている。そこにおいて、曽我は「我が身を震い動かす現実の力に触れたい」と願いながら出会うことできなかった力に出会った。親鸞がその「現実の力」となったのである。

そのことを曽我は次のように語っている。「現今の小生には北越御流配の祖聖を念ずることが唯一の慰安であります」(「わが祖親鸞聖人」同書、七七頁)。「私は静に雪中に影現したまへる祖聖を念じてわが魂は忽ち亦無辺の曠野に立たしめられる」(「自己の還相回向と聖教」同書、一五三頁)。そこで曠野の眺めがそれまでと違ったものになってくる。寒々とした荒々しい光景に変わりはないけれども、人の血がその光景に流れているのが感じられてくる。「七百年前の北越や関東の有様を想像する時、私はなつかしさに堪へませぬ。現に私の居る所の蒲原平原は名の如く茫々たる蒲原でありました。恐くは我祖先は国王の存在さへ知らなかつたであらう。伝教弘法の盛名も及ばず、法然の名は勿論知る人はなかつた」（「念仏は原始人の叫び也」同書、六三頁）。「それは人の住むところではなく、鬼の住む所」であった。その蒲原の平原を、親鸞の眼差しを通して見ることで、荒涼たる原野が懐かしい場所となってくる。「あの雷のやうな海潮の音を聞き、瞠々たる雪に閉ぢられ」（同前）た暗黒の地であった北越の大地が、自分が立って生きるべき懐かしい場所に見えてきたのである。

こうして、親鸞に思いを致すことによって、曽我は大地との繋がりを取り戻し、現実に足を据えて立つことができた。親鸞の暗黒に思いを致すことで、曽我は正気に立ち返り、蒲原の平原に足を据えて立つ力を得たのである。そのことが意味するのは、人は、自分を超えた他者、あるいは汝を、自分の心の底にもつことで、現実の暗黒に足を据えて生きることができるということである。そして、そこに「現生正定聚」という信のありようがあるということである。「信」とは、如来に触れて暗黒の現実を離れることではなく、如来の本願に触れて暗黒の現実に立ち戻り、そこに根を下ろして生きることである。光の如来を見ることではなく、暗黒の本願に触れることである。そこに信の要がある。

越後の大平原で自己を見失って「食雪鬼」となっていた曽我は、親鸞を通して平原を見ることで、正気に返った。この経験から、曽我は「還相回向」について一つの開眼を得ている。曽我にとって、親鸞は「大涅槃の霊境」から「生死の稠林」に出現した還相回向の菩薩である。そのお陰で、自分はこの大地に足を据えて生きる力を得た。還相回向の根本の意義は、このような歴史的世界におけるこの師教との出会いにある。こう捉えたところに、曽我の中期の「還相回向」の考えが芽生えた。ただ、曽我は後に、還相回向に関してもう少し広い見解に移っているので、この時期の「師教の恩徳」というところだけに「還相回向」の理解を限ることには少し無理があるかと思う。

4　七地沈空とその克服（二）――法蔵菩薩との出会い――

「七地沈空」の闇に落ちて、曽我が深く思いを致したもう一つの対象は法蔵菩薩である。

先に述べたように、真宗大学の京都移転に伴って郷里の北越に帰った曽我は、そこで一田僧として暮らすうちに、それまで情熱をもって研究してきた教学の諸問題が何の感興も呼び覚まさない白々しいものとなり、自分の関心の中心が空洞化するという精神的危機に直面した。そういう闇の中でもがいている自分を曽我は「食雪鬼」、あるいは「米つき男」と捉えたのであった。

そういう中で、曽我は改めて法蔵菩薩に思いを致している。法蔵菩薩に関して、曽我はそれまで考えていなかったわけではない。すでに、「地上の救主」において、「如来我となるとは法蔵菩薩の降誕のことなり」（『選集』第二巻、四〇八頁）と述べて、法蔵菩薩の意義に関して一つの開眼を得ていた。しかし、その開眼は多分に思弁的・観念的であったといわねばならない。法蔵菩薩を捉える焦点がまだ定まっていなかったのである。そこに曽我が沈空に沈まねばならない理由があったといえる。

しかし、曽我は闇に触れたことで、その焦点が定まった。それは、自己の内なる闇を通して法蔵菩薩を見直すことである。法蔵菩薩は衆生の世界に出現して、その労苦を担うことで、自分自身が「出離無縁」の闇となった、その法蔵菩薩の闇に思いを致すことである。曽我は、その法蔵菩薩の暗黒と、現実の暗黒に触れて食雪鬼となっている自分の闇を重ねて見た。そうすることで、法蔵菩薩の闇によって自分の闇が貫かれ、自分の闇に法蔵菩薩の闇を感得するに至る。闇を通じて自分と法蔵菩薩の心が通じ合い、出離無縁の自分の暗黒の内に「仮令身止諸苦毒中我行精進忍終不悔」（たとい、身をもろもろの苦毒の中に止《おわ》るとも、我が行、精進にして忍びて終に悔いじ）という法蔵菩薩の「大執念力」の闇が入ってくるのを感じた。そうして、曽我は「食雪鬼」の苦の中にあって苦を超えたところに立ったのである。

そこで注目すべきことは、曽我は北越の原野に生きる人々の上に、この「法蔵菩薩」の姿を見て、それを「原始人」と名づけていることである。曽我が原始人というのは、大自然の中にあって、暗黒の現実（自己が置かれた宿業本能の大地）を背負って絶望しないで生きている者のことである。「あの雷のやうな海潮の音を聞き、瞠々たる雪に閉ぢられながら、我が原始人の眼は無限の希望の光に輝いておりました」（「念仏は原始人の叫び也」『選集』第三巻、六三頁）と曽我はいう。つまり、曽我は、われわれもまた原始人となって暗黒の現実を背負って生きるのでなければならない、と思いを致すのである。

では、原始人が、越後の原野で無限の暗黒を忍従しつつ、その眼がなお無限の希望の光に輝いているのはなぜか。それは、法蔵菩薩の「大執念力」がその内を貫いているからである。では、その「大執念力」はどこから生じてくるのか。それは法蔵菩薩の「願」から生じる。原始人が絶望しないのは、その存在の中心を法蔵菩薩の「願」が貫いているからである。原始人を貫いている願を、曽我は「原始人の叫び」といい、その叫びを「念仏」ともいうのである。

昔から、衆生界に出現してその苦悩を背負うことになった法蔵菩薩のご苦労について云々されてきた。しかし、法蔵菩薩はその限りのない労苦の中にあってなぜ擦り切れ、潰れてしまわないのか、ということにはあまり深く注意されてこなかったと思う。しかし、私たちが思いを致さねばならないのは、このこと、つまり、法蔵菩薩は決して潰れないということである。法蔵菩薩の法蔵菩薩たるゆえんは、出離無縁の苦労を背負って「潰れない」ところにある。それは、法蔵菩薩が阿弥陀仏となったからである。法蔵菩薩はその願を成就して阿弥陀仏になったということが、法蔵菩薩が不壊であることを保証するのである。それゆえ、法蔵菩薩によってわれわれは救われるのである。もし、法蔵菩薩が苦労の末、潰れてしまう存在なら、人間は永久に救われないであろう。本願力に阿弥陀仏の「不朽薬」が塗られているがゆえに、それは「不虚作住持功徳」なのである。

ところで、法蔵菩薩が「光」ではなく「願」とされているのはなぜか。それは、人間は「願に生きる存在」であるからである。人間にとって重要なのは光ではなく、願である。なぜなら、願とは暗黒に耐え、これを乗り超える力だからである。それゆえ、曽我は、願は「闇の力」であるという。闇の中にあって人間に生きる力を与えるものは願である。それゆえ、光は願との関係において捉えられなければならない。願が成就し、現実となるとき、願は光となるのである。

人間が生きる上で究極の力となるものは意志ではなく、希望であり、願である。如何に強固な意志の持ち主でも、意志だけでは暗黒に耐えることはできない。願のみが闇の中にあって力となりうる。願に関しては、凡夫と英雄との間には違いはない。如何に無力な凡夫であっても希望があれば困難の中で生きてゆくことはできるが、困難をものともしない英雄豪傑であっても希望がなければ挫折せざるをえない。願はすべての人間が心の底にもつエネルギーの源であり、人間が無限、つまり如来に繋がる唯一の道である。法蔵菩薩の闇をいうとき、その闇を貫いているのは「闇の力としての願」である。光としての如来が闇としての法蔵菩薩、つまり願となって人間の内に降りてきてはたらいているがゆえに、人は願によって救われるのであることが見失われてはならない。

法蔵菩薩を「闇」とし、「機の深信」とする、この時期の曽我の思索は紆余曲折を経ていて、晦渋なものといわねばならない。しかし、曽我がそこで示そうとしていることは明確である。それは、衆生は願に生きるものであるということ、そして、願において衆生は法蔵菩薩に繋がっていること、そして、法蔵菩薩の願は「大願業力」として不壊であるということである。曽我は自己の陥った闇を通して法蔵菩薩の闇に思いを致し、その闇の底に「闇の力」としての法蔵菩薩の大願業力を捉え、阿弥陀如来の「光」を通して、その大願業力に思いを致したのである。

浄土仏教では、阿弥陀如来は「光」として、つまり「十劫正覚の如来」として仰がれている。正覚の如来は自らを光明として、つまり、「帰命尽十方無碍光如来」として示した。しかし、光明は如来の外相であって、如来の本体はその奥の暗黒の本願であることが見逃されてはならない。蠟燭の炎の中心が闇であるように、光としての如来の中心に闇があり、その闇は如来の「いのち」（寿命）である。その闇としての寿命、つまり本願が光となって外に現れるのである。

こうして、法蔵菩薩を闇と捉える曽我の真意は、如来を「願」において捉えることにある。そして、そこに親鸞聖人の真意があることを、曽我は次のように述べている。

十劫正覚の大音に驚き醒められる我親鸞聖人は徒に此に拘執して此を信仰の中心点とし給はなかつたのである。更に深く歩を進めて如来本願の生起本末に溯らせられ、此本願の上にその金剛不壊の信念を建立せられたのである。（「久遠の仏心の開顕者としての現在の法蔵菩薩」『選集』第二巻、三七〇頁）

如来を光明として仰ぐとき、法蔵菩薩と阿弥陀如来との関係は、『大無量寿経』で説かれているように、法蔵菩薩が阿弥陀如来となったという方向、つまり、「従因向果」の方向に捉えられる。しかし、そのとき、法蔵菩薩は私たちの与《あずか》り知らぬ過去の物語となる。しかし、法蔵菩薩と阿弥陀如来との関係を「従果向因」の方向に捉えるとき、つまり、正覚の阿弥陀如来が法蔵菩薩となって衆生の生死界に出現したと捉えるとき、法蔵菩薩の本願はわれわれに身近に捉えられてくる。衆生の前に「光」として聳え立つ阿弥陀如来は和光同塵して法蔵菩薩となり、本願となって衆生の世界に出現し、衆生を内から、あるいは背後から支えるものとなるのである。

そのことは、「仏が菩薩に成り下がった」ように見える。しかし、実は「仏が菩薩に成り上がった」のだと曽我はいう。理想の仏が現実の仏になったということである。それは、阿弥陀如来の「いのち」が

「願」となって私たちのもとに出現したということである。阿弥陀如来が本願となって衆生の世界に現れることで、衆生はそのはたらきに乗託して、暗黒の現実に足を据えて生きることができるようになる。ここに、法蔵菩薩をめぐる、曽我の思索の眼目があるのである。

5　「呼びかけ」としての本願

では、法蔵菩薩の本願と衆生の願はどのような関係にあるのか。法蔵菩薩の本願は四十八願として説かれている。しかし、それは法蔵菩薩が勝手に立てたものではなく、衆生の心の奥深くに法蔵菩薩が見いだしたものであり、もとはといえば衆生の願である。ただ、衆生は自己の存在の奥深くに秘められている自分の真の願を自分では摑みえず、如来によって示してもらわなければならなかった。そのようなものとして、法蔵菩薩の本願は如来によって摑まれた、衆生の根源的で真の願なのである。

では、如来が摑んだ、衆生の真の願とは何か。それは「願往生心」、つまり「浄土に生まれたいという願」であるといわれてきた。しかし、その「願往生心」の根源にあるものは何か。それは「欲生心」つまり、如来の「呼びかけ」である。欲生心とは衆生の最内奥の要求である願往生心に反応して届いた如来の呼びかけであり、「如来招喚の勅命」である。如来に呼びかけられることは、如来（他者）によって自己が承認され、肯定されることである。そのことによって、自己は自己自身を肯定し、自己自身になることができる。欲生心において本願の回向成就が捉えられているゆえんがそこにある。

四十八願はいずれもが如来の衆生への呼びかけであるが、そのうちで最も根源的なものは、十方衆生と呼びかけてくる第十八願の「至心・信楽・欲生」である。それゆえ、第十八願は別願中の別願、あるいは王本願といわれてきた。この願において、如来は衆生に「我が国に生まれようと欲《ねが》え」と呼びかけているとして、親鸞は、第十八願の「欲生心」を「如来招喚の勅命」と捉えたのである。

如来はただ漫然と衆生に呼びかけているのではなく、「我が国に生まれようと欲え」と呼びかけている。それは母親が子供に「私のところにおいで」と呼びかけることと本質的に変わらない。それがあらゆる生きものに対する如来の根源的な「呼びかけ」である。しかし、その呼びかけによって衆生は暗黒の現実の世界を脱して如来に没入してしまうのではない。如来に呼びかけられることで、衆生は暗黒の現実に踏みとどまり、そこに足を据えて立つことができるようになるのである。そこに「現生正定聚」という在りようがある。そして、その在りようが可能となるのは、如来が本願となって衆生に呼びかけてくるからである。

ところで、如来は衆生に対して、「信」に関わる第十九、第二十、第十八願において、三度「十方衆生」と呼びかけている。「十方衆生」とはあらゆる生きもののことである。したがって、如来はそこにおいてあらゆる生きものに対して平等に呼びかけているのだと考えられる。しかし、十方衆生という呼びかけにはそれ以上の意味が籠められていることが見逃されてはならない。

いったい、十方衆生とは誰のことか。十方衆生とはあらゆる生きもののことで、そこには虫けらや蜎飛《けんぴ》蠕動《ねんどう》の類いも含むとされている。そのことは、十方衆生とは単にあらゆる生きもののことではなく、名前をもたず、世間から見向きもされないものだということである。それゆえ曽我は、十方衆生とは「無辺の世界、真の孤独の世界に自己を発見した」（「祖聖を憶ひつゝ」『選集』第三巻、一一七頁）もののことだという。そのような無名な存在者に如来が「十方衆生」と呼びかけるとき、その呼びかけは、あらゆる生きものに普遍的に呼びかけるという以上の意味をもってくる。差別され、無視されるがゆえに、怒りや嫉みが多く、貪欲・瞋恚の固まり、石・瓦・飛礫《つぶて》と化した存在、苦悩にひしがれて名前を失い、無視された存在は、その呼びかけを直観的に「自分一人」に向けられたものと受け取るということに注目しなければならない。

一見すると、「十方衆生」が「遍く」ということを意味するなら、そう呼びかけられた衆生が、その呼びかけを「自分だけ」に向けられたものと受け取るわけにはゆかないように思われる。しかし、呼びかけられた者が、暗黒の現実の中で無名となった存在者であるとき、「十方衆生」という普遍的呼びかけがまさしく「自分だけ」に向けられていると感得するのは自然の道理である。そこに、親鸞が「弥陀の五劫思惟の願をよくよく案ずれば、ひとえに親鸞一人がためなりけり」（歎異抄、『聖典』六四〇頁）と述べた理由がある。

曽我が蒲原の平原で食雪鬼となって「正念」を失っていたとき、曽我は暗黒の中にあって名を失った、孤独な「十方衆生」であった。そのような存在が如何にして大地に足をつけて立ち上がることができるのか。それがこの時期、曽我にのしかかってきた根本の問いであった。曽我はその問いを抱いてもがいている中で「親鸞」と「法蔵菩薩」の呼びかけに出会い、それに深く思いを致すことで大地に立つ力を得たのであった。

奥深い存在の「呼び求める促し（das Ereignis）」（ハイデッガー）と「仏の呼び声」（西田幾多郎）としての弥陀の本願

はじめに

本願の思想は浄土仏教の根幹をなすものとして真宗教学の中心に置かれているが、教学を離れ、宗教哲学の立場から「本願とは何か」を追究した人々に清沢満之、曽我量深、鈴木大拙、田邊元、西谷啓治などが挙げられる。彼らは教義の説明にとどまらず、本願の思想がどのようにして生じ、人間のどのような要求に適い、どのような証果をもたらすかを、人間の経験という基盤に立って追究した。本願の思想を、いわばそれが根付き、成長し、果実を生じる土壌において問うたのである。そうすることで、教学の圧力で凝固し化石化しかけていた本願の思想は呼吸する場所を得て、その可能性を問い直す気力と活力を取り戻した。いわば、立ち枯れ状態にあった樹木に生命が戻ってきたのである。

本願の思想が生き続けるためには、それが生きて成長する土台である経験との関わりにおいて問われ、思索されるのでなければならない。親鸞が『教行信証』においてなしたのは、そのような思索の努力であった。そこで親鸞は、「教」として確立された本願を、さらに「行」「信」「証」という人間経験の地平に出て問い直した。そのようなものとして、『教行信証』は教学の書であって、より根本的には宗教哲学の書であったのである。

ここでは、そのような宗教哲学的思索の試みとして、やや意外な感があるかもしれないが、本願の思想をそれ以外の他の思想との連関の場に持ち出して考察してみたい。本願の思想を他の異なった思想にぶつけ、そこから発する響きを聴き取ることで、本願の思想を聴診し、その内部を照らし出してみようと思うのである。

具体的には、本願の思想をハイデッガー（一八八九〜一九七六）の『哲学への寄与試論集』における「エアアイグニス（呼び求める促し）」（das Ereignis）の概念、西田幾多郎の「場所的論理と宗教的世界観」における「場所的論理」や「逆対応」という概念に対応させ、さらに西田が「仏の呼び声を聞く」と述べていることの意味を探ることで、本願の思想の内部に入り込んでみようというわけである。そのような仕方で問うことで、本願から問うだけではっきり見定めがたかった本願の思想の隠された襞や相貌や骨格が見えてくると思うのである。

しかし、断っておかねばならないが、このようにいうことは、ハイデッガーの「エアアイグニス（呼び求める促し）」の概念と弥陀の本願という概念が同じものであるというのではない。また、両者を自己の外に固定的に併置して、比較思想的に検討しようというのでもない。ハイデッガーの「呼び求める促し」（das Ereignis）という概念の内に、親鸞の説く弥陀の「本願」や「回向」の思想に共振するものがあるなら、それがどのような響きを発するかを、その深層のところで聴き取ってみようと思うのである。

メーヌ・ド・ビランは、諸思想の分野において、影響なしに類似性や同一性が見られるところに、その思想の真理性の基準（critérium）があるという。接触や影響のないところに類似性があるということは、それが人間の本性に深く根差していることを示しているからである。実際のところ、諸思想間に影響が見られるのは表層の浅い部分にすぎず、深いところではかえって影響はないものだと、ビランは述べている（*Œuvres Complètes*, t.XII, p.249 参照）。このことは、影響を自明の前提として諸思想の連関を考察することを研究の方法としている比較思想や思想史研究が自省し、念頭に置いておかなければならないことであると思う。実在的で深い思想はその底にさまざまな次元を秘めており、違いは、そのいずれが表に現れ、いずれが秘められているかにすぎない。したがって、それらは表層において対立しても、深層において響き合うところを有している。その響き合いを聴き取ることで自らを照らし、確認してみたいというのが、ここでの意図である。

「エアアイグニス」（das Ereignis）という概念は、周知のとおり、ハイデッガーの第二の主著とされる遺稿『哲学への寄与試論集』の題名に Von Ereignis として付されているもので、ハイデッガーの後期思想の核心を示すものとされている。しかし、その理解は一様ではない。辻村公一はそれを「出来事」の意にとって、仏教の『華厳経』の言葉を用いて「性起」と訳し、それが広く用いられてハイデッガーの後期思想を理解する枠組みとなっている。一方、渡邊二郎は、この言葉は、ハイデッガーが意図的に決死の執念を籠めて彫琢し、仕上げたものであって、この言葉をハイデッガーは極めて独特の仕方で用いていること、とりわけ、それを再帰動詞ではなく他動詞として用いていることに注目して、「エアアイグニス」を生起や出来事や事件ではなく、「呼び求める促し」と訳すのでなければならない、としている（『ハイデッガーの「第二の主著」「哲学への寄与試論集」研究覚え書き』二九三頁）。そして、「奥深い存在」(das Seyn) の「呼び求める促し」(das Ereignis) に一途な思いをもって聴従帰属することで「現-存在」がその没根拠において「自己自身」となるという、「現-存在」に立脚した哲学を樹立するところに後期ハイデッガーの思索の眼目があるとしている。

筆者はハイデッガー研究を専門とする者ではないので、そのいずれが「エアアイグニス」の正しい理解であるかを吟味するつもりはないし、またできない。しかし、この「エアアイグニス」という概念が、渡邊の指摘するように、「奥深い存在」の「呼び求める促し」を意味するなら、そこには、浄土仏教が「無量のいのち」（アミターユス）の「呼び声」とする「弥陀の本願」の思想と響き合うものが感じられる。その共鳴する響きを自らの内に聴き取るという限りにおいて、この概念に注目するのである。

一方、西田は「場所的論理と宗教的世界観」を書くに当たって、知人や友人に、「浄土真宗を場所的論理によって捉えて見たい」といい、また、「仏の呼び声が聞かれないものは浄土真宗ではない」と語っていることはよく知られている。そこで、西田が「仏の呼び声を聞く」ということでどのようなことをいおうとするのか、そして、それが「場所的論理」とどのように繋がっているのか。そのことに関して、これまで言及されてはいるが、本格的に論じたものはないと思う。それをここで追究してみたいというのが、本論にいささか意表を突くような題名を付した理由である。

1　自己を証しするものとしての弥陀の本願——本願はどこで問われるか——

「弥陀の本願」は、浄土仏教、とりわけ、親鸞の思想の中心を占めるものであるにもかかわらず、「本願とは何か」と問われると、答えるのは容易ではない。そのことで印象深いのは、その問いをもろにぶつけられた曽我量深と鈴木大拙の反応である。

曽我は講義の途中で、一人の学生から唐突に「本願とは何か」と問われ、「本願が分かりませんか。本願は本願ですよ、本願ですよ、本願ですよ、本願ですよ」と繰り返すばかりであったという。また、大拙の秘書であった岡村美穂子は、「本願とは何ですか」という彼女の問いに対して、大拙は、ちょうど朝であったので、「ほぅーら、美穂子さん、本願が上って来たぞ」と答えた、と述べている(上田閑照・岡村美穂子編『鈴木大拙とは誰か』一八七頁)。曽我は、本願について何も述べていないので答えになっていないが、本願は太陽だという大拙の答えはいいすぎのようであり、答えになっていないという点において両者は大差ないといわねばならない。

本願について深く会得しているはずの二人の答えが、肝心の問いに体《てい》をなさないのはなぜか。このことは考えてみるに値する。実は、体をなさないところに答えがある。というのは、本願とは「何か」と問われるべきではないということである。では、どう問うべきなのか。そこに本願の思想の核心に触れる鍵がある。それを、ここでは「自己を証しする」ということから追究してみたい。

ポール・リクールは、『他者のような自己自身』（*soi-même comme un autre*）において、「何か」という問い、「何故か」という問いのほかに、「誰か」という問いを区別して、この「誰か」という問いは「何に向けられ」、何を問うているかを考察している。そして、「何か」という問いは「記述」を、「何故か」という問いは「説明」を要求するのに対して、「誰か」という問いは「自己同一性」を要求すると述べている。では、「誰か」という問いが「自己同一性」を要求するとはどういうことか。

自己同一性とは、「俺は俺だ」といわしめるもののことで、リクールはそれを「自己を証しすること」（attestation）だという。そして、「自己を証しする」ということは「自己性（ipseité）の様態で実存することの「保証」（assurance）―信用と信頼（la créance et la confiance）」（同書、三七五頁）だという。しかし、この説明では何か狐に鼻をつままれたようで何のことか分からない。そこで、概念だけで考えを推し進めてゆくと迷宮に入り込む畏れがあるので、身近で具体的な事柄に即して考えてみたい。

中原中也は山口から東京に出てきて、そこで郷里の母親の仕送りに依存して、友人たちを交えたすったもんだの生活を送っていたが、晩年（といっても三十歳だが）の『帰郷』という詩の終わりのところで、「あゝ　おまへはなにをしてきたのだと……吹き来る風が私に云ふ」と歌っている。人は、大なり小なり、そのような「あゝ　おまへはなにをしてきたのだ」という問いを心の隅に秘めて生きているが、そのような言葉以前の沈黙せる問いが心の底から上ってきて「俺は誰か」と問わせる。そのような問いが自己を「証し」（attester）しようという要求の根源にあるのである。中原は郷里の吹く風に触れて、いったい「おまへは誰だ」と自問したのであるが、それと同時に、こうしてきたのがおまえなのだという、「自己の証し」のようなものを、吹き来る風の中で感じ取っていたともいえる。中原は、そのような自己の証しにこだわった証拠に、「ホラホラこれが僕の骨だ」とも歌っている。リクールが自己の証しを「自己性の様態で実存することの「保証」―信用と信頼」と述べているのは、このことだと思う。自己を証しするとは、いい換えるなら、自己をその存在の核心において捉え、承認し、肯定することである。

そのことで、ボンヘッファーが、ナチスの収容所から友達に書き送った手紙の中で「私は何者なのか」という次のような詩を書いているので、ついでに見ておきたい。

私は何者か？　彼らはよく私に言う、私が自分の獄房から平然と明るく、しっかりとした足どりで、領主がその館から出てくる時のように歩み出ると。

私は何者か？　彼らはよく私に言う、私が自分の看守たちと自由に、親しげに、はっきりとした口調で、あたかも私のほうが命令しているように話し合っていると。

私は何者か？　彼らは私にこうも言う、私が不幸の日々を冷静に、微笑みつつ誇り高く、勝利に慣れた人のように耐えていると。

そして、中段になって、調子が変わり、私は実は、人々が私といっているようなものではない。私は何者であるかを自分でよく知っているつもりだ、としながら、「私は何者か？　ただひとりでこう問う時、その問いは私をあざける」と自問している。そして、最後になって一挙に飛んで、私は何者であれ、ああ神よ、あなたは私を知り給う。私はあなたのものだ。

と結んでいる（村上伸訳『ボンヘッファー獄中書簡集』四〇三～四〇四頁）。

ボンヘッファーはキリスト者なので「神よ」と書いているが、哲学者ボンヘッファーなら、私は、私が誰かを自分では結局のところ摑みえず、その証しを自分を超えた他者に委ね、そこから得るしかない、私が最終的に自分を「証しする」（attester）のは「他者」においてである、というふうにいい直すことになろう。

西田は「宗教は価値の問題ではなく、自己の在所の問題である」と述べているが、そこで西田が念頭に置いているのも自己の証しの問題である。

「本願」とは、人がそこにおいて自己を証しする他者である。人は自分だけで自己を証しすることはできず、最終的には自分を超えた「如来の心」（本願）においてしか自己を確証しえない。そこに本願の思想の究極の意義があるのである。

親鸞が「弥陀の五劫思惟の願をよくよく案ずれば、ひとえに親鸞一人がためなりけり」（歎異抄、『聖典』六四〇頁）と述べたとき、彼は自己の証し（attestation）を如来の本願に見いだして、そのように述べたのである。したがって、そこで親鸞は、本願が漠然と、多くの人々の中で親鸞一人に思いをかけているということを述べているのではない。本願において自己が「証し」（attester）された限りにおいて、そこから振り返って、本願は「親鸞一人がためなりけり」と述懐しているのである。

そのことで思い起こされるのは、西谷啓治が「太陽を見ていると、太陽は自分だけを照らしている、太陽は俺のものだというところがある」と述べていることである。そこで太陽が自分一人のものであるのは、「太陽を見て、明るい、暖かいと感じる自分があるからだ」（『西谷啓治著作集』第二十四巻、三八六～三八八頁）と、西谷は述べている。太陽において自己を証しする限りにおいて、太陽は自分だけを照らし、自分のものなのである。そのような「自分一人」ということが、「証し」（attestation）の問題の中心にあると思う。

2　証しされるべきものとしての自己——自己とは何か——

では、自己はなぜ「証し」されなければならないのか。それは、自己は不透明で、不確実な存在であり、これで良しといえないところを抱えているからである。それゆえ、ハイデッガーは人は「「良心」（Gewissen）をもとうと決意する」のでなければならないという。デカルトのコギトのように、自己が最初から確実で疑いないものであるなら、人は良心をもとうと決意する必要はない。良心をもとうと決心するのは、人は可能性として実存するからである。

それゆえリクールは、「自己」（soi）は「証し」されるべきものとして、デカルトの「コギト」から区別し、デカルトのコギトは「同」（idem）であって、「自己」（ipse）ではないという。デカルトのコギトは時間を超出した「idem」としての同一であって、したがって、それは明証だが変化せず、血の通わない空虚で、抽象的な存在にすぎない。カントやフッサールが捉えた「超越論的自我」（Ich）もまた、そのような抽象的なidemとしての同一である。それに対して、「自己」(ipse)は「世界内存在」として、自らの外に出て、世界の諸事物と関わり、時間と変化を受け容れつつ自己同一を維持している存在であって、「行為し苦悩しつつある」存在、感覚する存在である。リクールは、そのようなものとして、自己を「裂かれたコギト」(cogito brisé)と呼んでいる。

ハイデッガーは自己を「現-存在」として、その内実を「気遣い」(Sorge)と捉えている。そして、その「気遣い」の中心を貫いているものを、先に述べたように、「「良心」(Gewissen)をもたんとする意志」とした。そして、後期において、その現-存在の内奥に響く「良心の呼び声」を掘り下げ、それを「奥深い存在」(das Seyn)の「呼び求める促し」(das Ereignis)と捉えるに至った。

シモーヌ・ヴェイユは、自己という言葉は使ってはいないが、それを「聖なる」ものと見ている。自己が「聖なるもの」であるゆえんは、それは「権利」や「人格」というような社会的威信と結合した仮構物ではなく、その底に秘められている非人格的で「無名な質量」だからである。それは自らに善を欲し、悪を免れようとして、熱と逃避所を求めてかけまわっている困窮の内にあるものである。確固として不壊なるものが聖なるものではない。傷ついて壊れやすく、したがって、護られねばならないものが、聖なるものである。善や超越に反応しうるのはこの無名な質量の部分であって、社会的自我としての人格は超越には何の役にも立たない。したがって、人は、人格を去って無名で非人格的なところに出なければならない、とヴェイユはいう。ヴェイユもまた、自己を「裂かれたコギト」(cogito brisé)と捉え、自己の証しを超越的なもの、善との接触において求めたのである。

「私は誰か」という問いに長々とかかずらったのは、「本願」は根本において、そのような自己の「証し」の問題と結びついているからである。本願を証しの問題との連関において捉えるとき、それは「教学」を出て、哲学の中に入ってきて、その最も主要な問いとなるのである。

3　衆生の根源的要求としての弥陀の本願

しかし、本願の思想は浄土仏教の中心に置かれながら、よく理解されてきたとはいえない。それはなぜかと問うて、曽我は次のように述べている。

（阿弥陀仏の）四十八願に就いてはすくなくとも、今日この席においでになつて居られる方々は皆知つて居られることと思ふ。しかしながら、一人として本当のことを知つて居るものはあるまいと思ふ。それにも拘はらず、我々が今さら本願をいふことはもう旧い、それは陳腐なことであると云つてしまふのは、つねに「何を」「何を」と云つて居るからであります。

（「宗教原理としての四十八願」『選集』第十巻、一〇三頁）

それは本願を正しい仕方で問うてこなかったからだと曽我はいう。つまり、本願を自己の外において対象的に問い、それが自己にどのように関わり、自己理解や自己把握にどのようなはたらきを及ぼすかを問うてこなかったからである。「何か」を問うて、「如何に」を問うてこなかったのである。

鈴木大拙もだいたい同じことを、次のように述べている。

> 正統派の学者達は出来上がった御膳立てを味わうことに気をとられて、そのものがどうしてそう組み上げられねばならなかったかということを問はないようである。つまり自己の宗教体験そのものを深く省みることをしないという傾向がありはしないだろうか。お経の上で弥陀があり、本願があり、浄土があるので、それをその通りに信受して、自らは何故それを信受しなければならぬか、弥陀は何故に歴史性を超越しているのか、本願はどうして成立しなければならぬか、その成就というのはどんな意味になるのか、浄土は何故にこの地上のものでなくて、しかもこの地上と離るべからざるくみあわせになっているのかというような宗教体験の事実そのものについては、宗学者達は余り思いを煩わさぬのではないか。浄土があり、娑婆があるということになっている。——これをその通りに受け入れる方に心をとられて、何故自らの心が、これを受け入れねばならぬかについて、反省しないのが、彼等の議論の往往にして議論倒れになって、どうも人の心に深く入りこまぬ所以なのではなかろうか。
>
> （『浄土系思想論』三三二頁）

これら二人の見解に共通しているのは、本願を「教」において受け取るのではなく、「信」や「証」の次元にまで降りて反省し、自己化するのでなければならないということである。そのことは、本願を「自己の証し」の問題と結びつけて問うのでなければならないということであって、そのことを、これまで述べてきたのである。

それゆえ、本願に関して問われるべきは、それがどのように衆生に関わるかということ、つまり、衆生のどのような要求に応じ、どのような問いに答えるのかということである。そのことを西谷啓治は次のように述べる。

救いということは、衆生が迷っていて、どこへ問えばいいのかわからないというのを、神や仏のほうが知って、見るとか聞くとかして、そして語りかける。自分を現わす。キリスト教でいえば啓示という、そういうふうなことです。それは神や仏の側での骨折りで、そこの過程が神、あるいは仏の側の「願」ということではないか。つまり、「本願」ということの根源、または基礎は、仏が仏に成るというその「成る」の過程を貫く原動力ということではないか。仏教系の言葉でいうと「因」でしょうか。つまり法蔵菩薩が衆生を救う願を起こし、その願を成就して仏になられるというそこの過程で、いろんな「願」を建てられて、その願がたとえば四十八願というような形でちゃんといい表わされている。それはやはり、仏の側からいえば、仏が仏としての姿を現わしてくるということです。つまり、因位の仏が、衆生が名号を聞く以前のところで、衆生が迷っている唯中で、衆生の願いというものを聞きとり、そしてそれに答えを見出すというようなことです。法蔵菩薩として諸仏のところへ行って、いろいろな行をされ、もしかしたら托鉢にも出られて、どうしたら衆生の願いに答えられるかというようなこと、問題に対する回答、そういうものを考えながら、最後にこうだと結論が出来た。……その問いに答えが見つかったということは、菩薩が自分自身というものへの問いに答えられたということでもあった。だから覚者になったとか、正覚を得たとかいうことで、仏に成ったということでしょう。菩薩だから衆生の側と仏の側との間に立って、両方を照らし合せて、そこで決着を得られた。そういうところがある。

（『世界の中の親鸞』八三頁）

西谷は、本願は「衆生が迷っている唯中で、衆生の願いというものを聞き取り、そしてそれに答えを見出」したものであり、「仏の呼びかけ」は、衆生をして自らの真の問いに気づかせ、その解決を見いださせる、という性格をもっているというのである。

4　宗教的原理としての弥陀の本願

弥陀の本願を衆生の要求との関わりにおいて捉えることは、「教」として示された本願を、その成立の根本に立ち返って、人間に普遍的な「宗教的原理」として捉えることである。そのことを曽我は次のようにいう。

その如来の本願とは何であるか、本願とは即ち宗教の原理であるのであります。而して宗教の原理とは我々人間の最高最深の要求である。単なる私の要求でない。人間としての私、全人類を内容としてこれをすくふところの私の最高最深の要求である。即ち吾人々類の最高最深の要求を以てその宗教の原理とするのである。宗教の原理はこれを外にもとむべからずして我が内にもとむるのである。真実に我が内にもとめ、真実に我が精神界にこれをもとめてそこに宗教の原理を見出すのであります。而してこれを開顕したものが『大無量寿経』中の阿弥陀仏の四十八願であると思ふのであります。

(「宗教原理としての四十八願」『選集』第十巻、一〇八頁)

弥陀の本願を宗教原理として捉えることは、弥陀の本願を、衆生の外に衆生を超えてあるものとしてではなく、衆生の願の深いところにあるものと捉えることである。したがって、

仏さまの本願というのは、一方的な本願というものはありません。仏さまの本願は、われわれが生まれながらにしてもっている願い、だれでもがもっている願いそれは、いろいろ願いというものはあるけれども、基礎になる願いというものは一切の人類に共通した願いである。そこのところに仏の本願というものを感ずるわけでしょう。だから仏さまが一方的に本願をおこされるということはありません。われわれの願いというものと深い関係をもっている。

(「真宗大綱」『選集』第九巻、三六四頁)

ということになる。それゆえ、

宗教学とか、宗教心理学というものがあって、人間の宗教本能というものにまで掘り下げていけば、阿弥陀仏の本願を感ずることができる。それを感応という。われわれは如来を感ずることができる。すると、如来は、われわれの願いに応じてあらわれて本願をおこしてくださる。これが阿弥陀仏の本願というものであります。（同書、三六五頁）

阿弥陀の本願を宗教的原理として捉えることは、本願の思想を浄土仏教に固有なものではなく、人間に普遍的な思想として捉えることである。したがって、それは他の異なった宗教的・文化的伝統においてもはたらき、自覚されるものでなければならない。そこに、本願の思想を他の思想との連関の場に持ち出して考察し、その共振を聴き取ることの意味がある。

5　「呼び求める促し」としてのエアアイグニスと弥陀の本願

先に述べたように、ハイデッガーはその第二の主著である『哲学への寄与試論集』の題名をVon Ereignisとしているが、渡邊二郎は、それを「呼び求める促し」と訳すのでなければならないとした。本論がそのことに注目するのは、先に述べたように、「エアアイグニス」（das Ereignis）という語の意味を「呼び求める促し」に解するなら、それは浄土仏教において「弥陀の呼び声」とされる概念と響き合うところが感じられるからである。そして、「呼びかけ」られることで、自己を証しし、根拠づけることが、広く人間に普遍的な要求であって、浄土仏教にのみ固有な事象ではないことが知られてくるからである。

渡邊は、「エアアイグニス」（das Ereignis）を「呼び求める促し」と訳すのでなければならない理由を、ハイデッガーがこの語の動詞の原型 ereignen を sich ereignen という再帰形ではなく、他動詞として、つまり、「眼差して見つめつつ」（erüugen）、「自分のほうへと呼び」、「我が物にする」というはたらきの意味で用いていることに捉えている。したがって、それは「人間と存在とを、それらの本質的な相互連関のなかへと、固有に帰属させる（vereinigen）こと」を意味するとして、「何らかの生起」や「出来事」としてではなく、「呼び求める促し」と訳すのでなければならないとするのである。

「存在そのもの」は静止しているものではない。それはその本質において、「人間への呼びかけ」を内に含み、その「呼びかけ」が人間に耳を傾けさせ、人間をそれに聴従帰属せしめる。そのようにして、存在は「呼びかけ」を通して人間を自らに取り込み、「我が物にする」（aneignen）一方、人間は「呼びかけ」を通して、存在に取り込まれて「帰属せしめられ」（ereignet）、そうすることで、人間は「自己自身に固有なもの」（sich eigner）となる。das Ereignis という語を、ハイデッガーはそのような「我が物にする」、「固有な」という意味において用いていることに、渡邊は注意するのである。

ところで、注目すべきことは、ハイデッガーは、『哲学への寄与試論集』において、y（イプシロン）で表記された“das Seyn”を用いて、それを通常の「存在」（das Sein）から区別していることである。そこで、渡邊は Seyn を「奥深い存在」と訳して、ハイデッガーが存在の本質特徴を「自分を暗く閉ざして秘め隠すはたらき」と捉えていることを際立たせようとする。しかし、「奥深い存在」（das Seyn）は自らを閉ざし、秘め隠すはたらきを本質的性格としながら、その内に、「伐りひらいて明らかにする露呈化のはたらき」を有している。その露呈化のはたらきを、渡邊は「呼び求める促し」（das Ereignis）とするのである。すなわち、その露呈化のはたらきは、「現-存在」に対して「呼び求める促し」となって現れる。それゆえ、露呈化のはたらきとしての「呼び求める促し」は「奥深い存在」の「真理」であって、現-存在はその露呈化のはたらきに一途な思いを籠めて耐えるのでなければならないとされる。

そこにおいて注目されるのは、この「呼び求める促し」を介して「奥深い存在」と「現-存在」との間に生じる「向き直る転回」である。「呼び求める促し」において、「奥深い存在」は「現-存在」に呼びかけるとともに、「現-存在」は「奥深い存在」の呼びかけに聴従帰属する。「現-存在」はこの二つの活動が向き直る転回の場、もしくは転換点となるのである。その転換点において二つの活動は相互に向き合い、振動する。その振動を聴き取るのが「現-存在」である。それゆえ、「現-存在」は、「呼び求める促し」（das Ereignis）において生じる二つの活動の振動を聴き取る場として、「呼び求める促し」の「固有領域」（Eigentum）となるのである。

注意すべきことは、「現-存在」がそこに鳴り響く「呼び求める促し」の響きに一途な思いをもって耳を澄ますとき、そこで「会得される知」の特質である。すなわち、その知において「現-存在」と「奥深い存在」との相互交徹がなされるということである。現-存在は自分の底を破って、「奥深い存在」に深く立ち入る一方、「奥深い存在」は「現-存在」のその一途な思いの内に出現して、そこで生き続ける。「現-存在」は、その外に出て、奥深い存在に深く立ち入る一方、奥深い存在は「呼び求める促し」において自らを露呈し、それに聴従する「現-存在」の内に出現して、そこで自らを保持するのである。こうして、「現-存在」において会得される知において、「呼びかけ」と「聴従」という二つのはたらきが相入し合い、相互に他のものの内に入り込み、それぞれを根拠づけるのである。

「das Ereignis」の概念に注目するのは、そこで捉えられている「奥深い存在」とそれの露呈化としての「呼び求める促し」と「現-存在」との三者の相互連関が、浄土仏教における「阿弥陀如来」と「本願」と「衆生の信」の三者の間に見られる関係を映し出しているといいうるからである。

浄土仏教の阿弥陀如来が「無量寿」としての「いのち」であることは、その本質が「秘め隠すはたらき」であるということである。「いのち」はその全体が露呈されず、中心が秘め隠されているからこそ「いのち」なのである。一方、阿弥陀如来が「無量光」とされるのは、その秘め隠すはたらきが、自らを伐り開いて露呈化するはたらきでもあるということである。阿弥陀如来のいのちは大悲心であるが、それが外に本願となって露呈されるのである。

阿弥陀如来のいのちが「呼びかけ」となって衆生に対して出現したものが「本願」である。そして、その本願の呼びかけに深く思いを致すことが「信」である。衆生は、阿弥陀如来の呼びかけとしての本願に耳を澄まし、それに聴従帰属することで、阿弥陀如来のいのちに参与し、帰入するのである。信は、如来の本願がそこに到来し、それに思いを致すことで衆生が如来のいのちに帰入する場であるがゆえに、信はいわば本願の「固有領域」とされるのである。

したがって、注意されねばならないのは、衆生は阿弥陀如来を光として讃仰するのではなく、阿弥陀如来の「呼びかけ」としての「本願」に深く思いを致し、それに聴従帰属する「信」を通して阿弥陀如来の「いのち」に帰入するということである。その意味で、「衆生の信」は、ハイデッガーが「現-存在」に与えている位置を占めるといいうる。

「信」について深い思索をめぐらしたのは親鸞である。親鸞が「三一問答」において追究したのは、信における衆生と如来との相互交徹、ないし相入である。衆生が阿弥陀如来の呼びかけとしての本願を受け取るのは「信」においてである。したがって、信は衆生においてある。しかし、信はそこにおいて如来の呼び声が届いているところとして、衆生にあって衆生を超えているといいうる。

親鸞は信の根源を「欲生心」に捉えた。それは如来の世界に生まれたいという欲求であって、衆生の最内奥にある欲求である。しかし、それは衆生の内にあって衆生を超えたものである。親鸞は、それは衆生の心の底に出現した如来の欲求であって、「如来招喚の勅命」であるとした。親鸞は、衆生の心の最内奥の「欲生心」に出現したものが如来の呼びかけであり、それを「信」と捉えたのである。したがって、信は如来と衆生の転回点であり、接点である。

「本願の信」が、衆生をして如来のいのちに帰入せしめるのは、如来のいのちが本願となって衆生の世界に現れ、衆生の信において衆生を呼ぶからである。そのことには、ハイデッガーにおいて、「現-存在」が、奥深い存在の「呼び求める促し」と、それに聴従帰属する人間の活動という二つの活動の「統括的中心」とされ、そこにおいて一途な思いをもって、「呼び求める促し」の声を聴くことで、「現-存在」はその底を破って自らの外に出て「奥深い存在」の暗示を受け取ると同時に、奥深い存在は「現-存在」の一途な思いにおいて生き続けるとされていることに響き合うものがあるといいうる。

もちろん、両者の思索の境位は異なっていることはいうまでもない。ハイデッガーの「エアアイグニス」の概念は、西欧の形而上学における「存在の歴史」の運命を思索する中で摑まれたものである。一方、親鸞の「本願の思想」は「阿弥陀如来のいのち」の衆生の世界への現れとしての「本願の歴史」を思索したものである。そこで共通に思索されていることは、ハイデッガーにおいては「奥深い存在からの見放し」であり、親鸞では「末法という無仏の時代」である。そして、注意すべきことは、「呼び求める促し」や「本願」の思想は、そのような奥深い存在の「拒み」や仏の「不在」と結びついて思索されているということである。奥深い存在に思いを致すことや本願の信が「忍耐」といわれるゆえんがそこにある。なぜなら、人はそこでは光ではなく、闇の内にあるからである。

6 場所的論理と逆対応——本願のはたらく場所としての世界——

最後に、西田幾多郎の「場所論」から本願の思想に光を当ててみたい。先に述べたように、西田が「場所的論理と宗教的世界観」を書くに当たって、「これから浄土真宗について書いてみたい」と語り、また、「浄土真宗は場所的論理によってのみ基礎づけられる」と友人に書き送っていることはよく知られている。いったい、浄土真宗を、場所的論理によって基礎づけるとはどういうことか。それについての本格的考察はないように思うので、ここではやや立ち入って追究してみたい。そうすることで、西田の宗教論の核心部分が見えてくると同時に、浄土仏教の本願の思想の骨格をなすものが浮かび上がってくると思う。

西田は、宗教論において、「神とか仏とか云ふものを対象的に何処までも達することのできない理想地に置いて、之によつて自己が否定即肯定的に努力すると云ふのでは、典型的な自力である。それは宗教と云ふものではない。……最も非真宗的である」（『西田幾多郎全集』第十一巻、四一二頁）と述べる一方、「仏の呼び声が聞かれないものは浄土真宗ではない」とも述べている。一見すると、西田はここで矛盾したことを述べているように思われる。なぜなら、「仏の呼び声を聞く」ということは、仏を目の前に置き、それに「対象的に関わる」ことと考えられるからである。しかし、西田は「私は何処までも対象論理的に考へるのではない」（同書、三九九頁）とたびたび断りつつ、「仏の呼び声が聞かれないものは浄土真宗ではない」と述べているのであるから、西田は「仏の呼び声を聞く」ということで、仏を対象的に捉えているのではないばかりか、その言葉で浄土真宗の「場所論的把握」の核心ともいうべきものを摑もうとしていると考えなければならない。では、「仏の呼び声を聞く」ということで西田はどのようなことをいうのか。

その前に、西田が宗教の「場所論的把握」によって示そうとしたことは何かを見ておかねばならない。宗教の場所論的把握について西田は方々で述べているが、その核心をいい表したのは次の言葉であると思う。

神は絶対の自己否定として、逆対応的に自己自身に対し、自己自身の中に絶対的自己否定を含むものなるが故に、自己自身によって有るものであるのであり、絶対の無なるが故に絶対の有であるのである。

（同書、三九八頁）

宗教の場所論的把握とは、絶対が自己を否定し、自己を翻して限定された場所、つまり相対界に現れ、相対を通して自己を表現するということである。それは、超越が内在となることであり、神や仏が天空ではなく、われわれ衆生の住む大地に姿を変えて現れるということである。そのことは、浄土仏教の言葉でいうなら、阿弥陀仏が自らを否定して、法蔵菩薩、あるいは本願となって衆生の世界に身を翻して現れるということである。西田はそのことを「表現」というが、それは、浄土仏教では「回向」といわれてきたことである。したがって、宗教の場所論的把握の要は、人格的な神や仏が消え去って、それに絶対無の場所が取って代わることではなく、神や仏が自らを否定して絶対の無となり、衆生の世界に形を変えて現れること、つまり、自らを表現するということでなければならない。場所論の眼目は、神が絶対無の場所となって姿を消すことではなく、神が特殊な限定された場所において自らを映すということにある。そのために、神や仏は絶対の無でなければならないが、重要なことは、むしろ、神や仏はそこで現れ方を変えるということである。絶対は相対の外、あるいは前方ではなく、相対の足下、もしくは背後に現れるということである。西田は、そこで成立する絶対と相対との関係を「逆対応」と捉え、その関係を最もよく表したものとして「億劫に相別れて須臾も離れず、尽日相対して刹那も対せず」という大燈国師の言葉を挙げたのである。

したがって、宗教の「場所論的把握」と「逆対応」という概念は不可分であり、一つに結びついたものとして理解されなければならない。ということは、逆対応に注目しない宗教の場所論的把握や、場所論を踏まえない逆対応の捉え方は、西田の考えの中心からやや外れ、その半分しか捉えていないということである。

絶対が自己否定的に自らを相対の世界に翻して現れるとき、絶対と相対の関係は逆対応となる。そこでは、絶対は相対の前ではなく、足下、あるいは背後に現れることになる。そのとき、「絶対はどこにもなくて、いたるところにある」ことになる。絶対が自らを否定して相対の世界に形を変えて現れるところでは、相対は絶対を見ることができない。絶対と相対との関係は、面接ではなく、背中合わせの関係となるのである。絶対と相対は直接していながら、絶対的隔たりを有し、内に深い亀裂と断念を含んだものとなる。そこでは、ヤコブ・ベーメがいうように、神は「翻った目」で見られることになる。

このような「逆対応」の関係を最もよく表した西田の言葉として次のものが挙げられる。

絶対は何処までも自己否定に於て自己を有つ。何処までも相対的に、自己自身を翻へす所に、真の絶対があるのである。真の全体的一は真の個物的多に於て自己自身を有つのである。神は何処までも自己否定的に此の世界に於てあるのである。此の意味に於て、神は何処までも内在的である。故に神は、此の世界に於て、何処にもないと共に、何処にもあらざる所なしと云ふことができる。……私は此にも大燈国師の億劫相別、而須臾不離、尽日相対、而刹那不対といふ語を思ひ起すのである。単に超越的に自己満足的なる神は真の神ではなからう。一面に又何処までもケノシス的でもなければならない。

何処までも超越的なると共に何処までも内在的、何処までも内在的なると共に何処までも超越的なる神こそ、真に弁証法的なる神であらう。真の絶対と云ふことができる。神は愛から世界を創造したと云ふが、神の絶対愛とは、神の絶対的自己否定として神に本質的なものでなければならない、opus ad extra ではない。私の云ふ所は、万有神教的ではなくして、寧、万有在神論的 Panentheismus とも云ふべきであらう。併し私は何処までも対象論理的に考へるのではない。（同書、三九八～三九九頁）

では、浄土真宗のどこに、このような宗教の場所論的把握や逆対応の関係が見られるのか。西田はそのことを詳しくは説明していないが、先に述べたように、浄土仏教の教えの中心に置かれている「法蔵菩薩」やその「本願」という概念、そして「回向」という概念において、それが示されていると思う。西田は、宗教の場所論的把握の要を、絶対が自己否定的に、自らを翻して相対の世界に現れ、相対の世界に自らを映すというところに捉えたが、そのように、絶対ともいうべき阿弥陀如来が、衆生の相対の世界に形を変え、自己否定的に現れたものが「法蔵菩薩」、もしくはその「本願」である。そして、阿弥陀如来が法蔵菩薩となって衆生の世界に形を変えて現れるという、阿弥陀如来の自己否定的表現が「回向」という概念によって捉えられ、浄土仏教の教相の根幹に置かれてきたのである。

ところで、「仏の呼び声」、すなわち「本願」は、衆生の世界に形を変えて現れた阿弥陀如来であるとするなら、仏の呼び声は、衆生が生きる大地において、その諸々の出来事に即して感得されるのでなければならない。西田が「仏の呼び声が聞かれないものは浄土真宗ではない」と述べたとき念頭に置いていたのは、このことであると思う。したがって、仏の呼び声はどこか天空の特別の場所で聴かれるのではなく、衆生の生きる日常の世界、平生底において聴かれるのでなければならない。

　では、それは具体的にはどのようにして聴かれるのか。シモーヌ・ヴェイユの示している譬えがそれをよく表していると思うので引用しておきたい。


　神との約束（convention）こそは、どんな実在にもましてはるかに実在的である。

　神は、ご自身を愛する人たちとともに、約束の言葉を定められた。人生のあらゆる出来事は、この言葉に一語一語に相当する。これらの語はすべて、同意語であるが、世の美しい言葉において見られるように、それぞれがまったく独特のニュアンスを持ち、それぞれ翻訳不可能である。これらのすべての語に共通の意味は、「われ、なんじを愛す（je t'aime）」である。

　かれは、一杯の水を飲む。水は、神の「われ愛す」である。かれは、まったく飲み水を発見できずに、砂漠に二日間さまよっている。そののどの渇きは、神の「われ愛す」である。神は、愛する男のそばを離れずに、何時間も、とめどなく、耳に口を寄せて、「好きよ（je t'aime）、―好きよ、―好きよ、―好きよ……」と低くつぶやき続ける、しつこい女に似ている。

（『超自然的認識』九四～九五頁、訳語一部変更）


ここでヴェイユは神のことを「しつこい女」といっているが、そのしつこい女は法蔵菩薩（本願）のことでもある。いったい、法蔵菩薩はなぜしつこいのか。それは、法蔵菩薩が衆生の相対の世界に姿を隠して潜み、「人生のあらゆる出来事」において、衆生の耳元で呼びかけ続けるからである。それは、「一杯の水」においても、「のどの渇き」においても同じように、je t'aime と呼びかける。われわれは通常そのつぶやきを聴くことはないが、日々のあらゆる出来事においてそのつぶやきが聞こえてくるとき、われわれの生きる相対の世界は眺めを変えてくる。それは「浄土の荘厳」となるのである。

7 対応と逆対応

人生のあらゆる出来事において、「仏の呼び声を聞く」ところに「信」というありようがあるが、そのことは、仏はわれわれに最も遠いものであるがゆえにわれわれに最も近いということである。「本願の信」において注目すべきはそのような事態であり、そのことを示したのが西田の「逆対応」という概念であった。西田はそのような、仏と人間との「逆対応」の関係を示すものとして、「億劫に相別れて須臾も離れず、尽日相対して刹那も対せず」という大燈国師の言葉を挙げたのである。「本願の信」においても見逃されてはならないのは、この傍点の否定的側面であると思う。

本願の思想が注目するのは、釈尊はこの世にいないという事態である。この世において如来に接する道が断たれたところ、つまり、如来の不在において、如来に接する唯一の道は、本願に思いを致すことであると洞察したところに、本願の思想が生まれたのである。

しかしながら、本願の思想の骨ともいうべきこの否定的側面に、浄土仏教は深く思いを致してはこなかったように思う。因としての本願よりも、果として阿弥陀如来、闇としての本願よりも、光としての阿弥陀如来に主眼が置かれてきた。その結果、なぜ本願でなければならないかということに深く思いを致すことがなかったのである。

しかし、親鸞が深く注目し思いを致したのは、果としての阿弥陀如来ではなく、因としての本願である。その理由を、親鸞は、われわれが生きているのは「末法」という時代であるという歴史的事実に見た。末法という歴史観が示すのは、仏が不在であるという自覚である。それゆえに、われわれに残された唯一の道は「本願の信」の道であると親鸞は捉えたのである。

そのことを親鸞は『正像末和讃』において、次のように詠っている。「釈迦如来かくれましまして　二千余年になりたまう　正像の二時はおわりにき　如来の遺弟悲泣せよ」(『聖典』五〇〇頁)。そして「五十六億七千万　弥勒菩薩はとしをへん　まことの信心うるひとは　このたびさとりをひらくべし」(同書、五〇二頁)と。親鸞がここで「まことの信心」というのは「本願の信」のことである。釈迦が死んだ後、弥勒菩薩が出現するまでの五十六億七千万年の無仏の時代にあって、衆生がさとりを開いて仏になる道は「本願の信」の道しかないということを、親鸞はこの和讃で述べているのである。

したがって、親鸞をして「本願の信」へ向かわせたのは、この世に仏がいないという歴史的洞察である。それゆえ、親鸞の「信」において思いを致さねばならないのは「仏は至るところにあって、至るところになし」という大燈国師の境涯でもある。

親鸞は、「仏」なき時代において「仏の呼び声」を聞くところに「本願の信」を捉えた。『教行信証』「化身土巻」における「聖道の諸教は行証久しく廃れ、浄土の真宗は証道いま盛なり」（『聖典』三九八頁）という有名な言葉が意味するのは、そのことである。そこで親鸞は、浄土の真証が歴史的事実として現に盛んであると述べているのではない。仏が不在の中にあって、本願の信が唯一可能な道であるという確信を、親鸞は「浄土の真宗は証道いま盛なり」と述べたのである。

しかし、このような「本願の信」の特質は、浄土仏教においてむしろ覆い隠され、見逃されてきたといわねばならない。そこに、浄土仏教の本願の思想が、ハイデッガーの存在の歴史の考えによって照らされると同時に、本願の思想の真理性が、西田の場所論や逆対応の概念を通して改めて摑み直されなければならないゆえんがあると思う。阿弥陀如来が衆生の世界に秘め隠されているがゆえに、回向や本願や信、そして本願成就といわれることが重要な意味をもってくるのである。

自己を「証しする」(attester)ものとしての弥陀の本願

はじめに

親鸞の思想の中心を貫いているものは何か。いうまでもなく「本願の思想」である。親鸞は『大無量寿経』を「真実の教」として、その経の宗致は本願を説くことにあるとしているからである。その本願の思想は現代においてどのように生きられるか。それを、ここでは「自己を証しする」という問題から追究してみたい。

「汝自身を知れ」ということは古来から、哲学・宗教のモットーとされてきたが、その問題は現代において「自己を証しする」こととして問われている。そのことを哲学の中心問題として追究したのは、ハイデッガー、リクール、レヴィナスといった思想家たちである。

ハイデッガーは二十世紀を代表する哲学者であるが、彼はその主著の『存在と時間』の前半の大部分を「自己を証しする」(Bezeugung)という問題に当てている。また、ハイデッガーと並び、ハイデッガーに対抗する形で思索を進めてきたもう一人の哲学者として挙げられるのはリクールであるが、リクールは彼が取り組んできた「自己の解釈学」（herméneutique du soi）の「賭金」（enjeu）は「自己を証すること」（attestation）だと述べている。そして、現代最も華々しく論じられているレヴィナスは、「自己を証すること」を「身代わり」や「人質」といった「他者の問題」を通して追究している。この「自己を証する」という問題が「本願の思想」とどのように関わるのか。そのことをここで追究してみたい。そうすることで、浄土仏教の根幹をなす本願の思想が現代の哲学の中心にもたらされ、広く、人間に普遍的な問題として追究されるようになると考えるからである。

ところで、この「自己を証する」という問題は、実は清沢満之が追究した中心問題である。周知のとおり、清沢は『臘扇記』において、「自己とは何ぞや、是れ人世の根本的問題なり」と問うて、「自己とは他なし　絶対無限の妙用に乗託して任運に法爾に此境遇に落在せるもの即ち是なり」（『清沢満之全集』第八巻、三六三頁）とした。清沢は「自己」を「此境遇に落在するもの」と捉え、そこに「現在安住」を見いだしたのであるが、清沢のいうこの「現在安住」とは「自己を証する」ことにほかならない。それはまた、親鸞が「現生正定聚」に住すると捉えたことである。正定聚とは「信」を獲て涅槃を証する身に定まった人々のことであるが、親鸞はそれを「信・証」の中心の問題として追究した。涅槃とは常楽であり、寂滅であり、無為法身である。しかし、涅槃とは一切が無となって消滅するところではなく、そこにおいて自己が究極的に証しされ、安住するところである。そこが寂滅である。こうして、「自己を証する」という問題は、清沢を通して、親鸞が信の究極とした「正定聚に住して」（『聖典』二八〇頁）、涅槃の展望を得ることに繋がっている。そのことを逆にいうなら、親鸞が信の証果とした「正定聚に住する」という問題は現代の哲学・思想において形を変え、「自己を証しする」という問題として追究されているのである。では、「自己を証しする」ことが「本願の思想」とどのように繋がっているのか。それは、「自己を証しする」とは「本願が成就する」とされてきたことなのである。

1　自己を「証しする」(attester) ものとしての本願

ポール・リクールは、『他者としての自己自身』において、「何か」という問い、「何故か」という問いのほかに、「誰か」という三つの問いを区別して、この「誰か」という問いが「何に向けられ、何を問うているか」を追究している。そして、「何か」という問いは「記述」を、「何故か」という問いは「説明」を要求するのに対して、「誰か」という問いは「自己同一性」を要求すると述べている。

ところで、興味深いのは、この三つの問いは、清沢が『臘扇記』で挙げている三つの問いに対応しているということである。そこで清沢は次のように述べている。「ただ生前死後然るのみならんや、現前の事物についても、其、ダス　ワス Das Was(何か)、デス　ワルム Des Warum(何故か)に至りては亦只不可思議と云ふべきのみ。此の如く四顧茫々の中間に於て吾人に亦一円の自由境あり。自己意念の範囲乃ち是れなり。……Know Thyself is the Motto of Human Existence? 自己とは何ぞや、是れ人世の根本問題なり」。そして、「自己とは他なし……」という有名な言葉が続く。ここで清沢は「何か」と「何故か」という問いのほかに、「汝自身を知れ」ということ、つまり、「自己とは何ぞや」という問いを区別しているのである。この「汝自身を知れ」、「自己とは何ぞや」という問いが、リクールのいう「私は誰か」という問いにほかならない。

リクールは「誰か」という問いは「自己同一性」を要求するというが、その自己同一性とは何か。それは「俺は俺だ」という「自己自身」（soi-même）を成り立たしめているもののことで、リクールはそれを「自己を証しすること」（attestation）だという。では、この“attestation”（自己を証しする）とはどういうことか。リクールは、それを「自己性」（ipséité）の様態で実存することの「保証」（assurance）―信用と信頼（la créance et la confiance）」だという。しかし、それはどういうことか。

それを説明するために抽象的な言葉を重ねることは逆に迷路に踏み込むことになりかねないので、具体的で身近な事柄に即して考えてみたい。先にも述べたように、中原中也は山口から東京に出てきて、郷里の母親の仕送りに依存しながら、小林秀雄らの友人を交えて愚連隊まがいのすったもんだの生活を送っていたが、晩年の『帰郷』という詩の終わりのところで、「あゝ　おまへはなにをしてきたのだと……吹き来る風が私に云ふ」と詠っている。人は、大なり小なり、そのような「あゝ　おまへはなにをしてきたのだ」という問いを密に心の隅に秘めて生きているが、その問いが心の底から出現してきて、我に返らせ、「俺は誰か」を問わせるのである。その問いが強く切実に迫ってくるのは、苦悩や悲哀に直面したときで、苦悩や悲哀は常に前方へ、外へと向かおうとするわれわれの眼差しの方向を内に向けしめ、俺はいったい誰かと問わせるのである。宗教とは、そのような自己を証ししようとする要求にほかならない。中原は東京で志を得ないで帰って、郷里の吹き来る風に触れ、いったい「俺は誰だ」と自問したのだが、それと同時に、中原は、こうしてきたのがほかならぬおまえなのだという証しの片鱗のようなものをも、吹き来る風の中で感得したといいうる。そこにおいて、沈黙の問いは言葉になったのである。

そのような自己の証しにこだわった詩人として注目されるのは西行である。「風になびく富士の煙の空に消えて　ゆくへもしらぬわが思ひかな」という歌において西行は、「ゆくへもしらぬわが思ひ」に深く思いを致している。その西行に関して、「如何にして歌を作らうかといふ悩みに身も細る想ひをしてゐた平安末期の歌壇に、如何にして己を知らうかといふ殆ど歌にもならぬ悩みを提げて西行は登場したのである」（『無常といふこと』）と、小林秀雄は述べている。リクールが“attestation”（証し）ということ、つまり「自己性の様態で実存することの「保証」（assurance）―信用と信頼（la créance et la confiance）」ということで捉えようとするのは、そのわが心にほかならない。

ところで、ここで注意すべきことは、リクールがここで「自己の証し」を「保証」（assurance）と捉えていることである。なぜ、自己の「証し」（attestation）が「保証」、つまり「信用と信頼」（créance にして confiance）なのか。それは、自己の知は明証的な知ではなく、信という知、信知だからである。つまり、底なきものだからである。その意味で自己を知ることは自己を信じることなのである。それゆえ、「自己の証し」とは、浄土仏教において「機の深信」として捉えられてきたことであるといいうる。「機の深信」とは「自己を信じること」であり、「自信」であると曽我はいう。

西田は「宗教は価値の問題ではなく、自己の在所の問題である」と述べている。自己の在所の問題とは、自己が証しされるところにほかならない。清沢はそれを自己が落在した「この境遇」に見いだした。しかし、自己が「落在」した現前の境遇に「安住」するには、自己は「無限の妙用に乗託する」のでなければならない。その意味で、自己の在所は、より根源的には「無限の妙用」でなければならない。無限の妙用とは「本願」のはたらき、つまり、本願力である。本願に乗託することにおいて人は現前の境遇に安住し、自己の在所を見いだすのであるが、そのことは親鸞が「証巻」において「正定聚に住する」としたことである。自己の在所はそこでは精確には二重になっている。すなわち、自己が落在した有限な現前の境遇と、自己が乗託した無限な本願である。本願に乗託してこの境遇に落在するところに「現生正定聚」というありようがあるのである。

人はそのように、そこにおいて自己を証しする他者、あるいは無限を必要としている。それが「本願」である。人は最終的には、「本願」（如来の心）において自己を確証する。親鸞が「弥陀の五劫思惟の願をよくよく案ずれば、ひとえに親鸞一人がためなりけり」（歎異抄、『聖典』六四〇頁）というとき、彼は「自己の証し」（attestation）を本願に見いだしてそのように述べたのである。

したがって、注意すべきことは、「親鸞一人がため」の「一人」とは、自己を証しする以前の孤独な「単独者」としての一人ではないということである。単独者としての自己が初めにあって、その一人に如来が思いをかけ、はたらきかけると捉えたのではない。親鸞が、弥陀の本願において自己が証しされたと感得した限りにおいて、弥陀の本願は「親鸞一人がため」と捉えたのである。「よくよく案ずれば」という言葉がそのことを示している。親鸞は自己が証しされたところに立って、そこからその因としての本願に思いを致しているのである。

では、人はなぜそのように自己の証しを求めるのか。それは、自己が不透明で不確定な存在、正体が不明で正当化できない存在だからである。それゆえ、ハイデッガーのいうように、人は「良心」（Gewissen）をもとうと決意する」のでなければならない。自己が、デカルトのコギトのように、最初から明証で疑いないのであるなら、良心をもとうと決意する必要はない。なぜなら、自己は一切を基礎づけるものとして、最初から確実で揺るぎない根拠としてあるからである。

それゆえ、リクールは、デカルトの「コギト」（cogito）を「自己」（soi）と区別して、デカルトのコギトは「同」（idem）であって、「自己」（ipse）ではないという。デカルトのコギトは時間、空間を超出して、変化しない「idem」としての同一であって、したがって、確実だが血の通わない抽象的な存在である。デカルトの後、カントやフッサールにおいて捉えられた超越論的「自我」（Ich）もまた、そのような抽象的なものである。一方、「自己」（ipse）は「世界内存在」として、世界の諸事物と関わり、時間の中にあって変化を容れながら自己同一を維持している存在であって、「行為し苦悩しつつある」存在、感覚する「傷つきやすい」（vulnérable）存在である。リクールは、自己を、そのように不確かさの中にあって、確かさを求めている存在として、「裂かれたコギト」（cogito brisé）とした。そして、そのような時間の中にあって自己同一性を保っているものを「物語的自己同一」として捉えた。

ハイデッガーはそのような自己を「現-存在」（Dasein）と捉え、その内実は「気遣い」（Sorge）であって、その気遣いの中心を貫いているものを「良心」（Gewissen）をもたんとする決意としたのである。その良心の呼び声は現-存在の底から生じてくる。そして後になって、遺稿の『哲学への寄与』において、その「良心の呼び声」を掘り下げて、その底に「奥深い存在の呼び求める促し」を捉えるに至った。その意味で、ハイデッガーのいう良心の呼び声は、浄土仏教が「如来諸有の群生を招喚したまふ勅命」としての「欲生心」(信)とするものに連なるところがあるといえる。

シモーヌ・ヴェイユは、自己という言葉は使ってはいないが、それを「聖なるもの」と捉えている。それが「聖なるもの」であるゆえんは、それは「権利」や「人格」というような社会的威信と結びつく仮構物ではなく、その底に秘められた非人格的で「無名な質量」であって、「自らに善を欲し、禍や悪を避け、逃避所と熱を求めてかけまわる貧窮のうちにあるもの」(「人格と聖なるもの」『シモーヌ・ヴェーユ著作集』Ⅱ参照)だからである。これが自己である。それが「聖なるもの」であるゆえんは、それは無名で、護られておらず、傷つき壊れやすいからである。そして、善や超越的なものに感応しうるのは、この無名な質量の部分だけであるとする。ヴェイユもまた、自己を「引き裂かれたコギト」(cogito brisé)と捉え、その証しを超越的なもの、善との関わりにおいて求めたのである。

2　清沢、スピノザ、親鸞

本願を「私は誰か」という問いとの関わりから追究するのは、本願は究極において「私は誰か」という問いに応答するものであり、その問いを離れては意味をもたないからである。自己の証しと関わりのないところで本願が説明されるなら、それは本願の本質やはたらきから掛け離れたものになっている。本願は「証し」（attestation）の問題から追究されることで、哲学の問題の中に入ってきてその主要な位置を占めるものとなるのである。

清沢は自己とは何ぞやという問いにおいて本願という言葉を使ってはいない。しかし、彼が無限の妙用に乗託するということで捉えているのは本願力にほかならない。自己は本願に運ばれて現前の境遇に落在することができる。落在するとは文字通り「落ち込む」ことであるが、究極的には「落ち着く」ということである。人は何もないところに落ち着くわけにはゆかない。落ち込んだところに落ち着くのである。そのことを清沢は次のようにいう。

何物か是れ自己なるや。嗚呼何物か是れ自己なるや。曰く、天道を知るの心是れ自己なり。天道と自己の関係を知見して自家充足を知るの心是れ自己なり。

（『清沢満之全集』第八巻、四二四頁）

清沢はこのように、天道を知ることにおいて自己の証しを捉えたのである。

そのように自己の証しを神において捉えることを首尾一貫して説いた哲学者として、スピノザを挙げることができる。スピノザの「コナートウス」（conatus）の概念はそのことを示している。コナートウスとは、あらゆる存在者が内に秘めている「自己の存在を維持せんとする努力」、すなわち「在ろうとする欲望」（desir d'être）であるが、スピノザはそれを「神の自然」に由来するもの、すなわち、「神の自然」の

「人間における現れ」、もしくは「表現」と捉えた。したがって、人間がコナートウスの増大に喜びを感じ、その減少に悲しみを覚えるのは、エゴイズムや権力欲からではなく、神において自己を証しせんとする欲求に由来する。人間はコナートウスを増大せしめることにおいて、コナートウスの内に流れ込んでいる神の自然に参与して、神の浄福に至るのである。こうして、神の自然において自己を証しすることを、スピノザは哲学の中心の問題として一貫して説いたのである。

清沢は、一切を神の「様態」もしくは表現と見なすスピノザの思想に深い共感を示したが、スピノザが「様態」を静的・汎神論的に捉えていることに反対し、様態は、自らを無限に開発、発展しゆく動的なものと捉えなければならないと批判している。しかし、これはスピノザを汎神論と見なすことから生じる誤解であって、スピノザの「コナートウス」は実は、清沢がそうでなければならないと考えたような「動的原理」であって、それを増大することによって、浄福に至ることにスピノザの関心の中心があったのである。

清沢は「精神主義」において、エピクテートスに倣い、如何にして人は間違った判断を正すことによって煩悶・憂苦を離れ、精神の自由を得るかを説いているが、それはまさに、スピノザが正しい認識を得ることでコナートウスを増大させ、精神の自由を獲得しようとしたことと重なっている。

重要なことは、人間は自分を超えた無限との関係において自分を確認することで、有限な環境にあって、それを超えて生きる力を得てくるということである。スピノザの「コナートウス」が、人間における「神の自然」の表現であると同じように、「欲生心」は、「アミターユス」という「無量のいのち」の、衆生における「表現」である。その表現が「回向」にほかならない。表現とは、西田によれば、「絶対が自己否定的に自らを形成すること」であるが、表現が回向であるということは、「阿弥陀如来のいのちが衆生に本願という形をとって現れること」である。如来は、衆生の世界に「欲生心」という形をとって現れるが、それは阿弥陀如来の衆生に対する呼びかけである。衆生は回向されたその欲生心を通して「如来のいのち」に帰入するのである。

したがって、本願の思想は浄土仏教に固有なものではなく、人間に普遍的な思想だといわねばならない。スピノザはコナートゥスの増大を計ることで神の自然に参与し、「浄福」に至ることを説いたが、衆生は欲生心（信）において本願力に触れることで正定聚に住し、如来のいのちに帰入して無上涅槃を証するに至るのである。こうして、浄土仏教における「本願」、もしくは「法蔵菩薩」は、スピノザの「コナートウス」の概念に匹敵する位置をもつといいうるのである。

3　本願がはたらく場所としての大地

「本願とは何か」は、「自己を証しすること」との結びつきにおいて問うのでなければならないと述べたが、そのことはより突き詰めていうなら、「本願はどこにはたらくのか」を問うことである。本願はわれわれが生きている場、大地においてはたらくのでなければならない。そして、そのことを明らかにすることで、「回向」の問題の核心がどこにあるかがはっきりしてくると思われるのである。

親鸞は『教行信証』「化身土巻」の最後で、「慶ばしいかな、心を弘誓の仏地に樹て、念を難思の法海に流す」（『聖典』四〇〇頁）と述べている。この言葉で、親鸞は、本願がわれわれの生きる大地においてはたらいていることに注目している。われわれが大地において本願に触れて、そこで生きることを、親鸞は「心を弘誓の仏地に樹て」るというのである。

本願がどこにはたらくのかを問うことで、「回向の問題」がはっきり捉えられる。というのは、回向の要は如来が衆生の世界に自らの姿を変えて現れるところにあるからである。ところが、われわれは、往々にして、本願をそれがはたらく場所と切り離して、それだけで考えようとする。例えば本願を説明するに際して、われわれは「願われている」とか、「思いをかけられている」といわれるのをよく聞く。子どもは親から丈夫に育ってほしいと願われているように、われわれ凡夫は如来から願いをかけられているのだといわれる。たしかに、そうに違いない。しかし、本願がそのように説明されると、どこかひっかかるものがある。その説明のどこに問題があるのか。それは、本願が衆生に対して直接的にはたらきかけ、衆生がそのはたらきをもっぱら受動的に受け取るように考えられているところにある。そのため、本願は幽霊か何かのように空を飛んで、われわれに思いをかけているものとなり、本願は、何か宙に浮いた空疎でセンチメンタルなものになるのである。本願がはたらく場所と関わりなしに、それ自体で直接的に人間にはたらくように考えられているところでは「回向」の問題は現実的にならない。

それゆえ、本願に関して深く思いを致さねばならないのは、本願はわれわれ自身において、そして、われわれが生きている世界、国土、環境、つまり、正報と依報において、いい換えるなら、宿業の世界においてはたらいているということである。したがって、本願はわれわれの生きる宿業の世界の日々の出来事との関わりにおいて感得されるのでなければならない。曽我は、宿業は本能だと述べたが、われわれの生きている宿業の世界が本能の世界であるということは、宿業の世界において一切の生き物が、個々別々でバラバラではなく、相互に感応道交し合って生きているということである。したがって、われわれの生きる宿業の世界は無限に広く深い世界である。そういうわけで、曽我は次のようにいう。

我々は太陽を感ずる、月を感ずる、山を感じ河を感ずる。国土を感ずる、……親を感覚し、……自分及び他人を感覚する。しかもそれを感覚する世界は、外にあつては広大無辺であり、内にあつては深きこと涯底がない。（『講義集』第四巻、二一八頁）

本願は、そのような、われわれが生きている宿業本能の世界の底に潜んではたらき、本能によって感得される。曽我はそのことを、本願が本能の世界にハズミで出現してくるという。こうして、本願は、それがはたらく場所である宿業との関わりにおいて捉えられることで、「回向」が現実的な意味をもってくるのである。

回向とは、宿業本能の世界に本願がハズミで出現してくることである。それはどういうことか。先に見たように、曽我は、宿業本能の世界は、そこにおいて一切が感応道交し合っている広く深い生命の世界であるとした。しかし、われわれの生きる世界は、本来はそうであっても、現実的にはそうではない。宿業の世界が感応道交の世界であるなら、そこでは本能は直ちに本願であるはずである。しかし、われわれが生きる宿業本能の世界が、現実的には、感応道交が断たれた、差別と不平等の世界、苦悩に満ちた不如意の世界、業繋の世界であるがゆえに、そこに本願が出現してきて、それによって差別が乗り超えられるのでなければならない。それは身体が傷つくなら、それを癒すものとして、より大きな生命力が身体の底から出現してきて、それによって傷が自然に癒えることに似ている。病気の回復期に私たちは、そのような瑞々しい生命力が出現してくるのを感じる。そのことを曽我は、本願が本能の底からハズミで出現してくるというのである。それは新しい「いのち」が賦与されることである。回向とはそのことにほかならない。

宿業の世界において本願が感得されることで、宿業の世界の眺めは変わってくる。宿業の世界を覆っていた苦悩の重力は取り除かれ、衆生はともかくもその中に立って呼吸しうるようになる。そこに浄土の感触がある。その感触は「浄土の荘厳」として捉えられてきた。清沢はそこに「絶対無限の妙用に乗託して現前の境遇に落在する」という事態を捉えた。そのことは、「骸骨期」の言葉でいえば、「無限が有限となって、有限の内から働きかけ、有限を無限に化すること」であるが、そのことが、浄土仏教においては「回向」といわれてきたのである。回向とは、無限が有限となって有限の世界に入ってきて、有限を無限へと転ずることである。それは、如来が自らを否定し、本願となって大地に降りてきてはたらくことである。それゆえ、衆生は直接に本願に触れるのではなく、大地を通して、大地において間接的に本願に接するのである。浄土仏教において「浄土の観念」が大きな位置を占めるのは、それが「回向の概念」と深く結びついているからである。

真宗において、浄土は本願のはたらく場所であるが、それは「報土」といわれている。衆生の生きる宿業の世界が、本願に照らされ、本願のはたらきがそこに感得されることでそれが浄土となるがゆえに、報土といわれ、そこに生きることが「往生」といわれてきたのである。それゆえ、宿業の大地と浄土は同じ生地で織られているといえる。宿業の大地という横糸に本願という縦糸が織り合わされることで宿業の大地は浄土の荘厳となるのである。

回向とは、無限が、われわれが生きる有限の世界に形を変えて現れることで、われわれが無限へと化されることである。したがって、重要なことは、回向は如来と衆生の二項でなく、如来と衆生と環境との三項において捉えられなければならないということである。衆生の住む環境に如来が本願となって現れるところにおいて、回向が具体化するのである。

4　約束としての本願

本願の思想において注目すべきことは、それは環境、つまり、土においてはたらくということであるが、そのことと結びついて注目されるべきことは、本願は土においてはたらくとき、「力」となるということである。そこに「本願力」という概念が生じる。本願力は、本願が現にわれわれのもとではたらくときにとる現実的な姿である。本願が土においてはたらくがゆえに、本願は本願力とならねばならないのである。曇鸞は、本願力は「本の法蔵菩薩の本願」と「今日弥陀の仏力」の二つが合わさることによって成立するとして、本願が力となってわれわれのもとではたらくには、法蔵菩薩の本願に、さらに阿弥陀如来の「仏力」が加わらねばならないとした。

しかしながら、他方では、法蔵菩薩の本願が「大願業力」といわれ、本の本願そのものが力といわれていることに注意しなければならない。では、法蔵菩薩の本願がなぜ力なのか。それは法蔵菩薩の本願が単なる願ではなく、誓願であり、約束であるからである。それはいったいどういうことか。

本願が力であるということは、本願のはたらく場が衆生の生きる場所としての土であるということ、そして、本願が約束であるということによる。本願が単なる願であるなら、それは個人の恣意に委ねられていて、廃棄されることもありうる。しかし、本願が約束であるなら、それは他者との関係に置かれていて、個人の都合で廃棄されてはならないのである。

約束が純粋であるゆえんは、約束は個人の恣意性を排除するからである。約束には、途中で不都合な事態が生じたとしても、それによって破棄されてはならないということが含まれている。そこに約束には個人の主観性を乗り超える無私性、心情の純粋さがなければならないゆえんがある。それゆえ、気ままで横着な者、自己本位的な者は約束することはできない。そこに法蔵菩薩の願心が純粋で清浄であり、「菩薩の行を行じたまいし時、三業の所修、一念・一刹那も清浄ならざることなし、真心ならざることなし」（教行信証・信巻、『聖典』二二五頁）と親鸞がいうゆえんがある。純粋なものは約束である。法蔵菩薩の本願が誓願であり、五劫の思惟と十劫の修行によって成就したということは、その約束が不壊で、不朽で、不虚作であるということであり、そこに、法蔵菩薩の願が「大願業力」であるといわれるゆえんがある。

約束が力であるということは、それが実現されていなくてもすでに実現されたと同じ効力をもつということである。そこに当益が現益であるゆえんがある。東京行きの列車は、英語では「This train is bound for Tokyo」といわれるが、それは、この列車は東京へ行くよう定められ約束されているということである。したがって、それに乗った人は、その時点ですでに東京に着いている。それゆえ、その列車に乗った人は、そこで本を読んだり、しゃべったり、時には眠ったりすることができる。ところが、この列車は東京へ行こうと願っている、あるいは意志しているといわれるならどうか。それに乗った人は東京に着くまで眠ることはできない。列車は途中で気が変わって東京とは別のところに行くかもしれないからである。法蔵菩薩がその誓願を成就して阿弥陀如来になったということで、その約束は不壊となった。そこに本願力が「不虚作住持功徳」であるゆえんがある。「約束」であるがゆえに、「空しく過ぎる」ことはないのである。

すぐ戻るからここで待つようにと子供にいい残して、母親がその場を離れた場合、その言葉が子供をその場所で待たせる力をもつのは、それが約束であり、子供は母親が約束を守ると信じているからである。ところが、愚かな子供なら、泣きわめいて母親を捜し歩いて、その結果迷子になる。その子供は約束を反《ほ》故《ご》にしたために、母親は子供を見つけることができなくなってしまうのである。

如来の本願もそれが約束であることにおいて、事態は同じである。法然は「念仏を申すことが正定の業であるのは、それが仏願にかなうからだ」という善導の言葉に触れて、ぱっと目の前が開かれ落涙したといわれている。「仏願である」ということは「仏の約束である」ということである。この言葉が、法然をして浄土宗を設立せしめる力となったのは、法然は、仏願、つまり「仏の約束」こそが唯一確かな実在であると感得したからである。その意味で、法然は母親の言葉を信じて、その場所にじっととどまった賢い子供と、その本質において差はない。

では、法然とわれわれの違いはどこにあるか。それは、われわれは約束を反故にして直接母親を捜して歩く愚かな子供に似ているということである。如来の約束以外に如来に出遇うもっといい方法があるのではないかと考えて、捜し歩くために、如来とすれ違って迷子になってしまうのである。親鸞は「信巻」の「別序」において「しかるに末代の道俗・近世の宗師、自性唯心に沈みて浄土の真証を貶す、定散の自心に迷いて金剛の真信に昏し」（『聖典』二一〇頁）と述べて、「本願の信」を外れて、それ以外の道を探し求める心を批判しているが、そのような定散の自心や自性唯心が、われわれ愚かな子供の心である。それは、如来の本願が如来の約束であるということを忘れるのである。

約束を実在と感得したものにとって、約束は力となり、時間・空間の中にあって、時間・空間を超出する力をもつ。法然にとって、善導から教えられた「仏願にかなう」という如来の約束は、そのような力をもったのである。

ところで、衆生にとって如来の本願がそのような力をもたないのは、衆生は、本願が如来の約束であることを感知しえない愚かな子供だからであるが、しかし、一概に衆生ばかりを悪いと非難するわけにはゆかない。如来の約束が衆生にとって実在性をもたないのは、如来の方にも責任があるといわねばならない。それは衆生にとって、約束した当の如来がどこにいるのか分からないからである。約束した当人がどこかに消えてしまったとなれば、約束は無効で不渡り手形となる。法蔵菩薩が必ずおまえを助けると約束したとしても、彼自身がどこかに消滅したとなれば、衆生の心は浮足立って自らをある一点に思い定めることはできなくなる。

『大無量寿経』において、阿難は釈尊に、「法蔵菩薩ははたして本当に成仏したのか、そして今どこにいるのか」と尋ねている。これは実に深刻な問いだと思うが、釈尊は、それに対して、「法蔵菩薩はすでに成仏して、今は西方十万億土の安楽国にいる」と答えている。阿難はそれ以上追究していないが、そこで阿難に代わって次のように問う者が出てきたとしても不思議ではない。「法蔵菩薩は、その四十八願の最初の願で、国に地獄・餓鬼・畜生があれば正覚をとらじと約束したが、今なお国に地獄・餓鬼・畜生はなくなってはいない。それなのに、法蔵菩薩が成仏して西方浄土にいるというのはおかしな話ではないか。それは、法蔵菩薩が約束を果たしえないと見限って、西方十万億土の彼方に逃亡したということと同じではないか」と。この問いは理に適っている。阿難もそういう不審を感じて、釈尊に、法蔵菩薩は今どこにいるのかと尋ねたのだと思われる。

では、法蔵菩薩がその誓願に破綻を来し不渡り手形を出して逃亡したのでなければ、法蔵菩薩は、実際はどこにいるべきなのか。約束は、何よりも約束した当人を縛るものでなければならない。法蔵菩薩の約束が破綻したのであるなら、法蔵菩薩は西方十万億土の安楽国に逃亡するのもやむをえないが、そうでなければ、法蔵菩薩は娑婆世界に戻って、約束が不渡り手形になったのではないことを保証し続けなければならない。そこに、法蔵菩薩が娑婆世界にあって衆生と安危を共にしなければならないゆえん、法蔵菩薩の本願が「大願業力」であるといわれるゆえんがあると思う。

では、法蔵菩薩が衆生の世界にいるとはどういうことか。それは「自己の肉体に法蔵菩薩を感覚する」こと、「機の深信を通して生身の法蔵菩薩を感ずる」（「歎異抄聴記」『選集』第六巻、一六〇頁）ことであると曽我はいう。

法蔵菩薩とはどんな方か。我れこそ法蔵菩薩であるとはいはれぬ。「自身は現にこれ罪悪生死の凡夫、曠劫よりこのかた常に没し常に流転して出離の縁あることなし」と深き自覚をもつてゐる主体が法蔵菩薩であり、それが阿弥陀如来となつたのであつて、我れこそ法蔵菩薩なりと名のりあげた人は阿弥陀如来にはならぬ。法蔵菩薩は本当に責任を重んじ、一切衆生の責任を自分一人に荷ふ感覚の深い方である。一切衆生の足で蹴られ踏みにじられても腹を立てぬ方が法蔵菩薩である。（同書、一六一頁）

そのような存在として、

法蔵は何処にも居られる。あすこにも、こゝにも居られる。たゞ我れという執着をとつてしまへば世界全体至るところに法蔵菩薩はましします。……機の深信に依つて我執をとれば目に見えるところ悉く法蔵菩薩である。（同書、一六二頁）

自己を空しくして衆生に同体し、衆生の悩みを支えている存在が法蔵菩薩であり、そのような「法蔵精神を感得するものが浄土真宗である」と曽我はいう。

法蔵菩薩が阿弥陀如来の安楽国から衆生の娑婆世界に降りてきて、衆生と同体してはたらいているところに「回向」といわれることがあるが、それはキリスト教において「インマヌエル」（神、われらと共にいます）といわれていることである。回向やインマヌエルということは、如来や神が自己否定してこの衆生の世界に現れ、そこで、衆生と一体となってはたらいているということである。そして、如来の回向は、その願が約束であることから必然的に帰結する。如来の本願が約束であることと、如来が衆生のもとにとどまることを自らに引き受けたこととは一つである。そこに如来の大悲心が回向心であり、そして、法蔵菩薩の本願が「大願業力」であるゆえんがある。

5　回向と場所的論理および逆対応

以上、浄土真宗の教えの根幹をなすものとしての「本願」と「回向」の思想について見てきた。清沢の「他力門哲学骸骨」は、浄土真宗の骨格を有限・無限という観念によって捉えようとしたものであるが、同じように、浄土真宗の内的構造の論理を明らかにしようとしたものに、西田幾多郎の「場所的論理と宗教的世界観」がある。そこにおいて、西田は本願を「仏の呼び声」と捉え、また、回向を「表現」と捉えて、その核心を「場所的論理」と「逆対応」という概念によって明らかにしている。そのことについては前章において述べたので、それを参照していただきたい。

そこで西田は「仏の呼び声」を重視し、「仏の呼び声が聞かれないものは浄土真宗ではない」と述べている。いったい、「仏の呼び声を聞く」とはどういうことか。それは「呼びかけが人を救う」ということである。なぜなら、人は呼びかけられることで自己が肯定され、自己に存在が付与されるからである。「自己を証するものとしての本願」ということで述べてきたのは、そのことであった。

その「呼びかけ」について述べた曽我の文章があるので、少し長いがそれを引用しておきたい。

呼びかけて救う。我々の教えには呼びかけがある。大体これは真宗の教えだけの特別なものと言うが、何ごとも本当の世界には呼びかけというものがある。人生には呼びかけがある。これがなければ人生は何も出来ぬものである。南無阿弥陀仏は人生の呼びかけである。この南無阿弥陀仏の呼びかけに遇うて始めて我々に現在が成り立つ。春になれば田や畠から呼びかけられる。野に山に花が咲く。これは全く時節到来してである。これ時なりである。……しかし咲かぬ花は誰も見に行けぬ。……しかし一旦時節到来して花が咲く、つまり呼びかけられると勇み立って競い出かける。自分の都合なぞ言っておれぬ。これは催促されたからである。

これは何も遊ぶだけではないので働くこともみな催促である。我々の世界は催促がなければ何も出来ぬ。畠の野菜、田園の苗、みな我々に先立って我々を催促する。先手の呼び声である。この呼び声に遇うと、もうかまわずにはおれぬ。母親が子を育てるのも一緒である。子が呼びかける、子が呼ぶとかまわずにおれぬ。忙しいとか、たとい病気であろうと眠たかろうと、自分の都合を忘れて、むしろ悦んで呼びかけに応ずる。呼びかけがないと我々はみな自分で行かねばならぬ。……そうでない。田圃に呼びかけられて、応えていそいそと出るのである。円満大行と言うが、それは大きな仕事とか、これ見よがしの仕事を言うのではない。心から満足して、その事一つでもう充分である。自分はどうなってもよい。それが円満大行というものである。

（『講義集』第九巻、二〇九〜二一〇頁）

親鸞は、法蔵菩薩がそのように衆生の世界にあって呼びかけていることを「この如来、微塵世界にみちみちたまえり。すなわち、一切群生海の心なり」（唯信鈔文意、『聖典』五五四頁）と捉えたのである。

Ⅲ　本願と回向の思想

親鸞の回向の思想
——表現としての回向——

1　回向の概念

回向の思想は親鸞の思想の根幹をなしているが、親鸞は『教行信証』をいきなり二種の回向があるという書き出しで始めているため、親鸞の回向の思想は通常は二種回向を中心に論じられている。しかし、ここでは二種回向に先立って、親鸞は回向をどのように捉えたかを見ておきたい。

回向とは、サンスクリットの原語ではパリナーマ（pariṇāma）であり、「転変すること」、「形を変えて現れること」を意味する。それは、日常生活においても用いられていて、牛乳がヨーグルトに変ずるように、あるものが熟して別のものに転ずることを意味する。この「パリナーマ」という語は、唯識において「識の転変」（vijñana-pariṇāma）という意味でも用いられている。すなわち、アーラヤ識において種子が現行に転じ、現行がその薫習を残して種子に転ずることがパリナーマといわれている。その語が「回向」と漢訳されて仏教に取り入れられ、大乗仏教の中心を占める概念となった。そこでは、回向は「自ら修めた功徳を他者のために振り向けること」、または「功徳を他の目的のために振り替えること」という意味になったのである。

梶山雄一は、回向の概念の多様な用例を整理して二つにまとめている。一つは「方向転換」の回向であり、もう一つは「内容転換」の回向である。方向転換とは、「本来ならば自分にしか返ってこないはずの自分の善行の功徳を、方向を替え、他人にめぐらし、与える」（『梶山雄一著作集』第六巻、二五〇頁）ことであり、これは「衆生回向」といわれる。それに対して、内容転換とは、「自分の為した善行の功徳を、自分の幸福という世間的なものに成熟させるのではなくて、質を転換し、出世間的なさとりのためのものとする」（同書）ことであり、これは「菩提回向」といわれる。そこで簡単にいうなら、方向転換とは「振り向ける（ふりむける）」ということであり、内容転換は「振り替える（ふりかえる）」ということになるという。回向はこの二つのいずれか、あるいは両方を意味する。註1

では、浄土仏教において回向という概念はどのように用いられているか。その典型的例として挙げられるのは『観経疏』における善導の言葉である。善導はそこで回向を「この功徳をもって一切に平等に施し、菩提心を起こして共に安楽国に生まれようと願うこと」としている。この言葉は「回向文」と呼ばれて、回向という概念の根幹を示すものとなっている。また、親鸞は『教行信証』「証巻」において、曇鸞の『浄土論註』の文を引いて、「おおよそ回向の名義を釈せば、謂わく己が所集の一切の功徳をもって、一切衆生に施与して、共に仏道に向かえしめたまうなりと」（『聖典』二九三頁）と記している。浄土仏教の祖師たち、そしてまた親鸞も共通して、回向を「自分の修めた善行の功徳を衆生にめぐらし向けて、共に悟りをうるように期すること」という意味で用いている。回向の意味はおよそこのように定められ、固定され、したがって今日、英訳では“merit transferance”という術語が用いられている。

では、回向の思想は民衆にどのようなはたらきを及ぼしたか。それは、それまで民衆を縛ってきた「輪廻転生」や「自業自得」といった業報の思想からの解放をもたらした。業報の思想は、民衆を繰り返しの必然性の輪や自己責任の重石の中に閉じ込める、救いのないものであった。それは脱することのできない重力によって人々を苦悩の泥沼に沈没させるばかりで、内に解放の原理をもたなかった。回向の思想は、そのような業報の思想の軛から民衆を解放する方向にはたらいた。その意味で回向の思想は業報の思想の「他者」であった。そのようなものとして、回向は大乗仏教の中心を占める思想となったのである。

註1

梶山は回向という概念をより分かりやすくするために、「預金」に譬えて説明している。預金は自己が努力して作り上げたものとして、自己の積んだ功徳であり、自分の修めた善根であるといいうる。それは自分のものであって、譲渡不可能性を示している。しかし、それは他者に譲渡することができる。それが「方向転換」としての回向である。回向はそこでは贈与のことである。それは布施である。一方、預金はそれ以外の別の内容に変えることができる。それは、食料などの生活用品に、あるいは旅行や趣味に、さらにはさとりに転換することができる。それは「内容転換」としての回向である。布施はこの二つの意味を同時に含んでいる。それは自分の功徳を他者に振り向けることで、それを自らの幸福やさとりに振り替えるのである。

2　親鸞の回向の思想とその問題点

では、親鸞は回向をどのように捉えていたか。先に見たように、親鸞は、回向を「己が所集の一切の功徳をもって、一切衆生に施与」することとしていた点において、先人と基本的に変わりはない。ただ、親鸞の回向理解の独自性は、回向の主体を衆生から如来に転じ、回向を如来のはたらきと捉え直したところにある。

回向は、それまで、衆生のはたらきと見られてきた。浄土仏教の祖師の世親や曇鸞は、回向は如来を増上縁とすると述べてはいるが、そのはたらきの主体を善男子・善女人、つまり衆生に捉えていると見なされてきた（もっとも、梶山は、世親や曇鸞のテキストを精査すると、彼らは回向を如来のはたらきと捉えていたことは間違いないと述べている。『梶山雄一著作集』第六巻、四六四頁参照）。ところが、親鸞は回向の主体を衆生に捉えることに根本の疑問を抱き、方向を逆転して回向を如来のはたらきとした。

衆生は如何に努力しても、自らの力によって菩提を証することはできない。衆生は自らの功徳を用いて如来の世界に至ることができないばかりか、実は、如来に思いを致すことさえもできない。この如何ともしがたい現実を、親鸞は曇りなき目で見つめた。人間は独力で如何に高く飛び上がってもついには地上に落下せざるをえない。その結果、親鸞は、衆生が如来の世界に生まれるには、自分を超えた如来の力によって引き上げられるのでなければならないと確信するに至った。衆生が如来を探すのではなく、如来が衆生を探すのである。こうして親鸞は、それまで衆生の上に見られていた回向の主体を、衆生から如来に転じ、自力回向から他力回向に転じたのである。ここに親鸞の回向の思想の独自性があることは周知のとおりであって、改めていうまでもない。

しかし、ここで考察しようと思うのはそのことではない。そのことと結びついて派生してくるもう一つの問題である。それは、回向の主体を衆生から如来に転ずる場合、従来の回向理解の枠組みはそのままでよいか、むしろその回向理解の枠組みそのものを変えなければならないのではないかということである。親鸞が回向の主体を衆生から如来に転じたとき、「功徳を他に振り向ける」、あるいは「別のものに振り替える」という、それまでの回向理解の枠組みを変えたわけではなかった。そのことは、先に見たように、『教行信証』において親鸞が曇鸞の言葉で、「およそ回向の名義を釈せば、謂わく己が所集の一切の功徳をもって、一切衆生に施与して、共に仏道に向かえしめたまうなりと」（証巻、『聖典』二九三頁）と確認していることからも知られる。しかし、この回向理解の枠組みは、親鸞の回向の思想の深みに届きえないのではないか、というより、その深みに至ることを妨げているのではないか、より直截には、親鸞の他力回向の不適切な理解を招いているのではないか。そのことを考察してみようと思うのである。

このことは従来、突き詰めて考えられてはこなかったように思う。しかし、そのために、親鸞の回向の思想の要、あるいは焦点となるところが的確に捉えられず、全体として曖昧さが残った。とりわけ、阿弥陀如来と法蔵菩薩との関係、および本願の思想がはっきりと捉えられなかった。それゆえ、回向とは何かということも最終的にははっきりしなかった。それゆえ、ここでは従来の「自らの功徳を他に振り向ける、あるいは振り替える」という回向理解の枠組みは、はたして親鸞の回向思想を捉えるには適切かを検討してみたい。

まず、従来の回向理解の枠組みが如来を主体とする親鸞の回向思想を理解する上で妨げとなっているところを指摘しておきたい。

(1)「自らの功徳を他に振り向ける、あるいは振り替える」という回向概念は、曽我の言葉を借りるなら、回向を「もののやりとり」のようにする。「廻向は仏と対立して向ふから下さる、こちらは受取る、仏と我々とものの やりとりすることだと思つてゐる。御受取りと手を差出すといふやうに解釈してゐるものがある。さうではない」(「感応の道理」『選集』第十一巻、一〇三頁)と曽我はいう。つまり、「振り向ける」という回向の理解は、回向を「いただく」というふうに受け取って、他力とは自己の外から受け取ることだという理解を生じるのである。他力をそのように受け取ることは、回向が信において感得される事柄であることを見失わせる。あるいは、信が自己の内奥において「獲得される」事柄ではなく、物のように外から「いただく」事柄であるという誤解を生じさせる。信がそのように解されるかぎり、信は自分の手から滑り落ちてしまう。

(2)「功徳を他に振り向ける」という回向理解は、親鸞が回向の要に捉えた「法蔵菩薩」とその「本願」の深い意味を摑むことを妨げる。『大無量寿経』では、法蔵菩薩は阿弥陀仏の前身として説かれ、それは本願を成就して阿弥陀仏となり、西方安楽国に去って現在そこに住していると語られている。しかし、その阿弥陀仏が自らを否定し、法蔵菩薩に形を変えて衆生の世界に現れるところに、「回向」の深い意義がある。だが、「功徳を他に振り向けること」とする回向理解では、阿弥陀如来が自らを否定し、法蔵菩薩となって衆生界に出現したという、回向の要となる自己否定の精神に深く思いを致すことができない。それゆえ、回向概念は、「功徳を振り向ける」を超えて、その原意の「形を変えて現れる」（パリナーマ）という理解にまで深めて捉えられなければならない。そこにおいて、回向が如来の本性としての大悲心に発するということに、深く思いが致されるようになる。

(3)　回向が「功徳を振り向けること」とされるところでは、『教行信証』において、教・行・信・証が如来によって「回施」されたと説かれていることの真意が明らかにならない。その理解の枠組みでは、教・行・信・証が、阿弥陀如来によって、あたかも祭りの餅撒きのように、高い櫓から手摑みで衆生の上にばら撒かれたかのようなアブサードな（馬鹿げた）印象を受ける。その限り、教・行・信・証は自発性をもたない「物」となり、衆生において救いと覚醒を生ずる能動的原理とはなりえない。それゆえ、回向は、阿弥陀如来が「自らの功徳を他に振り向ける」という他動詞ではなく、阿弥陀如来が自らを否定して衆生の世界に「形を変えて現れる」という自動詞として捉えられるのでなければならない。そこにおいて、教・行・信・証が如来の回向であるということの真の意味も理解しうるものとなる。

（4）回向が「功徳を他に振り向ける」とされるところでは、回向のはたらく場所、あるいは、衆生が回向を感得する場所が押さえられない。そのために、回向のはたらきは宙に浮いて現実性をもたないものとなる。如来の回向のはたらきは、それが衆生の宿業の世界において受け取られ、感得されることで、初めて現実的となる。そのことを示すものが本願であり、法蔵菩薩である。回向の思想の要は、阿弥陀如来が衆生の世界に法蔵菩薩となって出現してはたらいているところにあるのである。

以上、回向を「功徳を他に振り向ける」ことと理解するときに生じてくるいくつかの難点を示した。そのことでいおうとするのは、回向の主体を衆生から如来に変えるとき、回向理解の枠組みもまた変えられねばならないということである。つまり、「功徳を他に振り向ける」という他動詞としてではなく、「形を変えて現れる」という自動詞として捉えられなければならないということである。

いったい、回向が「仏とわれわれとの間でもののやりとりをすること」のように解されることになるのはなぜか。それは、私見であるが、原語のパリナーマが漢語で「回向」と訳されたことに多分に起因すると思われる。漢語の「回向」の「他に回らす」、「趣向する」という意味に強く規制されて、「自分の修めた功徳を他に振り向ける、あるいは振り替える」という他動詞的な回向理解が確定したと考えられる。その結果、本来一つであった「回向する主体」と「回向される内容」が切り離され、方向転換と内容転換の二つに分けて捉えられるようになった。すなわち、回向する主体が、自分の意志によって、回向の内実である功徳を目的として、自己の持ち物や品物のように他者に振り向ける、あるいは別の内容に転換するという意味合いが生じることになったのである。回向する主体と回向される内容を区別し、回向される内容を回向する主体の外に置いて、これを主体が思いのままに処理するというような回向の理解には、そのような漢訳の圧力がはたらき、意味の変質が生じているように思われる。そのことは、回向のサンスクリットの原語の「パリナーマ」が「回向」と漢訳されることで、西田幾多郎の言葉を借りるなら、「場所論的」に捉えられるべき回向が「対象論理」に絡め取られることになったということである。その結果、「自覚の事実」であった回向が対象化され、「もののやりとり」のようになった。それゆえ、回向の深い意味を摑むには、それを、漢訳の「振り向ける」を基本として理解するのではなく、漢訳される以前の原語の「形を変えて現れる」（パリナーマ）に立ち返って捉え直すのでなければならない。そうして初めて、親鸞の回向理解の深い意味が見えてくると思う。

3　表現としての回向

回向を、その原義の「形を変えて現れる」（パリナーマ）に溯って捉えるということは、「回向」を「表現」と捉えることである。回向をそのように捉えているのが曽我である。それはどういうことか。少し長いが、曽我の文章を引用しておきたい。

然らば廻向といふことはどういふことであるか、廻向といふことはつまり表現するといふことである。昔からして廻向といふことは施すことだ、廻施することである、己を廻して他の衆生に施すことである、浄土真宗に於ける廻向とは何ぞや、つまり如来の衆生廻向である、如来が自己の功徳を他の衆生に施すことである、かういふ工合に解釈してをりますが、それは無論それに違ひないと思ふのでありますす。しかし私は単にさういふ工合に解釈することだけで満足しないのであつて、私は廻向といふことは表現といふことである、浄土真宗の廻向は表現廻向であると思ふのであります。

表現廻向とは何であるか、表現廻向といふのは自身の才、知恵、自分の意志、意欲といふものを以てあゝしようかうしようといふやうに考へることではないのでありまして、たゞ水が高きより低きに流れるやうに、水が流れるときにはそこに石があつても無闇にこれを突き飛ばして流れない、或は水の渓流になるときには随分石や岩を突き飛ばして流れることもあるでありませうけれども、普通の水といふものはさういふものでない、岩があれば岩を廻つて流れる、何所の川でもさうでせう、真直に流れてゐるのは一つもない、皆うねうね廻つて流れてゐる、そのうねうね曲つて流れてゐるといふことは何物にも逆らはず低い所を尋ねて、さうして何物にも邪魔されないやうに、つまり自分自身の本性といふものによつて何物をも邪魔しないで、さうしてあらゆるものに従順して流れてゆくといふのが水の本性である、さういふことが、私は廻向といふ意味ではなからうかと思ふのであります。

（「本願の仏地」『選集』第五巻、二六二〜二六三頁）

曽我がここで指摘しているのは、「自らの功徳を他者に回施する」とする従来の回向理解のもつ問題点、もしくは難点である。如来の回向が「自分の功徳を他に振り向ける」ということであるなら、それは自分の意志や才覚でもって、ああしようこうしようとすることであって、そこでは、思いどおりにならない石や岩に出くわすなら、それを突き飛ばして進むという印象は拭いえない。回向の主体の自己主張、勝手気ままさ、恣意性がそこに入り込んでくる感がある。それに対して、回向が、水が高きから低きに、岩や石の間を自らの形を変えながら流れていくことだとするとき、回向とは、主体が自らを否定して、他のものに随順して自らを変えつつ、他のものによって自ら表していくということになる。回向が、もろもろの縁に随順して、形を変えて現れるというのは、如来が衆生の世界に、それに応じて自らの形を変えつつ、現れるということである。それが「表現」ということである。回向が表現であるということは、阿弥陀如来が自らを否定して、法蔵菩薩に形を変えて現れることである。そこには、「如来が自らの功徳を他に回施する」こととは違った趣がある。それは如来が自らを否定するということである。そこに回向が如来の大悲心であり、大悲心から必然的に生じてくるとされるゆえんがある。

回向が、如来が「自らの功徳を他に回施する」ことであるなら、そこでは如来が自分の意志を通す恣意性の名残りがあって、回向は偶然的であり、必然的ではなくなる。しかし、回向が表現であるなら、そこには如来の徹底した自己否定があり、その自己否定から如来の純心、真実心が感得されてくる。如来は自己否定して衆生の世界に随順するがゆえに、衆生の世界を超えるのである。

信が無理にかういふことをしたい、あゝいふことをしたいと考へて行くのではなしに、信自身が自分の本性に従つて自然にあらゆるものに随順してゆく、あらゆる総べてのものに随順してゆく、それが即ちあらゆるものを超越するのであります。あらゆるものに随順して而も超越してゐるのであります。随順するが故に超越するのであります。……総べてのものに随順するが故に総べてのものを超越してゆくところが、即ち私は本願廻向、廻向表現といふ意味ではなからうかと思ふのであります。

（同書、二六三～二六四頁）

と曽我は述べる。それゆえ、回向において重要なことは、如来が自らを否定し、空しくしたということである。したがって、回向は「功徳を振り向ける」というような直接的、意志的な意味においてではなく、「表現」という、内に否定を含んだ意味から捉えられるのでなければならない。

ところで、「表現」という概念を厳密に規定して、その哲学の主要概念として用いているのは西田幾多郎であるが、西田は「表現」の概念をライプニッツにまで立ち返って捉えている。ライプニッツは、二つのものの間に恒常な関係があるとき、一方が他方を「表現する」という。[註2]

そのことを阿弥陀如来と法蔵菩薩との関係でいうなら、阿弥陀如来は衆生の世界に法蔵菩薩に形を変えて現れるということである。そのことが回向の原意としての「形を変えて現れる」ということなのである。

註2

例えば、京都とそこに住む人々との間には恒常な関係があるというとき、京都はそこに住む人々を表現し、そこに住む人々は京都を表現するといいうる。あるいは、京都はそこに住む人々によって自ら表現し、京都に住む人々は京都によって自らを表現するといいうる。

4　表現の概念

回向が表現であるということは、絶対者が相対の世界に相対の相をとって現れるということである。そのことは、浄土真宗に即していうなら、阿弥陀如来が衆生の世界に法蔵菩薩となって現れるということである。絶対者の表現回向において、絶対者は自らを絶対者としてではなく、相対に姿を変えて、相対の世界に現れる。そこに、回向が、絶対者の自己否定として、大悲心であるゆえんがある。回向が「功徳を振り向ける」こととされるかぎり、回向の要となるこの絶対者の自己否定という事態に光が当てられない。そこに、回向の概念が変えられねばならないゆえんがある。このような回向の構造の要となるところに光を当てたものとして、武内義範の比喩【比喩Ⅰ】と西谷啓治の比喩【比喩Ⅱ】を見ておきたい。

【比喩Ⅰ】

深山の中の池に水浴びのために訪れた一羽の小鳥の譬えをもう一度呼び起こそう。そこは枝々はひそやかに池の面をおおい、行く白雲も、空飛ぶ鳥の影もその姿を映さないような鏡のような水面であった。しかし小鳥が水浴びすると水面は小鳥をむかえて、小鳥の水浴びするその点を中心として、波紋を次々に岸辺へとなげひろげた。岸に立ってそれを眺める私には、小鳥が水浴びをするので、波がそこから起こり岸へと寄せてくることが理解される。しかしもし私が存在せず、小鳥の訪れを知るものが小鳥と水面だけであったとしたならばどうであろうか。小鳥は敏感であって、絶対に人の気配のあるところには近づかないとしてもよい。その場合水面にとってこの小鳥の訪れを表現する方法は、小鳥の接した水面の点を中心として平面上に繰り広げられるいくつかの波紋の同心円による以外はないであろう。水面は自己を垂直に貫くという仕方で訪れたものに対する感動と心情の慄えを一度は拡散してゆく同心円に託して伝え、さらに再び同心円を外から内へと、ちょうど小鳥が水面に接したその中心点にまで、逆に縮約してゆくことによってでなければ、さきの垂直の方向を指示し、象徴することはできない、とわれわれは考えた。この小鳥の譬喩をもう少し先まで進めてみよう。ところで小鳥は彼女が飛翔する無限の虚空の使者であり、水面はこの無限の深い虚空に包まれる、より低次元の世界であるとしよう。われわれはただちに、ここで超越的な絶対他者とこの世界との遭遇が（絶対と相対との出会いの仕方が）意味されようとしていることに気がつく。けれども、それは実はなおそれ以上のことをこの譬えのうちにとり容れているのである。（『武内義範著作集』第二巻、九四～九五頁）

武内がこの比喩で示しているのは、相対と絶対との遭遇の様子であることは明らかである。しかし、武内のこの譬えはそれ以上のことを示しているという。それはどういうことか。それは「全体である絶対は、部分である相対の世界のさらにその部分の一点において、絶対の他者性を強調しつつ自己自身を啓示する」（同書、九五頁）ということである。そのことは、絶対は、自分が相対の世界に降りてきたことを、相対の世界の事柄によって表現するしかないということである。武内はそのことを、小鳥は人の気配のするところではその姿を見せないということで述べている。したがって、相対の世界に小鳥が降りてきたことを知らせるものは、それが水面に繰り広げる水紋しかない。そのことは、阿弥陀如来は、衆生の世界に、阿弥陀如来としてではなく、法蔵菩薩に姿を変えて現れるということである。それは、阿弥陀如来は本願となって衆生の世界に現れるということでもある。それが弥陀の呼び声である。したがって、衆生は阿弥陀如来に直接するのではなく、本願を介してしか阿弥陀如来に接することができない。そこに教・行・信・証の意義がある。衆生は教・行・信・証を通して如来に触れるのである。そして、そこに回向という事態の要がある。如来の「回向」のはたらきは衆生の世界において、「行」として、「信」として、「証」として現れるのである。それゆえに親鸞は、「往相の回向に、教行信証あり」といい、「還相の回向は教化地に益なり」というのである。

【比喩Ⅱ】

同じことを西谷は一枚の板によって仕切られた二つの部屋の譬えで示している。

限界線は二つの部屋を仕切る一枚の板に似てゐる。板がA室に向つてゐる面xは、A室の限界を表示するものとして、B室を代表する。x面はその「本質」において、Aに現はれたBの表現であるとも言へる。しかし同時に、Bの表現である同じx面は、Aの一部としてA室に所属する。Aに現はれた限り、「現象」としてはAのものであり、Aの構造契機である。同様なことはその板がB室に向いてゐる面yについても言へる。y面はB室の、B室としての構造に属し、「現象的」にはBといふ現象の一部である。しかも同時にそのy面は、AからBを限界付けるものとして「本質的」にはAをBのうちで代表し、Bに現はれたAの表現である。一般に「限界」といふことには、截断が接合でもあるといふ意味が含まれてゐる。そしてその接合は、差別されたものの間の相互投射とか相互滲透とさきに呼んだやうな聯関として成り立つのである。このやうな構造を「回互的」と呼べば、回互的な聯関の場合に重要なことは、一つには、本質的にAに属するものがBのうちへ自らをうつす（映す、移す）とか投射するとかして現象する時、それがBのうちでAとして現象するのではなく、Bの一部として現象するといふ点である。言ひ方を換へれば、A「体」がB「体」へ自らを伝達する時、それはA「相」においてではなく、B「相」で伝達される。Aは自らをBへB相で分与（mitteilen）し、BもAからそれをB相で分有（teilhaben）する。これがBへの自己伝達といふAの「用」である。Bの側からAへの伝達においても同様である。

（『西谷啓治著作集』第十三巻、一三二頁）

ここで西谷が注意しているのは、AがBに自らを映すとき、それをAとしてではなく、B相のもとにおいてであるということである。それは、武内が、絶対が相対に自らを映すとき、相対の相のもとにおいてであると述べていることと同様である。B室の壁はA室を表すものでありながら、それをA室としてではなくB室の壁によって示すのである。西谷はそのような関係を「回互的」と名づけているが、そのことで西谷は「回向」の根本構造を示しているといいうるのである。

いったい、武内や西谷がなぜことさらにこのような手の込んだ比喩を持ち出したのか。それは、われわれは絶対を絶対として直視することはできないということ、すなわち、絶対は、相対の世界に自らを否定して相対の相をまとって現れ、相対はそれを通してしか絶対に触れることはできないということである。そこにおいて絶対と相対との関係は複雑で屈折したものとなる。その関係を西田や西谷や武内は「逆対応」や「回互」や「表現」の関係として捉えた。しかし、それらの概念によって彼らが明らかにするのは、要するに「回向」の構造にほかならないのである。

5　親鸞の仏身論と回向の思想

親鸞が回向の主体を衆生から如来へ転じたとき、「功徳を振り向ける」、「振り替える」という従来の回向理解の枠組みを変えたわけではなかった。しかしながら、親鸞は実際には、従来の回向理解の枠組みを超えて、「形を変えて現れる」という枠組みにおいて回向を理解していることを見逃してはならない。親鸞の「仏身観」にそれを見ることができる。そこで、親鸞は回向をどのように捉えているか。

親鸞は『教行信証』「証巻」において次のように述べている。「無上涅槃はすなわちこれ無為法身なり。……法性はすなわちこれ真如なり。真如はすなわちこれ一如なり。しかれば弥陀如来は如より来生して、報・応・化種種の身を示し現わしたまうなり」(『聖典』二八〇頁)。そして、『唯信鈔文意』では、「「涅槃界」というは、無明のまどいをひるがえして、無上涅槃のさとりをひらくなり。……「涅槃」をば、滅度という、無為という、安楽という、常楽という、実相という、法身という、法性という、真如という、一如という、仏性という。仏性すなわち如来なり。この如来、微塵世界にみちみちたまえり。すなわち、一切群生海の心なり。……法性すなわち法身なり。法身は、いろもなし、かたちもましまさず。……この一如よりかたちをあらわして、方便法身ともうす御すがたをしめして、法蔵比丘となのりたまいて、不可思議の大誓願をおこして、あらわれたまう御かたちをば、世親菩薩は、尽十方無碍光如来となづけたてまつりたまえり。この如来を報身ともうす。誓願の業因にむくいたまえるゆえに、報身如来ともうすなり。報ともうすは、たねにむくいたるなり。この報身より、応化等の無量無数の身をあらわして……」(『聖典』五五三〜五五四頁)と述べている。注目すべきことは、ここで親鸞が「弥陀如来は如より来生して、報・応・化種種の身を示し現わしたまうなり」と述べていることである。このことの内に親鸞は如来の「回向」の根本を捉えているということができる。すなわち、阿弥陀如来が如より来生して、法蔵菩薩となり、衆生の世界に「一切の群生海の心」となって現れているところに、親鸞は回向の要を捉えているのである。親鸞はここで、単に「功徳を振り向ける」という回向理解の枠組みを超えたところで回向を捉えているということに注目しなければならない。

この親鸞の仏身観について、梶山は次のように述べている。

親鸞は曇鸞の「法性法身と方便法身」という二身説とインド伝来の三身説を総合して、実にみごとな仏身の体系を開発した。その結果、法蔵菩薩は阿弥陀如来の前身ではなくて、後者の化身にほかならないという逆転が生じている。法蔵も弥陀も釈迦も、龍樹から源空にいたるインド・中国・日本の高僧釈家たちも、みな一如（法身）から流れ出た方便身であり、権化であり、親鸞自身の信心も行も往生も、すべて一如から流出（等流）である、という親鸞の思想の淵源はどこにあり、親鸞の独創は何であったのか。……私はこういう事情を仏教思想史的に明らかにしておきたいと思う。

（『梶山雄一著作集』第六巻、四五一頁）

ここで、親鸞は、法蔵も釈迦も、龍樹から源空に至るインド・中国・日本の高僧釈家たちも、……みな如来から流出（等流）した方便身であり、権化であると捉えているが、この一如からの「等流」とは、一如が「形を変えて現れた」ということであり、「回向」ということにほかならない。したがって、親鸞のこの仏身観は親鸞の回向思想を端的に示しているといいうるのである。

では、このような親鸞の仏身観はどのようにして出現してきたのか。それは、仏教古来の二身説からどのようにして三身説が出現してきたか、という問題でもある。

釈尊が入滅したとき、残されたものは二つあった。一つは、彼がこの世で人々に与えた教法であり、他はストゥーパに残された彼の遺骨である。釈尊が残した教法は「法身」と呼ばれ、釈尊の身体は「色身」と呼ばれた。そこから、仏陀について法身と色身に二身説が形成された。法身といわれるのは法性であり、智慧の対象としての空性であるが、一方、色身とは釈尊のように身体をもった仏身である。この二身説が形成されたのは、梶山によれば、二世紀頃である。

ところで、この二身説の難点は、そこでは法身としての空性は伝達不可能ということにある。つまり、そこでは教化は成り立たないということである。色身と分けられた法身が空性として、永遠にして、あらゆる概念や言葉や活動を超越した真理と見なされるとき、衆生はそれとは如何なる関わりももちえなくなる。それゆえ、法身が受用され、何らかの仕方で衆生に伝えられ、教化されうるためには、法身は色身を超絶した絶対空として停まることをやめて、何らかの仕方で、色身の世界に色身を象《かたど》って現れるのでなければならない。つまり、法身は受用身となり、さらには化身となるのでなければならない。そこに、法身—色身の二身説から、法身—受用身—化身の三身説が生じてこなければならない必然性があった。つまり、教化活動の必要が二身説から三身説への展開を促したのである。この教化活動は回向のはたらきの具体的な現れにほかならない。とするなら、回向は、法身が受用身となり、受用身が化身となって展開するところに捉えられねばならない。

法身—色身の二身説に立ったのが中観派の龍樹であったのに対して、法身—受用身—化身の三身説に立ったのが瑜伽行派の世親であるとされるが、この瑜伽行派の思想を強く支配していたものが教化の要求であったことを見るなら、仏教の三身説は教化、つまり回向と結びついて展開したことが納得しうる。親鸞の仏身観はこの要求の延長線上に成立したのである。

中観派の二身説では、法身と色身は断絶していて、両者は結びつきようがなかった。それに対して、瑜伽行派は、両者を媒介し繋ごうとして、法身―色身の間に方便法身や受用身、あるいは化身を介入させて、三身説に立った。しかし、注意すべきことは、その際、瑜伽行派は、受用身や変化身を、法身と色身を媒介し繋ぐ第三の仏身として両者の間に挿入したのではないということである。「受用身は「法身からの流失」（法界等流）という、「般若経」や中観派には存在しなかった意味を荷って登場した」（同書、四五九頁）と梶山はいう。「瑜伽行派においては、受用身およびそれから生ずる変化身の教化と慈悲は法身の等流である、と明らかに示される」（同書、四六〇頁）と梶山はいうのである。法界から等流するとは、法界から「形を変えて現れる」（パリナーマ）ということ、つまり、回向したということである。こうして、瑜伽行派の三身説の根源を貫いているのは「回向」のはたらきであることが明らかになる。「一如から報、応、化の無量無数の仏身が出現してくる」という親鸞の仏身観の根源にあるのは、このような事態である。親鸞の仏身観は親鸞の回向の思想と深く結びついていることがこうして明らかになるのである。

つまり、親鸞の仏身観は、親鸞が回向概念を「功徳を振り向けること」とする把握を超えて、「形を変えて現れる」というところで捉えていることが明らかになるのである。[註3]

註3

親鸞の仏身観は次のように示される。

一如（法性法身）↓方便法身＝阿弥陀如来（報身）、法蔵菩薩（化身）、還相菩薩（化身）。

法身が衆生にはたらきかけるには、その手掛かりとして法蔵菩薩やその本願がなければならないが、それは法身から方便法身＝報身（阿弥陀如来）―化身（法蔵菩薩）として等流し、形を変えて現れたもの、すなわち回向したものと捉えられたのである。

6　「一切群生海の心」としての法蔵菩薩

親鸞は回向の根本を、阿弥陀如来が衆生の世界に法蔵菩薩となって現れたところに捉えた。そして、阿弥陀如来の衆生における現れを「欲生心」と名づけ、欲生心を「弥陀の呼び声」、すなわち、「如来招喚の勅命」と捉えた。阿弥陀如来の前身であった法蔵菩薩が阿弥陀如来の化身となって衆生の世界に出現したところに、親鸞は如来の回向の根本を捉えたのである。したがって、法蔵菩薩は、その誓願を成就して阿弥陀仏となって西方浄土に消え去ったのではない。西方浄土から、衆生の宿業の世界に舞い戻って、現在もなおその誓願の成就を誓って衆生に呼びかけている。それゆえ、親鸞は法蔵菩薩を「一切群生海の心」と名づけるのである。

先に見たように、西田幾多郎は、浄土真宗は「場所的論理」によってのみ捉えられるといい、また、「仏の呼び声」が聞かれぬものは浄土真宗ではないと述べた。注目すべきことは、そこにおいて西田ははからずも「場所的論理」と「弥陀の回向の思想」との間にある深い繋がりを捉えているということである。西田が場所的論理において示しているのは、絶対者は自らを否定し、自らを翻して相対の世界に現れるということである。そのことは、仏が法蔵菩薩となって衆生の宿業の大地に出現して、その足元から衆生に呼びかけてくるということである。仏と衆生との関係はそこでは「逆対応」となるが、そこに「功徳を振り向ける」ということでは摑みえない「回向」の特性がある。

西田が「逆対応」というのは、如来は衆生の前方ではなく、衆生の足元の大地から呼びかけてくるということである。そのような仕方で呼びかけてくるのが法蔵菩薩である。法蔵菩薩は大地の底に潜んで、衆生に呼びかけてくる。そのとき、衆生と法蔵菩薩は表裏の関係となる。それが「逆対応」の関係である。

したがって、深く思いを致さねばならないのは、われわれが法蔵菩薩の呼びかけを聞くのは宿業の大地のただ中においてであるということである。汚れのただ中で法蔵菩薩の清浄心に触れるがゆえに、われわれの汚れは転ぜられ、救われるのである。弥陀の呼び声が天上からではなく、大地の底から呼びかけてくるところに、それが回向心であるゆえんがある。回向が単に「衆生に功徳を回施する」というだけのことなら、阿弥陀如来がことさらに衆生の世界に法蔵菩薩となって現れねばならない必然性はない。回向は「逆対応」の関係において、すなわち、阿弥陀如来が「形を変え」、法蔵菩薩となって、汚れにまみれ衆生の世界に現れ、衆生に呼びかけてくるところに感得されるのである。

親鸞は、法蔵菩薩は衆生の宿業の世界のただ中に現れては呼びかけてくるがゆえに、法蔵菩薩を「一切群生海の心」と呼んだ。法蔵菩薩が「一切群生海の心」であるゆえんは、それが衆生の世界にあって、その一切の業苦を一身に担うからである。それゆえ、「この如来、微塵世界にみちみちたまえり。すなわち、一切群生海の心なり」（唯信鈔文意、『聖典』五五四頁）と親鸞は述べ、そこに回向の根源的な現れを捉えたのである。

親鸞が法蔵菩薩の心を「一切群生海の心」として描いているのは、「三一問答」の仏意釈においてである。法蔵菩薩の心はそこでどのように描かれているか。至心釈では次のように述べられている。

仏意測り難し、しかりといえども竊かにこの心（法蔵菩薩の心）を推するに、一切の群生海、無始よりこのかた乃至今日今時に至るまで、穢悪汚染にして、清浄の心なし。虚仮諂偽にして真実の心なし。ここをもって如来、一切苦悩の衆生海を悲憫して、不可思議兆載永劫において、菩薩の行を行じたまいし時、三業の所修、一念・一刹那も清浄ならざることなし、真心ならざることなし。如来、清浄の真心をもって、円融無碍・不可思議・不可称・不可説の至徳を成就したまえり。如来の至心をもって、諸有の一切煩悩・悪業・邪智の群生海に回施したまえり。すなわちこれ利他の真心を彰す。かるがゆえに、疑蓋雑わることなし。

（教行信証・信巻、『聖典』二二五頁）

また信楽釈では、

しかるに無始より已来《このかた》、一切群生海、無明海に流転し、諸有輪に沈迷し、衆苦輪に繋縛せられて、清浄の信楽なし。法爾として真実の信楽なし。……如来、苦悩の群生海を悲憐して、無碍広大の浄信をもって諸有海に回施したまえり。これを「利他真実の信心」と名づく。

（同書、二二七～二二八頁）

そして、欲生釈では、

しかるに微塵界の有情、煩悩海に流転し、生死海に漂没して、真実の回向心なし、清浄の回向心なし。このゆえに如来、一切苦悩の群生海を矜哀して、……利他真実の欲生心をもって諸有海に回施したまえり。欲生はすなわち回向心なり。これすなわち大悲心なるがゆえに、疑蓋雑わることなし。

（同書、二三二〜二三三頁）

ここで親鸞は、如来は「至心」「信心」「欲生心」を「回施」したと述べている。しかし、注意しなければならないのは、親鸞がそこで述べているのは如来がそれらを回施したという事実ではなく、回施しなければならない必然性である。その必然性に回向の要があるのである。そこに法蔵菩薩の心が「一切群生海の心」として回向心であるゆえんがある。

曽我はそのことにとりわけ深く注目して、次のように述べている。

然るに信巻の三心釈を拝読すると、その神話的法蔵菩薩が正しく歴史的現実として描き出されてゐるといふことは、まことに驚くべきことであり、又感激に堪へぬところである。実際信巻の三心釈の如きは古今独歩といふべきである。あの法蔵菩薩を、神話の如く『大経』には描かれ、伝へられてゐる法蔵菩薩を現在にお出になる仏として、現在の法蔵菩薩として聖人は感得してゐられる。そして法蔵菩薩の内面、法蔵菩薩の御心を目に見えるやうに具体的に書きしるしてをられる。あゝいふ仏の内面、仏の御心を具体的に描写したといふあの手腕は実に驚嘆に余りあるものである。これは他にないことである。

（「歎異抄聴記」『選集』第六巻、六四～六五頁）

法蔵菩薩について述べた曽我の文をもう一つ引用しておきたい。

一体、法蔵菩薩はどこに見出すか。此の一切群生海の中に、群生海を通して、さうして群生海を超えて、そこに法蔵菩薩を見出す。群生海を通さずしては群生海を超えることは出来ない。……だからしてそこに全体的なる純粋なる廻向といふ論理があるのであらうと思ふのであります。

（「如来表現の範疇としての三心観」『選集』第五巻、一八二頁）

以上、回向を「功徳を振り向ける」ことと捉えるだけでは不十分であるゆえんについて述べた。親鸞は、阿弥陀如来が「形を変え」、法蔵菩薩となって衆生の宿業の世界に降りてきてはたらいているがゆえに、法蔵菩薩を「一切群生海の心」と捉えた。そこに法蔵菩薩の回向心があるのである。

曽我は、回向とは「ものやりとり」ではなく「感応」であるという。回向は、回施された如来の功徳を有り難く頂戴することではなく、如来が法蔵菩薩となって衆生の心に「形を変えて現れ」、はたらいているその心を感得することである。それは如来の大悲心を「一切群生海の心」として感得することである。

本願の信とは「一切群生海の心」を感得することである。「信」が如来によって衆生に「回施」されたということは、如来の心が衆生の心に「形を変えて現れて」はたらいているということである。曽我はそこに「法蔵精神」を捉え、その法蔵精神を見失うとき真宗は滅亡すると述べた（「歎異抄聴記」『選集』第六巻、一七九頁）。それは、この「一切群生海の心」としての法蔵菩薩の内に真宗の回向と本願の思想が集約されていると曽我が捉えたからである。

親鸞と二種回向の問題

1　親鸞の二種回向論の現状

往相と還相の二種回向は親鸞の思想の根幹をなすものであり、また浄土真宗の大綱である。しかし、回向がなぜ往相と還相の二種に分けられ、またそれぞれがどのようなことを意味するのかについての了解は判然としてはいない。とりわけ、還相回向とは何かについては、これまで種々の見解が併存していて、どれが親鸞の考えを正しく表すものなのか定かではなかった。それは、これまでだけでなく、今なおそうだといわねばならない。そういう次第で、寺川俊昭師は、

親鸞聖人の二種回向論については、一見すでによく解明されているようにみえて、じつはその研究は決して十分ではなく、本格的な研究はこれからではないかとの思いを深くすることです。

（『親鸞の信のダイナミックス』一二二頁）

と述べて、自身の見解を表明し、

幅広い視野での研究と率直な議論が本格的に進められていくことを、心から期待しております。

（同書、三六二頁）

として、この問題が浄土真宗においてもつ重要性に注目されている。

この言葉は一九九〇年代前半の頃のもので、当時と比べて現在の研究状況は大きく進展しているといわねばならない。しかし、それだけに幅広い視野での研究と率直な議論が本格的に進められることの必要は今日いっそう切実になってきていると思う。

これまで親鸞の二種回向、とりわけ還相回向の理解について種々の見解があったことの理由の一端は、『教行信証』における二種回向のアンバランスな叙述にあるといわねばならない。

親鸞は『教行信証』「教巻」の冒頭において、「謹んで浄土真宗を案ずるに、二種の回向あり。一つには往相、二つには還相なり」（『聖典』一五二頁）と明言して、二種回向を対等に取り扱っているが、それに続く行・信・証の各巻において、親鸞はもっぱら往相回向について述べ、還相回向については、「証巻」の後半になってやっと付録のような形で取り上げている。しかも、「証巻」では、

煩悩成就の凡夫、生死罪濁の群萌、往相回向の心行を獲れば、即の時に大乗正定聚の数に入るなり。

正定聚に住するがゆえに、必ず滅度に至る。（『聖典』二八〇頁）

と述べて、『教行信証』の眼目が往相回向を説くことにあると明言している。つまり、衆生が信を獲て正定聚に住し、必ず滅度に至るようにせしめる如来のはたらきが往相の回向であり、その往相回向を教・行・信・証において論証するところに『教行信証』の眼目があるとされている。

そういうわけで、『教行信証』においては、往相回向と還相回向の取り扱いは同等ではない。還相回向は「証巻」の後半になってやっと出てきて、「これ利他教化地の益なり」（同書、二八四頁）といわれるだけで、それ以上の説明はされてはいない。しかも、往相回向を説いた行・信・証の各巻では、その標拠となる願文が掲げられているのに対して、還相回向では願文は直接掲げられず、「『註論』に顕れたり。かるがゆえに願文を出ださず。『論の註』を披くべし」（同書、二八四頁）と述べて、還相回向に関しては教言ではなく、曇鸞の『論註』の説明によってその内容を理解せよとして、その理由は説明されてはいない。還相回向の願文は後に挙げられているが、それだけを読んでも意味がはっきりしないので、分かりやすくするために、親鸞は曇鸞の言葉を先に挙げたとも考えられる。いずれにしても、還相回向に関しては別扱いというか、往相回向に比して格下の扱いになっている感があるのである。そういう次第で、還相回向とはどういうことをいうのか、そして、往相と還相の回向はどのような関係にあるのかについては曖昧なところが残り、その理解と判断は解釈者に委ねられてきた。ここに、二種回向について種々の異なった見解が生じてきたことの遠因があるといえよう。

しかし、親鸞の二種回向の理解に関して種々の解釈が生じてくるより大きな理由は、親鸞の和讃に、二種回向について異なった理解を示すと思われる二群のものがあり、そのいずれが親鸞の真意を表すのか決めがたいことにある。そこから二種回向について対立する見解が生じてくることになったのである。

したがって、親鸞の二種回向、とりわけ還相回向とは何かを正しく摑むためには、和讃における二種回向の対立する理解をどのように考えたらよいかについて検討することを避けて通るわけにはゆかない。すなわち、その二様の理解の対立点がどこにあり、その対立はどのように乗り超えられるかを明らかにすることが、親鸞の二種回向の考えを正しく摑むためには不可欠となってくるのである。

親鸞の和讃における二種回向の二様の理解と、それらの関係については、これまで先学諸師によって数多く言及され、議論されてきている。しかし、両者の関係についての徹底した詳細な考察はまだ十分ではないと思われる。

したがって、ここで追究しようと思うのは、和讃に見られる二種回向の二様の理解がどのように関係するのかということである。それを考察することによって、親鸞が二種回向、とりわけ還相回向をどのように捉えていたかが明らかになると思う。そして、『教行信証』の二種回向の理解に残る曖昧で不透明なところが除去されると思う。

2　二種回向の二様の理解

まず、和讃に見られる二種回向の二様の理解が、それぞれ如何なることを示しているかを見ておきたい。異なった二様の理解を示すものとして、次の二群の和讃が挙げられる。

第一の理解は、「南無阿弥陀仏の回向の　恩徳広大不思議にて　往相回向の利益には　還相回向に回入せり」(正像末和讃、『聖典』五〇四頁)によって代表される。それに含まれるものとして以下のものがある。

①往相回向の大慈より　還相回向の大悲をう　如来の回向なかりせば　浄土の菩提はいかがせん
(同書、五〇四～五〇五頁)

②如来の回向に帰入して　願作仏心をうる人は　自力の回向をすてはてて　利益有情はきわもなし
(同書、五〇二頁)

③願土にいたればすみやかに　無上涅槃を証してぞ　すなわち大悲をおこすなり　これを回向となづけたり
(高僧和讃、同書、四九一頁)

④還相の回向ととくことは　利他教化の果をえしめ　すなわち諸有に回入して　普賢の徳を修するなり
(同書、四九二頁)

第二の理解は、「弥陀の回向成就して　往相還相ふたつなり　これらの回向によりてこそ　心行ともにえしむなれ」（同前）によって代表される。これに含まれるものとしては以下のものがある。

①如来二種の回向を　ふかく信ずるひとはみな　等正覚にいたるゆえ　憶念の心はたえぬなり
（正像末和讃、同書、五〇二頁）

②如来の二種の回向によりて、真実の信楽をうる人は、かならず正定聚のくらいに住するがゆえに、他力ともうすなり。
（三経往生文類、同書、四七一頁）

③如来の二種の回向ともうすことは、この二種の回向の願を信じ、ふたごころなきを、真実の信心ともうす。この真実の信心のおこることは、釈迦・弥陀の二尊の御はからいよりおこりたりとしらせたまうべく候う。
（御消息集、同書、五八九頁）

次にこの二様の理解のそれぞれについて、立ち入って考察してみたい。

(1)「往相回向から還相回向へ回入する」ものとしての二種回向

第一の理解を示す和讃群において、二種回向は「往相回向から還相回向へ回入する」と捉えられる。いったい、往相から還相へ回入するとは如何なることをいうのか。先に見たように、親鸞は『教行信証』において、往相の回向を教・行・信・証を通して、衆生が往相回向の心行を獲て、正定聚に住し、滅度に至るようにせしめる如来のはたらきとして捉えていた。そのような「往相回向の心行」を獲た衆生の上に証されるもう一つの如来のはたらきが還相の回向とされ、この二種の回向の関係は「往相回向の利益には還相回向に回入せり」といい表されてきた。ここに二種回向の第一の理解がある。

では、そこでは往相・還相の二種回向は具体的にはどのようなことをいうのか。それは、往相の回向は「大涅槃を証すること」へ向かわしめ、還相の回向は「有情を利益すること」、もしくは「普賢の徳を修すること」へ向かわしめるということである。往相の回向が衆生をして「涅槃へ至らしめる如来のはたらき」であるなら、還相の回向はそれに伴って衆生に現れる如来のもう一つのはたらきであって、それは「普賢の徳」を修すること、つまり菩薩の徳を表すこととされるのである。

このような二種回向の理解は、『教行信証』「行巻」の有名な言葉で次のように示されている。

しかれば、大悲の願船に乗じて光明の広海に浮かびぬれば、至徳の風静かに衆禍の波転ず。すなわち無明の闇を破し、速やかに無量光明土に到りて大般涅槃を証す、普賢の徳に遵うなり。知るべし、と。

（『聖典』一九二頁）

往相回向は「大般涅槃を証する」こととして、そして、還相回向は「普賢の徳に遵う」こととして、「信」を獲て大悲の願船に乗じた衆生の身上に証される如来の二つのはたらきとされるのである。ここで還相回向は、往相回向の信を獲た者の身上に証されるので、「往相から還相へ回入する」といわれるのであるが、注目すべきことは、二種回向は、信を獲た衆生の身上に現れるので、「衆生の生の相」と見られるということである。これが二種回向の、いわゆる伝統的な理解を形成してきたものである。

ただし、ここで「衆生の生の相」ということが何を意味するかに注意しなければならない。というのは、この言葉はこれまで、誤解ないし曲解されてきたからである。二種回向を「衆生の生の相」に見るということは、一見考えられるように、衆生が回向のはたらきをなすということではない。それは回向のはたらきが衆生の生の上に現れるという意味である。実際のところ、回向の主体を如来に捉えたところに、親鸞の回向理解の要があるのであるから、衆生が回向のはたらきをするという考えは、親鸞の回向思想を否定しようとするのでないかぎり生じえないはずである。それにもかかわらず、従来、そのような曲解がなされてきたのはなぜか。それは前章で述べたように、回向を「功徳を振り向ける」こととして、これを衆生の外に捉える見方に固執する結果であると思われる。

もう一つの理由は、「往相から還相へ回入する」という言葉の意味が正しく摑まれてこなかったからである。曇鸞は往相から還相へ回入することを、「かの土に生じ已りて、……生死の稠林に回入して、一切衆生を教化して、共に仏道に向かえしめたまうなり」（同書、二三三頁）と表現した。しかし、これを比喩的表現と捉えないで文字通りに解して、死んで浄土へ至り、死後、浄土から娑婆世界に還ってくるというふうに理解したため、比喩的表現の内に含まれている真理が見逃されたのである。

したがって、この二種回向の第一の理解において注意しなければならないのは、この曇鸞の表現を文字通りの意味に解して、そこで述べられていることを非合理として退けるのではなく、あくまで比喩的表現であることに注目して、そこに内包されている真理を摑むことである。すなわち、「往相から還相へ回入する」ということを、「信に死して」、「大悲の願船に乗じた者の上に普賢の徳を修するはたらき」が出現してくることと捉えるのでなければならない。

第一の理解に含まれている真理を摑んで、それを直截に表現したのは鈴木大拙である。大拙は、「浄土とはそこに留まっていても仕方のないところだ、浄土へ往ったものは、浄土を横脇に抱えて直ちにこの世界に還ってくるのでなければならない」といっている。その場合、大拙にとって浄土とは、死んだ者が往く西方十万億土の彼方の極楽浄土ではなく、信において如来の心に触れた者に開かれる「報土」であり、「真仏土」としての「無量光明土」である。それは、「他界」のような特定の限られた場所ではなく、如来の清浄心が流れている広大にして辺際なき世界である。もし、浄土が、死者が往く西方十万億土の彼方にある他界であるなら、そこへ往って還ってくることは容易ではない。往ったきり還ってこられないかもしれない。したがって、大拙が浄土を文字通りの西方浄土と捉えて、そこへ往って還ってくるといっているのでないことは明らかである。大切なことは、非合理と思われることを文字通りに解して否定しようと躍起になることではなく、非合理と思われる比喩的表現に隠されている真理を摑むことでなければならない。そうでなければ、否定は悪しき啓蒙に終わるだけである。

浄土が如来の心がはたらいている場所としての報土であるなら、信において如来の心（願心）に触れた者は直ちに此土に還ってくることができる。そのとき、「浄土を横脇に抱えて此土に還ってくる」ということは、浄土において如来の心に触れた衆生の此土におけるはたらきの上に「浄土の徳」が現れてくることである。大拙はそこに本願の「還相回向」のはたらきを捉え、それを比喩的な仕方で語ったのである。これが「往相より還相へ回入する」とする第一の理解のもつ真理である。

この第一の理解に提示される疑問、ないし反論について、もう少し立ち入って見ておきたい。第一の疑問は、先にも述べたように、還相の回向を衆生の身上に見て、それを「衆生の生の相と見なすことは、衆生を回向の主体とすることではないか」というものである。しかし、この反論ないし疑問は、十分に吟味されない予断から生じているものが混入しているので、それを取り除いておかなければならない。いったい、回向のはたらきの主体が如来であるとはどういうことか。それは、如来のはたらきが衆生の外からはたらきかけてくる外力であるということではない。もし、そうであるなら、それは物力と変わりはない。回向の主体が如来であるということは、それが形を変えて衆生の世界に現れるということである。如来が衆生の外に自己を超えているということではなく、衆生の内に自己を超えているということである。そのそのことを西田幾多郎は対象的超越あるいは外在的超越に対して、内在的超越と名づけ、宗教における超越は内在的超越でなければならないと述べている（「場所的論理と宗教的世界観」『西田幾多郎全集』第十一巻）。如来は衆生の内奥にはたらくという仕方で衆生を超えているのであって、衆生の外にはたらくという仕方で衆生を超えているのではない。「たとえば阿修羅の琴の鼓する者なしといえども、音曲自然なるがごとし」（教行信証・行巻、『聖典』一九三頁）という曇鸞の言葉が示しているのは、この内在的超越という事実である。

如来は衆生の内にあって衆生を超えているので、衆生は如来をそれ自体として見ることはできない。しかし、見ることのできない如来のはたらきが衆生の世界に到来して鳴っていることを、この譬えは示している。阿修羅の琴の真の奏者は如来である。だが、その如来は衆生の世界では見えないがゆえに、鼓するものなしといわれるのである。この譬えで語られているのは、如来の神通応化のはたらきであり、還相回向のはたらきである。如来の回向のはたらきは直接的に現れることはできず、衆生のはたらきを通してでなければ現れることができない。しかし、衆生が実の奏者なのではない。回向のはたらきが衆生の上に現れると捉えることは、回向の主体を衆生と見なすことだという曲解は、この内在的超越という宗教的事実を見落とすか、無視するところから生じてくるのである。如来のはたらきが自己の外ではなく自己の内奥に現れるところに、「回向」という出来事があるのである。

第一の理解に対して提示されるもう一つの疑問ないし反論は、「還相回向は菩薩のはたらきであるがゆえに、衆生はこれを行ずることはできない」というものである。たしかに、「還相回向の願」である第二十二願が呼びかけているのは「他方仏土の諸菩薩衆」であって、「十方衆生」ではない。実際のところ、曇鸞は還相回向のはたらきを行じうるのは菩薩であって、しかも「平等法身を得証した八地以上の菩薩」でなければならないと断っている。だからといって、衆生は菩薩と別存在であり、衆生は菩薩にはなりえないわけではない。菩薩といえどももとは衆生であった。そのことは、例えば『阿弥陀経』において、「極楽国土の衆生と生まるる者は、みなこれ阿鞞跋致なり。その中に、多く一生補処あり、その数はなはだ多し」（『聖典』一二九頁）といわれている。親鸞は「還相回向の願」を「一生補処の願」と名づけているが、極楽国土に生まれた衆生の中に一生補処の菩薩が多いということは、還相回向という菩薩の行は衆生とは無縁ではないということである。

衆生が還相回向を行うということはありえない。ただし回向のはたらきは衆生において実現し、成就するのでなければならない。しかし、回向のはたらきが衆生において成就するということと、衆生が回向のはたらきをするということは別のこととして注意深く区別しなければならない。

こうして、二種回向の第一の理解が注目するのは、如来の心（願心）が「信」において衆生の心に出現してその奥深く浸透するなら、それはやがて「本願力」となって衆生の身上に現れるという事実である。見えない如来のはたらきが効力をもつのは、それが衆生において現実的となることによってでなければならない。これが「仏荘厳」の最後でいわれる仏の「不虚作住持功徳」が意味することであり、また「仏法力不思議」といわれることである。これが第一の理解のもつ真理である。

衆生が教・行・信・証を介して如来に摂取され、涅槃を証するに至らしめられるところに往相の回向があるなら、そのことによって如来が衆生の心に宿り、やがてその身上においてはたらくようになるところに還相の回向がある。そこに、「すなわちかの仏を見れば、未証浄心の菩薩、畢竟じて平等法身を得証す」（教行信証・証巻、『聖典』二八五頁）といわれるところがあり、仏の「不虚作住持功徳」が、還相回向を表す八地以上の菩薩においていわれるゆえんがある。

(2) 獲信の構造を示すものとしての第二の理解

これまで見た二種回向の第一の理解は、往相回向の心行を獲得して正定聚に住するものの身上に現れる如来のはたらきとして二種回向を捉えるものであった。そこでは、二種回向は、衆生の上に見られる如来のはたらきの二相として見られた。そのことを示すのが「南無阿弥陀仏の回向の　恩徳広大不思議にて　往相回向の利益には　還相回向に回向入せり」という和讃であった。

それに対して、第二の理解は、「弥陀の回向成就して　往相還相ふたつなり　これらの回向によりてこそ　心行ともにえしむなれ」という和讃に見られる。二種回向は、ここでは衆生の「信」を成立せしめる根拠、あるいは原因とされ、衆生の生の外に衆生を超えたものと見なされる。

周知のように、この第二の理解が『教行信証』における親鸞の二種回向の正しい理解を示すものであると主張したのは、寺川俊昭師である。師はその見解を、第一の理解を通俗的として否定するという、極めてラディカルな仕方で表明している。そこで、師の言葉に従って、この第二の理解の要となるところを見ておきたい。寺川師は次のように述べている。

親鸞聖人が浄土真宗の大綱として示し、独自の了解を展開した二種回向については、それは必ず教行信証と連関させ、それと一つのものとして了解すべきでありまして、教行信証と切り離して二種回向を理解したり、しばしば見聞するように二種回向を二種回向だけで考察したり、まして往相・還相だけを論ずる、いわば〈二相論〉とでもいうほかはないような見解を主張することは、親鸞聖人の二種回向の思想の適切な了解とはいえないと、私は考えざるをえないのです。

（『親鸞の信のダイナミックス』八三頁）

そこから二種回向の眼目は次のところにあるとされる。

真実教に出遇って行信をえ、その行信によって本願の行信道に立つという、きわめて力動的な信仰体験のところに自証される恩徳として、往相・還相という如来の二種回向があると理解すべきであります。（同書、八八頁）

こうして二種回向は、衆生が真実教に出遇って行信を獲て、本願の行信道に立つこととして、必ず教・行・信・証と連関させて理解しなければならないとされる。そして、

信心の獲得によって現生に正定聚の身となって、「煩悩を具足しながら無上大涅槃にいたる」人生を生きるということですが、そういう人生を実現するものが〈行・信・証〉にほかなりません。（同書、七九頁）

と表明される。こうして、師は「衆生の獲信」を中心にして、如来の二種回向を教・行・信・証において見るところに『教行信証』の要があるとされるのである。

二種回向が獲信を中心にして捉えられるとき、往相回向から還相回向に回入するという見解は否定され、還相回向は「証」ではなく、「教」に捉えられることになる。ここに寺川師の見解の独自なところがある。

師は還相回向を、釈尊をはじめとする祖師たちに親鸞が感得した「「師教の恩徳」を思想化したもの」（『親鸞と読む大無量寿経』上、二二四頁）であるとして、次のように述べる。

往相の回向の恩徳にたつ親鸞は、名号の獲得によって自然法爾に正定聚に住し、涅槃無上道に立って、「無辺の生死海を汲み尽くさん」という志願に生きようとする大乗の仏者である。同時に、還相の回向の恩徳を憶う親鸞は、深く師教の恩厚を憶念しつつ……感謝の中での促しを、全身に感じている親鸞である。（同書、二二六頁）

こうして、往相と還相の二種回向は衆生に「往相回向の心行」を獲得せしめる如来のはたらきとされて、獲信を中心として二種回向が捉えられる。この二種回向の理解を示すと見なされるのが、「弥陀の回向成就して　往相還相ふたつなり　これらの回向によりてこそ　心行ともにえしむなれ」という和讃である。

このように獲信を中心に二種回向を捉えるとき、二種回向は善導の「二河譬」と重なってくる。善導の二河譬は、東岸から発遣する教主・釈尊と、西岸から招喚する救主・阿弥陀如来の声を聞いて、旅人が白道に踏み入る決断をする瞬間において獲信を捉えるものであり、それゆえ「信心擁護」の比喩といわれているが、それは釈迦と弥陀の二尊によって信心の成立を捉えたものとして、獲信の根拠に二種回向を置く第二の理解と重なってくるのである。

先に述べたように、寺川師の還相回向論の特色は、還相回向を師教の恩徳として「教」に捉えるところにあるが、師はその見解を曽我からヒントを得て立てたと述べている。師はそこで、還相回向を「証」から「教」へもっていき、「獲信によって仏道に立つ」ことを中心として、二種回向を教・行・信・証において見ることで、『教行信証』のいわば「建築術的構造」を明らかにしようとしたのである。

3　二種回向の統合的理解

しかしながら、先に見たような対立する二種回向の二様の理解があることを、どう考えたらよいであろうか。いったい、この二様の理解のいずれが親鸞の二種回向の考えを正しく表しているのであろうか。だが、この二つの理解をそのように二者択一的な仕方で問うのは適切ではないと思われる。なぜなら、この二様の理解を示しているのは親鸞自身だからである。したがって、この二様の理解のいずれが正しいのかと問うのではなく、この二様の理解を共に認め、それらがどのように関係するのかを問うのでなければならない。そこから開かれてくるのが、両者を統合したものとしての第三の理解である。それはどのような理解か。それは第二の理解に立ちながら、その内に第一の理解を包み込んで、自らを拡張したものである。

二種回向の統合的理解において要求されてくるのは、二種回向を「獲信」の局面においてだけではなく、獲信以後の「信」の深まり、つまり相続において見ることである。いい換えるなら、二種回向を「正定聚に定まる」という位においてだけではなく、さらに、「往生」という宗教的生において見るということである。

二種回向の第一の理解は、二種回向を「信」の証果として捉えるものであった。一方、第二の理解は、獲信の構造を明らかにするものであり、二種回向によって獲信が成立するところに主眼を置く。それゆえ、第一の理解が獲信以後の宗教的生に重点を置いて二種回向を見るものであるなら、第二の理解は、その宗教的生を成立せしめる獲信に主眼を置いて二種回向を見るものであるということができる。

ところで、「信」は具体的には、信前・信後を含んだその全体、その深まりにおいて捉えるのでなければならない。そこに「往生」といわれる宗教的生が見られてくる。信を、深まりゆく中において反省的に捉えることは、信を「難思議往生」という宗教的生において捉えることである。信を往生という宗教的生から見るとき、先に対立すると見えた二種回向の二様の理解は繋がり、融合するものとなってくる。そして、二種回向の恩徳によって成立するとされた「往相回向の心行」は、信が深まりゆく中で、おのずから「往相の回向」から「還相の回向」へ回入するものと見られてくる。信を時間における相続、深まりにおいて見ることで、対立すると見えた二種回向の二つの理解は互いに含み合い、一繋がりのものとなってくるのである。そこに二種回向の統合的理解がある。

二種回向の統合的理解において、先の二つの和讃、「弥陀の回向成就して　往相還相ふたつなり　これらの回向によりてこそ　心行ともにえしむなれ」と「南無阿弥陀仏の回向の　恩徳広大不思議にて　往相回向の利益には　還相回向に回入せり」は、それぞれその意味が拡張され、相互に含み合うものとなる。注目すべきことは、親鸞自身がそのような統合的理解を示しているということである。

「弥陀の回向成就して　往相還相ふたつなり　これらの回向によりてこそ　心行ともにえしむなれ」という和讃は、二種回向によって往相回向の心行が成立することを示すものとして、獲信を主に理解されてきた。しかし、「心行ともにえしむなれ」という言葉は、単に獲信の瞬間だけではなく、信後の生を共に含んだ、「難思議往生」という宗教的生の全体についていわれ、「信の生全体」が二種回向によって成り立っていることを示していると理解される。すなわち、この和讃は、「心行ともにえしむなれ」の一語によって、『教行信証』の全体、すなわち、教・行・信・証の諸巻のみならず、真仏土巻や化身土巻を含んだ全体、浄土真宗の全体を統合しているものとして理解されてくる。そうすると、この和讃の内に、もう一つの和讃群によって示されている理解、すなわち「往相から還相へ回入する」という理解も包み込まれ、当初対立するように見えた二つの理解は重なり合うものとなるのである。

親鸞自身がこの和讃をそのような統合的意味で理解していたことは、この和讃に対して親鸞が次のような左訓を付していることからも知られる。

弥陀の回向成就して　往相還相ふたつなり　これらの回向によりてこそ　心行ともにえしむなれ
（わうさうはこれよりわうしやうせさせむとおほしめすゑかうなり　くゑんさうはしやうとにまいりはてはふけんのふるまいをさせてしゆしやうりやくせさせんとゑかうしたまへるなり）　（『定本　親鸞聖人全集』第二巻、九三頁）

ただ、この左訓を、左訓にすぎないという理由から、付録のように見なして過小評価する見方があるが、しかし、これを過小評価すべきではなく、むしろ、そこに親鸞の統合的理解の意図を読み取るべきであろう。

では、二種回向の統合的理解においてどのような事態が見えてくるか。それは如来の二種回向のはたらきが各人に往相回向の心行を成立せしめつつ、さらに、人から人、個から個へと衆生の歴史的世界を貫いて展伝してゆく様が見られてくるということである。そのことは、二種回向によって成立した往相回向の心行が、「往相から還相へ回入する」という出来事を介して、回向のはたらきが衆生の歴史的世界を貫いて感伝してゆくということである。如来の回向のはたらきが、そのように二種回向を介して、釈尊から龍樹、世親、曇鸞、道綽、善導、源信、法然、親鸞へと伝わってきたという、本願の歴史が見られてくるのである。

そこでは、「往相回向から還相回向へ回入する」という理解は、回向のはたらきが衆生の歴史的世界を貫いて展伝してゆく際にとるリズムを摑んだものと見なされてくる。音楽がリズムをとるのは、それが時間を貫いて展開してゆくからであるが、同様に、如来の回向のはたらきも、それが人間の歴史的世界を貫いて感伝してゆくときには、往相から還相へ回入するというリズムをとるのでなければならない。二種回向を本願の歴史として捉えることで、二種回向の二様の理解は統合的に捉えられてくるのである。

そのことを示しているのが『教行信証』の「総序」における親鸞の言葉である。そこで親鸞は、「たまたま行信を獲ば、遠く宿縁を慶べ」（『聖典』一四九頁）と語って、自分が行信を獲たことの背後に、釈尊にまで溯る本願の伝統があり、それが人から人へと伝わって現在の自分にまで届いていることに思いを致し、深い感謝の念を表明している。そして、行信を獲たことの源の「如来大悲の恩徳と師主知識の恩徳」に対して、「身を粉にしても報ずべし　ほねをくだきても謝すべし」（同書、五〇五頁）と述べている。そこで注目すべきことは、恩徳に対する感謝の念は、それに報ずる行為を伴うのでなければならないと親鸞が捉えていることである。恩徳に対する感謝の念は、それに報ずるという行為に結びつくことで全きものとなる。親鸞は、如来の回向のはたらきが釈尊から自分に至るまで、個から個へと歴史を貫いて流れてきた恩徳を思うことで、自分もまたそうしなければならないという使命感を抱いている。その使命感が「往相回向から還相回向に回入する」という和讃において表明されているのである。

信と同じように、感謝の念も人間において人間を超えたものといわねばならない。ただ戴くだけの感謝は自己本位的なものにすぎない。感謝の念は、それが真なるものであるとき、自己を超え出て他者にも及び、伝播するという性格をもっている。そのことは、感謝の念においてはたらいているものは、人間の心ではなく如来の心であるということを意味する。回向は、感謝の念において感得され、伝播してゆく。ここにも、二種回向の二様の理解が一繋がりのものとして捉えられねばならない理由がある。

4　歴史的世界を感伝するものとしての二種回向と本願の歴史観

二種回向の統合的理解において見られてくるのは、如来の回向のはたらきが往相と還相の交互転換というリズムをとって、衆生の歴史的生を貫いて展開し、伝播してゆく様である。

真宗の教学者の中で、曽我ほど二種回向についてのさまざまな見解の間を揺れ動いた人はいないと思われるが、そのことは、曽我ほど人間において現れる如来の回向の複雑で微妙な諸局面に深く分け入って思索した人はいないということを示している。

曽我は中期の有名な「聖教と自己の還相回向」という論考において、還相回向を「教」に捉えるという破天荒な見解を示した。周知のように、曽我のこの見解にインスピレーションを得て、第一の理解を通俗的として退け、第二の理解が『教行信証』の正しい二種回向の理解を示すものであるという見解を終始一貫して主張したのは寺川師である。ところが、曽我自身は後にその見解を変えて、晩年には、第二の見解に第一の見解を取り込んだ第三の統合的理解に移っているように思われる。そのことを曽我は「往・還二廻向の問題について、聖人は晩年に、往・還の関係について新しい境地を開かれたのではないか」（「感応の道理」『選集』第十一巻、一五〇頁）と述べて、その境地を表すものとして、「南無阿弥陀仏の回向の恩徳広大不思議にて　往相回向の利益には　還相回向に回入せり」という和讃に注目している。いったい、曽我は「親鸞の晩年に開かれた新しい境地」として、どのようなことに注目しているのか。それは、南無阿弥陀仏となって衆生の世界に出現した如来の回向のはたらきが、「往相回向から還相回向へ回入せり」というリズム、あるいは弾みをとりつつ、衆生の歴史的世界を貫いて感伝し、伝播してゆくことに、親鸞が改めて深く思いを致すようになってきたということであろう。

そこで注目されてくるのは、曽我の「大還相」という考えである。曽我は如来の回向のはたらきを広く大還相と捉え、往相も還相もその中に含まれるとして、「往相は既に大還相の中に成立し、そこから第二のはたらきが、次の還相が出てくる」（『講義集』第一巻、一二七頁）と述べている。そして、如来の「大還相」のはたらきが、「往相」と「還相」という二つの相をとって現れることで、衆生の信を成立せしめつつ、さらに衆生の「信」において、還相から往相へ、そして往相から還相へと、運動と休止とが交互に入れ替わるという仕方でリズムをとりつつ、人間の歴史的世界において、釈尊から龍樹、世親、曇鸞、道綽、善導、源信、法然、親鸞、そしてわれわれへと感伝し、展開してきているという角度から、二種回向を捉えている。そのように、如来の大還相が二次的還相と往相回向となって衆生の歴史を貫いてはたらいてきたということから、曽我は二種回向を「本願の歴史観」を示すものとして捉えたのである。

如来の本願のはたらきが「大還相」とされ、その中で二種回向が捉えられてくるとき、二種回向は「浄土の荘厳」を表すものと捉えられてくる。浄土の荘厳とは、純一な如来の清浄心が、国土・仏・菩薩の三種の世界において、二十九種荘厳となって多様な形をとりつつ、衆生の歴史的世界に映ってきらめいている様を記述したものである。如来の願心がそのように多様な形をとって衆生の世界に出現するゆえんは、それを介して、衆生がその根源の如来の清浄心に触れるためである。如来の清浄心に触れて純化された衆生の心は、生死海を超出して、涅槃に至らしめられる。そこに往相の回向がある。衆生は教・行・信・証においてそのような如来の清浄心に触れて涅槃に至らしめられるがゆえに、親鸞は「往相の回向について、真実の教行信証あり」（教行信証・教巻、『聖典』一五二頁）というのである。そのようにして獲られる往相回向の心行の内実は「願作仏心」にほかならない。

しかし、そのようにして衆生は願作仏心において涅槃の方向に向かわしめられる一方、そのことによって衆生はさらに現実の世界にとどまり、歴史的世界の底に入り込むエネルギーを得てくる。そこに第二次の還相があり、それが「度衆生心」といわれる。

純なる如来の清浄心が多様な形をとって衆生の世界に自らを表現し、それらの多様な荘厳を介して、衆生が一なる如来の清浄心へと至らしめられるという二重の運動は、「浄土の荘厳」において「広略相入」と捉えられてきた。この広略相入の展転は二種回向の「還相・往相」の展開をいい換えたものにほかならない。『浄土論註』を著して「広略相入」を説いた曇鸞が二種回向を説いた人物であることは、ゆえなきことではない。浄土の荘厳としての「広略相入」を時間において展開したのが親鸞の「二種回向」の考えである。「二種回向」は本願の歴史観を表すが、それは「浄土」という空間においては「広略相入」の展転となるのである。

結語

最後に、二種回向の統合的理解において、二種回向の問題としてどのような事柄が浮かび上がってくるのかを見ておきたい。

二種回向の第二の理解においては、「往相回向の心行を獲て」、「正定聚の自覚に立つ」ことが強調された。それに対して、統合的理解においては、「正定聚の自覚に立つ」ことが、さらに「往生」という宗教的生から捉え直されているということである。そこにおいて、「正定聚」という位の自覚は具体化され、深められてくる。その宗教的生の内実が「往相回向より還相回向へ回入せり」という事態として捉えられてくるのである。

正定聚の自覚に立つことが強調されたのは、二種回向が「獲信」を主眼として捉えられたからである。しかし、正定聚に定まるのは現生においてであり、したがって、正定聚に住するということは、正定聚の自覚に立って現生を生きることでなければならない。そのとき、正定聚に住することは往生という宗教的生の中で捉え直されてくるのである。

いったい、「往生」とは何か。それは「浄土に生まれる」こと、すなわち、浄土を自己の生きる場としてもつことである。では、「浄土に生まれる」とはどういうことか。それは西方十万億土の彼方にある浄土に至ることではない。浄土はここを去ること遠からずといわれている。浄土に生まれることは、われわれが生きる世界に如来の清浄心が流れ込み、われわれがそれを呼吸して生きることができるようになるということである。

生物は空気の中に含まれている酸素を呼吸して地球上に生きている。同様に、われわれが生きている娑婆世界に如来の清浄心が吹き込んできて、それを呼吸することによって人間は娑婆世界に生きていくことができる。そこに浄土に生まれ、涅槃を証するという「往生」の意味がある。浄土が「報土」といわれ、報土に生きることが「難思議往生」といわれるのは、そこを流れる如来の清浄心によって人間が生かされる不思議をいうものにほかならない。

「浄土の荘厳」といわれるのはそのことである。浄土の荘厳とは、人間の生きる娑婆世界に如来の清浄心が形を変えて映ることであり、それを通して人間が如来の清浄心に触れ、やがて涅槃を証するに至るということである。こうして親鸞は、「安楽国に生じることは畢竟成仏の通路である」と捉えたのである。

そのような如来の清浄心としての本願が種々の形をとって人間の歴史的世界に現れ、本願力となってはたらくところに、如来の大還相、つまり「回向」がある。

しかし、形なき如来が人間の歴史的世界に形をとって現れ、衆生を利益するという「還相回向」の思想の根本に捉えられる事柄はなにも浄土仏教にのみ固有なものではない。キリスト教の「隣人愛」という思想が示しているのは同じ事態である。キリスト教は、「神への愛」と「隣人愛」を神の主要な二つの命令とし、それにその二つを統括するものとしての「神の愛」を加えて、愛の三・一性を根本に置いているが、この「神の愛」「神への愛」「隣人愛」という愛の三・一性は、真宗において如来の「回向心（大還相）」「往相回向」「還相回向」に対応するということができる。この世を超えた神に向けられる神への愛は、人間の世界においては隣人愛となって現れるのでなければならないと、キリスト教は説いている。神への愛によって人間が神の愛に摂取されると、神の愛は、今度はその人間の内に宿って隣人愛となって現れる。

このことは、浄土仏教において「如来の回向に帰入して　願作仏心をうるひとは　自力の回向をすてはてて　利益有情はきわもなし」（正像末和讃、『聖典』五〇二頁）と詠われていることであり、「往相回向から還相回向に回入する」といわれていることにほかならない。

二種回向の統合的理解において注目されてくるのは、「難思議往生」という宗教的生であると述べた。曽我が親鸞の晩年において開かれてきた新しい境地として注目しているのが、この宗教的生の自覚であると思う。信はそこでは正定聚という位だけにおいてではなく、その宗教的生の深まりにおいて捉えられる。そこにおいて「往相回向から還相回向に回入する」という事態に目が向けられてくるのである。

還相回向を師教の恩徳に見て、そこだけに限って還相回向を捉えようとする見方が第二の理解であった。しかし、還相回向を師教の恩徳に限るのは、多分に抽象的であると思われる。われわれの生きる環境に現れてはたらいている如来のはたらきは、すべて還相回向であるといわなければならない。「往相廻向は専らお念仏であり、還相廻向は人生百般悉く還相廻向であり仏道である。……何か還相廻向といふことは往相廻向と同じく範囲を狭く考えてゐては間違ひで、人生百般凡てみな仏法たることを示すものが還相廻向である」（「歎異抄聴記」『選集』第六巻、一九〇頁）と曽我は述べている。それゆえ、還相回向の思想において深く注目しなければならないのは、本願がはたらく場所としての環境であり、衆生がそこから得てくる生きるための糧である。

付録

付録Ⅰ　田邊哲学と親鸞の思想
――種の論理の挫折とそれの新しい立場からの展開――

はじめに

田邊元はその哲学のどこで、どのような問題との関わりから親鸞に出会ったのか、そして親鸞に出会うことで田邊はその哲学をどのような方向に発展させたかに焦点を当てて、田邊哲学と親鸞との関わりを考察してみたい。この考察は当然、田邊哲学の全体に及ぶことになるので、まず、「田邊哲学の中核となる思想は何か」を取り出して見ることにしたい。

田邊は「絶対者」を「無」と捉える西田幾多郎の考えに感化を受けて、「絶対無」をその哲学の根幹に置きながら、他方では、西田の「無」の捉え方に終始一貫して反対し、反対をバネにして田邊哲学といわれる哲学を打ち立てた。その結果、「無」を根幹に置く二つの独創的な哲学が生じることになったのであって、それぞれの特色を捉え、西田哲学が「場所の論理」であるのに対して、田邊哲学は「種の論理」（もしくは「媒介」ないし「転換」の論理）であるとして対比されてきた。このことは周知のとおりで、改めていうまでもない。

しかし、いったい「種の論理」とは何か、「種の論理」で、田邊はどのようなことをいおうとしたのか、ということは、それほど明確でないように思われる。その理由には、種の論理はいったん挫折し、その後形を変えて展開されたという事情が絡んでいるといえる。そのために「種の論理」の意図や正体が見えにくくなっているのである。

そこでまず、「種の論理」の成立とその変遷の概略を見ておきたい。

田邊は、昭和九年（一九三四）、「社会存在の論理」という論文において「種の論理」を提示した。種の論理は、以後、次第に練り上げられ、昭和十二年（一九三七）の「種の論理の意味を明らかにす」に至ってその輪郭は定まった。そして、昭和十四年（一九三九）、田邊は「国家存在の論理」を書き、そこにおいて「種の論理」は一応完成したのである。

ところが、それは行き詰まった。田邊は昭和十六年（一九四一）秋から昭和十九年（一九四四）秋までの四年の間、「筆を断って一文も公にせず、沈黙する」ことになる。その沈黙は「種の論理」の挫折を意味するものであった。田邊は苦汁のうちにそのことをさとり、その挫折の告白を、昭和十九年秋、「懺悔道としての哲学」という題名の退官講義でした後、北軽井沢の山荘に引き籠り、以後、二度と世間に出てくることはなかったのである。

北軽井沢の山荘で、田邊は『懺悔道としての哲学』『キリスト教の弁証』『ヴァレリーの芸術哲学』『マラルメ覚書』「死の哲学」などを著わし、「宗教哲学的思索」の世界に沈潜し、「種の哲学」はそこで消滅したと思われた。しかし、実際はそうではなかった。「種の論理」は挫折したけれども廃棄されたのではなかった。「種の論理」は見えない地下で成長し、形を変えて現れたのである。『懺悔道としての哲学』以後の晩年の宗教哲学的思索は、田邊によれば、「種の論理」を新しい立場から捉え直し、展開し、完成させたものであったのである。

『懺悔道としての哲学』の後、昭和二十一年（一九四六）に田邊は『種の論理の弁証法』を書いているが、この書は挫折した後の「新しい種の論理」の概略を示したもので、「挫折した種の論理」と「新しく立てられた種の論理」とを分かつと同時に繋ぐものを明らかにしたものとして、田邊の骨格を知る上で、彼の諸著作の中でもとりわけ重要な位地を占めている。

では、「挫折した種の論理」と「新しい種の論理」に共通するものは何か。それは、個と普遍との関わりの問題、これを自己、あるいは自覚というなら、その自覚の問題を、「社会存在」、すなわち「人と人との交わり」としての「社会協同体」を介して追究するということである。田邊は、社会協同体を人間が生きている最も直接的な場と捉えて、それを「種」と呼ぶのであるが、この「種」を介して、自己と普遍との関わり、超越の問題を追究することが、「種の論理」を通底する一貫したテーマなのである。

しかし、田邊の「種」の概念には幅があって、一様ではなく、状況によって変化している。それは、当初、広く「社会存在」とされていたが、一時、「国家」に特化された。そして、後には、拡張されて「実存協同」、もしくは実存協同が成り立つ場として「方便化身土」（仮の浄土）という概念によって捉えられるようになる。そして、実存協同という概念は、最晩年には、「聖人の交わり」として、死者にまで拡げられることになる。

いずれにしても、「自己」の問題を人と人との関わり、そして、その関わりを成り立たしめている場としての「社会存在」という基盤を通して追究すること、つまり、自己と普遍との関わりを「種」を媒介として捉えること、そこに、田邊哲学の終始一貫して変わらない根本の思想があるといいうる。

1 「種の論理」とは何か

「種の論理」の成立から見ることにしたい。田邊が「種の論理」を提示した最初の論文は「社会存在の論理」であるが、そこで田邊は「社会存在の哲学こそ今日の哲学でなければならぬ。哲学的人間学でなくして、哲学的社会学が今日の要求であらう」(『田邊元全集』第六巻、五三頁)として、別の論文では「基礎存在論」は「社会存在論」でなければならないと述べている。人間は「個」としてある以前に「社会存在」なのであって、自己はそれが置かれた直接的な場所である社会との関わりから理解されなければならない。それに反して、自己を自足した存在と見なして、そのような「基盤」との関わりなしに自己を理解しようとする立場は現実的ではない、と田邊は考える。そして、自己をその存在の基盤との関わりから捉えなければならないとする考えが「種の論理」へと結実するのである。しかし、田邊はもとはといえば、この発想をデュルケームやレヴィ・ブリュールなどの十九世紀から二十世紀の「フランス社会学派」の思想から、そしてまた、ベルクソンが『道徳と宗教の二つの源泉』で展開した考えから得ている。

社会は個と個の間柄として成立する以前にあり、そこから間柄が成立し、また間柄を呑み込んでしまうような得体のしれない「もの」（chose）であると捉えたのはデュルケームである。人間は直接的には、そのような不透明な「もの」に規定されて生きているのであって、それは「私の意志に対抗してこれを否定する力」としてのしかかってくるものである。ベルクソンは道徳の底にそのようなものを捉えて、それを「口に出していえないもの」、「理性化できないもの」だといっている。しかし、それは私に否定的に迫るだけではなく、私の生を支え生かしている生の直接態でもある。田邊は、人間の直接的生を成り立たしめているそのような基体を「種族的」なものだとして、「種的基体」と呼び、それを、人間の自己理解や、自己と普遍との関わりを把握する際の基礎に置くのである。

ところで、このような「種的な基体」は、レヴィ・ブリュールが「トーテム社会」と捉えたものである。それぞれの種族は各自のトーテムを抱いて他の種族と対立しており、それゆえ「特殊」である。ベルクソンは、後にその特性を「閉ざされた」と規定した。そして、生まれたばかりの社会は閉じたもので、それは外に向かっては互いに敵対し、内に向かっては成員に圧力を加えて抑えている。しかし、それは単に未開社会だけではなく、われわれが生きている現代の社会を特色づけているものでもあって、われわれは通常、そのような閉じた社会で閉じた魂として生きている。そこに人間の限界、有限性、エゴイズムや争いや憎しみなどの諸々の悪が出現してくる源がある。しかし、そのような閉じた社会の閉鎖性を開き、「特殊」を普遍的な「類」（人類）へと高めてゆくところに人間の使命があるとベルクソンは説いた。

田邊は、このベルクソンの考えから大きな感化を受けて「種の論理」を構想した。田邊が「種」ということで思い描いていたのは、ベルクソンのいう「閉じた社会」と見なして差し支えない。そして、ベルクソンが、「人間性」（humanité）が愛となって開花する場所とした「開いた社会」を、田邊は「類」として捉え、「閉じた社会」を「開いた社会」へと、つまり「種」を「類」へと高めてゆくところに「個」の使命を捉えた。つまり、種の閉鎖性を破って類へと開き、類を種へと媒介する課題を担うものとして個を捉えたのである。こうして田邊は、社会の動的構造が類・種・個という三つの契機の媒介、あるいは転換からなると捉える「種の論理」を構築したのであるが、見逃してはならないのは、これらの相互に媒介し合う三つの契機の内で、田邊が「個」を最も重要な契機として取り込んでいることである。そのことは、「種の論理」は個を媒介として「種」を「類」へと高めてゆく、あるいは類を種へと具体化するという実践的意図のもとで構想されているということである。

したがって、「種の論理」は「社会存在の論理」であっても、単に、社会構造の客観的分析を目指したものではない。そこでは社会分析を通しての自己把握が目指されているのであって、それゆえ、「種の論理」は「社会存在の論理」であると同時に「自覚の論理」であることが忘れられてはならない。そういうわけで、田邊は、「基礎存在論」は「社会存在論」であるというのである。

田邊は、「種」（種的共同社会）を、またプラトンが「テマイオス」で「質量」と名づけたものだとして、これを「狂瀾怒濤の大海」に譬えている。種は矛盾葛藤の集中する苦悩の場であって、人間がそこで決断し行為することを余儀なくされている直接的場所として、「非合理的なる歴史的存在の根底にある無限に深きもの」だとしている。種における矛盾葛藤は、それに巻き込まれている個をして、その解決を求めて普遍へと向かわしめるが、普遍との関わりはまた、種において具体化されるのでなければ現実的ではない。そのようなものとして、種は「転換の場所」として人間の生きる直接的な場とされるのである。

田邊がこのように自覚の場としての「種」の意義を強調するとき、その対極をなすものとして批判するのは、個を最初から自足した存在と見なして、これを自己把握の基点とする考えである。それは自己存立の最も直接的な基盤を無視して自己を捉えようとするものであるから、あたかも重力圏で生きている人を重力圏外に連れ出してその体重を量ろうとするものである、と田邊は批判するのである。そこでは、自己は基体を喪失して、「無内容なる自己の決断といふ解釈的行為の主体に萎縮する」（『田邊元全集』第六巻、四五五頁）。行為は、自己が置かれた場所としての状況との関わりにおいてのみ生じるのであって、状況と関わりのない行為というものは存在しない。田邊哲学はもともと「行為」をその中核に置いてきたが、それが「種の論理」に至らねばならない必然性はここにあったのである。

自覚は、人間の生きる直接的な場である種との関わりにおいてなされるのでなければ現実的ではない。これが「種の論理」の変わらぬ主張である。そこで田邊は、そのような種的基盤を無視した自己理解を文化主義、個人主義、知性主義、あるいは芸術主義だとして、その抽象性を批判するのである。そして、その例としてキエルケゴールを挙げている。

キエルケゴールは自己を「単独者」として捉え、社会や歴史、つまり世界を捨象して、自己と神との関係だけを追究することに専念した。超越の問題を、「種」を抜きにして、「個」と「普遍」（類）の二項だけで捉えたのである。しかし、そこで得られるのは「無内容な自己決断の形式的行為」でしかないと田邊はいう。田邊は、そこに実存主義の限界を見て、その立場を「個人主義」として批判するのである。

田邊が「個人主義」を批判するのは、個人は人間存在の積極的な意味づけの原理とはなりえないからである。「人間存在の究極的意味付けの原理となるものは、個人主義の立場には存せず、ただその社会存在における愛の満足歓喜のみその原理たるに足ることを思わしめる」。そういうことから、「社会存在の原理を個人存在の原理の外に、それを超えるものとして」（『田邊元全集』第九巻、二四二頁）、これを「対自化する」こと、これを田邊は「種の論理」の眼目とするのである。

しかし、田邊が「種の論理」を立てたとき、批判の直接の対象としたのは西田哲学である。田邊は西田の「場所の論理」に反対するという仕方で「種の論理」を打ち立てたことは先に述べたとおりであるが、田邊はいったい「場所の論理」のどこに攻撃の矢を向けたのか。それは、「場所の論理」では、自覚の問題は、「種」を無視して、「個」と「普遍」との二項で捉えられているということに対してである。「場所の論理」では、「個」は「見るもの無くして見る」という仕方で、「類」としての「場所」に直接融合し包摂されるという具合に、普遍との関係が捉えられている。個は無媒介に類に帰入するという具合になっている。そのような西田の無媒介的・直接的な立場を批判して、田邊はそれを「直観主義」「神秘主義」「同一性の哲学」と呼ぶのである。

したがって、田邊の西田に対する批判は、西田哲学を注意深く観察した結果なされたものというより、「場所の論理」と「種の論理」の構造上の違いから否応なしに生じてくるもので、全面肯定か全面否定か、ゼロかすべてかを要求する類のものであって、部分的には改めようのないものである。つまり、「自覚」

の問題を、類・種・個の三契機で捉えるか、類・個の二契機で捉えるかということである。西田哲学では、個は「私なきもの」として絶対無に直接する具合になっていて、個と普遍とを媒介する「社会的質量」としての「種」は、そこにはない。しかし、田邊によれば、社会的質量は個が置かれた直接的場として、生死や決断の場所であるが、そのような、個に否定を迫るものとしての種がなければ、個と普遍との関係は観想的か芸術的になってしまい、宗教的ではない。行為による否定を欠いた哲学は弁証法ではない。個が無媒介・直接的に無の場所に合一、帰入、冥合するような哲学は、直接性の哲学、神秘主義、同一性の哲学になる。このように、田邊は西田の「場所の論理」を終始一貫して批判するのである。

西田は田邊のこの批判を真面目に受け止めて、後に「場所の論理」の枠組みを変え、「場所の論理」に「歴史的世界」を取り込んで、自己は環境世界によって唆《そそのか》され、否定されつつ、逆にこれを否定し返して、「作られて作るという行為」の立場に出て、歴史的世界において個と普遍の関係を捉え直すようになる。それが「行為的直観」以後の西田の立場であることは周知のとおりである。

こうして、西田は田邊の考えを取り入れてその哲学の枠組みを改変し、田邊に近いところに立ったわけであるから、田邊の批判はやんでしかるべきと思われたのであるが、それでも田邊は攻撃をやめなかった。そこにはちょっと理解しがたいところがある。批判をやめれば、西田に反対することで成り立っていた田邊哲学が倒れてしまうということがあったかもしれない。しかし、そのような個人的動機を哲学の場に持ち込むことは適切とはいえない。根本のところは、二人の哲学的思索の質の違い、そして、取り組んだ問題の違いにあったといわねばならない。

それは何か。二人の思索の質の違いは、田邊の「種の論理」が、国家、つまりポリス的共同体に哲学の主眼を置くプラトンの思考に倣うものであったのに対して、西田の「場所の論理」は、ポリスの崩壊の後のヘレニズム的思考に親近性をもつものであったといいうるかもしれない。ここでヘレニズムというのは、ヘブライズムに対するものという意味ではなく、ポリス的特質を失って個人的・普遍主義的、もしくは世界主義的となった思考という意味である。田邊の思考の中核をなすものは、田邊自身が述べているように、プラトンの「政治的思考」に連なるものであったといいうるのに対して、西田においては、「個人の魂の救済」が中心で（「国家理由の問題」という論文があるが）、国家や政治は第一義的な意味をもっていなかったように思われる。

ところで、プラトンは、「海は人の品性を堕落させる」と捉えている（『法律』第四巻、七〇五a）。それゆえ「立派な政治を行おうとする者（つまり哲学者）は、できるだけ海から遠ざかり、海辺に住んではならない」（ストラボンの解釈）と考えた。実際のところ、田邊はプラトンの言葉に従ったわけではないと思うが、晩年には北軽井沢の山荘に閉じ籠ったきり下界に降りてくることはなかった。ところが、西田はプラトンに反して、小さい頃から能登の海を眺めて育ち、晩年は鎌倉の海辺に住んで、京都との間を行き来している。

しかし、プラトンの「海は人の品性を堕落させる」という言葉は、いったいどういう意味か。それは友愛や公正や正義、勇気や信頼といった、有限なポリスの政治空間の中で意義をもつ徳、国家の秩序を維持するために必要な徳の感覚が、海という無限の前では無力化されるということと思われる。プラトンは、ポリスの秩序を乱すものとして、詩人に対すると同様、海に対しても疑念を抱いたのである。

では、人が海に聴き取るものは何か。それは、果てしなき彼方から押し寄せてくる無限の鼓動であって、そこでは倫理というような、人間の社会関係を生きるために不可欠ではあるが、ある意味では人間を縛って歪めてしまう有限で分別的なものは取り払われて、無限に広がる自由で深い世界が開けてくる感がある。西田が直面しているものは無限な開けとしての「場所」であって有限な「種」ではないのである。そこに「無の場所」の哲学者と「種の論理」の哲学者との思考の質の違いともいうべきものがあるともいえる。

そのことと結びついて考えられるのは、田邊は晩年の「死の哲学」のある時期から西田に対する批判をしなくなっているということである。それは、「実存協同」の世界が生者から死者にも拡げられ、死者をも包み込んだ生死交徹する世界として捉えられるようになったときからである。田邊が批判をやめたのは、単なる偶然か、それとも理由があったのかは分からない。したがってこれは想像であるが、実存協同の世界に死者が入ってくると、それまでとは趣が異なってくる。生者に訪れる死者Aはその背後に死者Bを、そして死者Bはその背後に死者Cを、……という具合に、実存協同の世界は海の無限の彼方から波浪が重なり合って押し寄せてくるという具合に、時間的にも無限な広がりをもったものになってくる。実存協同の世界は社会共同体として、もともとポリス的な政治空間と結びつけて構想されたが、それが死の世界まで拡げられると、ポリスの狭い枠が外されて、生死を包み込んだ限界をもたない世界となってくる。そのような無限の世界に迷い込むと、田邊は西田に反対しようにも、反対する理由がなくなってしまう。このようなことが考えられるのである。いずれにせよ、二つの哲学の対立を論理として確立した後ではなく、二人の哲学者がどのような問題をどのように考えたかというところに立ち返って問うことで、その対立はかえって意味深いものとなってくるように思われる。

2 種の論理の挫折とその理由

「種の論理」に引き返したい。田邊が「種の論理」を構想したとき、念頭に置いていたのは、厳密にいって「国家」であった。人間社会を動かしている原理を歴史において見るなら、それは国家といわざるをえないと田邊はいう。したがって、田邊にとって、基礎存在論は社会存在論にして国家存在論であったのである。

しかし、田邊が「種の論理」の内容として国家を取り上げた直接の動機は実践的なもので、当時の政治情勢である。当時は昭和六年（一九三一）の満州事変をはじめとして民族主義に立脚する全体主義、国家主義が台頭して国家を非理性的な方向に引きずっていくという趨勢にあった。その中にあって、国家が非合理的な方向に向かうのを押し止め、国家を道義的に正そうとするところに「種の論理」の実践的動機があったのである。しかし、国家を道義的に正すためには、それを理性的根拠にもとづいてなすのでなければならない。すなわち、「国家とは何か」を明確に摑んでいるのでなければならない。そこに、田邊が「種の論理」において国家を問題にする「実践的動機」と「理論的理由」とがあったのである。実際のところ、理論的態度と実践的態度の二つが緊密に結びついているところに田邊哲学の特色があるのである。

このような理論と実践との緊密な結びつきは、多分に「国家」（Politeia）のプラトンを思わせるもので、プラトンは「自分が全くただの言説の徒にとどまって、いかなる現実にも進んで触れようとしない人間となること」は「哲学を裏切ることになる」として、シケリアの政治に関わったのであるが、「哲人政治」は失敗した。その反省から、プラトンは晩年に「国家」（ポリテイア）から「法律」（ノモイ）へ移ることになるのであるが、田邊の「種の論理」もプラトンと同じように失敗した。なぜ失敗したのか。そして、失敗した後、田邊はどのような方向に進んだのか。ここで見たいと思うのはそのことである。

その前に、田邊は国家をどのように捉えたかを見ておきたい。田邊が「種」として取り上げたのは「民族」ではなく「国家」であった。そして、国家において取り上げたのも「文化」ではなく「政治」であった。田邊は、「種」ということで自分がいおうとしているところは世間では正しく理解されていないことを懸念して、このことを間違わないようにしてほしいと念を押している。

民族も種であるが、民族は基体にとどまり、国家ではない。法律や制度を備え、意志決定機関をもった主体となって初めて、民族は国家となる。そして、主体としての国家を代表するものは政治であって文化ではない。

経済は国家の身体的内容といいうるが、文化は国家の精神内容を表すものとして、政治と並んで国家の不可欠な要素である。しかし、文化の特殊性は政治の特殊性とは質を異にする。文化は政治のような排他性や閉鎖性をもたず、その特殊性は他の文化の特殊性と相互に響き合い通じ合うことにおいて、普遍性への方向をもち、それゆえ、国家の特殊性を超えてこれを普遍的なものへ高める機能を果たすものであって、国家において重要な位置を占めるのであるが、政治はそのような普遍性への方向はもたない。政治においては、国家の特殊性は排他性や閉鎖性として現れるが、そうなさしめるのは国家の「主権」である。主権は法を媒介とするが、法を遂行するものとして力であり、それ自身は法に規制されないところ、法を超えたところをもち、「自己の存続に固執する」ことをその本質としている。

実際のところ、他者のために自己を犠牲にする個人はあっても、他の国家のために自らを犠牲にする国家というものは歴史上かつてあったためしはなかった。国家の自己存続の要求は、内に向かっては、その成員を力で縛る一方、外に向かっては排他的となって現れるという閉鎖性をもつ。その意味で国家はその底に暗いものを秘めている。田邊がその国家論に取り組んだ直接の動機も、国家のその暗い力、国家強制の原理の出所を見極めるためであった。

国家が内に秘めているそのような「自己の存続に固執する」暗い力から国家の不合理な強制やアンモラルが生じるとして、ホッブズは国家を「リヴァイアサン」という怪獣になぞらえた。田邊が「国家とは何か」で問題にしたのも、今述べたように、個を脅かし、呑み込んでくる国家の暗い力であって、その強制力の正体を見極めることにあったのであるが、田邊はホッブズと異なった方向にその強制力を考える。

国家はもともと強制をその目的とするものではない。リヴァイアサンは国家の疎外態であって、その本質ではない。国家の本質は、むしろ個の自由を保証し、進展させるものであり、個の自由を介して自ら発展するところにある。「その強制を直ちに自由に転じ、個の自己犠牲を個の自己実現へと高め、統制即自発的協力たらしめて、個の自由を保証する」ところに国家の本質がある、と田邊は考える。そのようなものとして、田邊は、国家の本質は「種的」なものを超えた「類的」なものだとして、「類的国家」という概念を提示している。そして、国家が人間の自由を保証し実現するものとして歴史世界に現れたということは、イエス・キリストが「神の啓示」としてこの世に現れたことと同じ意味において、国家は「絶対の応現」だということであって、私がイエス・キリストに倣うように、国家に協力し、必要に応じ場合によっては、私の存在をそれに対して犠牲とすべきものとした。国家は人間に自由をもたらし実現するものとして、理性的・神的なものである、と田邊は考えた。こうして田邊は、ホッブズ的ではなく、ヘーゲル的に国家を捉えたのである。

しかし、ここに田邊の「種の論理」の問題点があった。というのは、「種の論理」は田邊の意図とは逆方向にはたらいたからである。国家の理想を「類的国家」や「絶対の応現」として捉えることで、国家が非合理的方向に向かうのを差し止め、道義的に正そうとした企てが、非合理的な国家の自己正当化の手段として利用され、結果として、個の自由を国家に同化させることになったのである。

しかし、問題はただ実践的な面だけにあったのではない。理論的な面でも綻《ほころ》びがあった。田邊が、国家の本質を求めて「類的国家」や「絶対の応現」という考えを提示したとき、「種の論理」はすでに破綻していたのである。「種の論理」は、類・種・個という三つの契機が、相互に否定的超越の関係にあって断絶していることで、それらの間に交互媒介、交互転換が成立するものとして建てられたのであるが、国家が「類的国家」や「絶対の応現」としてユートピア化し、もしくは絶対化され、種と類とが一体化されることで、種と類との間にある否定的超越の関係や断絶が埋め尽くされてしまい、両者の間に媒介関係がはたらかないものになってしまっているからである。そこにあるのはプラトン的なイデアとその実現という関係でしかない。

「種の論理」の挫折の決定打となったのは、そこで「種」と「類」を媒介するものとして位置づけられた「個」が全く機能せず、無効であったということである。このことの反省から、田邊は後に「種の論理」の新しい立場に移ったのであるが、その問題が田邊哲学と親鸞との関わりを見る際にも重要となってくるので、「種の論理において個が無効であった」とはどういうことかを、立ち入って見ておかねばならない。ここではそれを、田邊が「種の論理」を構想するに当たって感化を受けたベルクソンの『道徳と宗教の二つの源泉』の考えにもとづいて説明しておきたい。

周知のように、ベルクソンは「道徳」の二つの源泉として、「閉じた社会」と「開かれた社会」とを区別した。そして、「閉じた社会」は「力」に支配された「種的」で「特殊」な社会であるなら、「開かれた社会」は「呼びかけ」と「愛」を内実とする「類的」で「普遍的」な社会であるとした。そして、一方が「仮構機能」(fabulation) によって眠り込まされたものとして「知性以下」(infra-intellectuel) であるなら、他方は「感動」(émotion) によって目覚めた社会として「知性以上」(supra-intellectuel) のものとした。しかし、ベルクソンは二つの社会をこのように区別しながら、両者は質的に異なっていて、道徳的天才の創造的飛躍によって「開かれたもの」は出現するが、「閉じたもの」から開いたものへの連続的移行はないとして両者を切り離したままにして、関連づけることはしなかった。

田邊はベルクソンのこの考えを不十分と見なして、それに改造を加えて「種の論理」を建てたのであるが、その企てを田邊は、ベルクソンが異なる二つの類型として並置した二つの社会を、「知性」を介して関連づけるという仕方でなした。つまり、「知性」を、閉じたものを「開く」はたらき、つまり行為と見なして、その役を「個」に振り当て、種・個・類という図式からなる「種の論理」を建てたわけである。田邊は次のように述べる。

種の論理とは、普遍と個別との観想的同一性に立脚する自同性論理に対し、個体の自由による類的全体の理性化に対する媒介として、それ自身否定的媒介的なる種的基体の転換性を明にすることにより、その実践的自覚を以て弁証法の論理を具体的に立証しようといふ意味であつた。

（『田邊元全集』第七巻、二五三頁）

しかし、「種の論理」のアキレスの踵《かかと》ともいうべきところは、まさに田邊がベルクソンの考えに改造を加えたこの部分にあった。ベルクソンが異なった類型として並置するに留めた二つの社会を、田邊は「知性」を行為として両者の中間に置いて関連づけ、知性を閉じたものを「開く」と見なしたのであるが、そこに田邊の誤算があった。「知性」に導かれた行為は実は、閉じたものを開く力をもたなかったのである。それなのに、田邊は知性を過信して、知性がそのはたらきをもつと速断した。つまり、設計図が間違っていた。田邊は、アクセルを踏むだけで車が動くというような設計図を作っていたのである。知性のはたらきを過信したところに、「種の論理」がベルクソンのいう「偽の問題」（faux problème）であったゆえんがある。田邊は昭和十四年（一九三九）秋に「国家存在の論理」を書いてから、昭和十九年（一九四四）秋に掛けて、筆を断ったまま沈黙を余儀なくされた。そのことは「種の論理」の破綻を意味するものであったのである。

どうして、「個」のはたらきが無効であったのか。それは、田邊はそこではまだ絶対無にリアルに触れていなかったからだといわなければならない。たしかに、「種の論理」において、絶対無に対して「類」としての地位が与えられていた。しかし、無は、そこでは「イデー」として前方に望まれていただけで、足元においてはたらく実在ではなかった。無は観念であって現実ではなかった。田邊が知性を過信した理由も、実はそこにあった。それは、田邊が実在的無に触れていなかったことを証するものであった。田邊は、それまでの哲学と自己とが行き詰まり、「支離滅裂・七花八裂」となって砕け散ることの中で、そのことをさとった。そして、「絶対無」にリアルに触れることになる。田邊は矛盾の底に超越せしめられることで絶対無の転換力に触れ、そこに「懺悔道」としての、自己の生きる道を見いだしたのである。懺悔道において、田邊はソクラテスのいう「無知の知」という哲学の原点に立ったわけである。

3 懺悔道と親鸞との関わり

『懺悔道としての哲学』は、田邊のそれまでの哲学と自己とが無の底に没落することで、無の底から新しく存在が与えられたという経験、絶対無の転換力によって死・復活せしめられたという経験の告白とその反省を記述したものであった。この「懺悔道の哲学」に関して、西谷啓治は「その哲学は、すべての根本的哲学がさうであるやうに、哲学の山中に一つの涸れることなき真理の源泉を鑿掘した。そしてそれは、それに浴する人々のために種々なる病ひを医療する力を、永く渝らずに保有するであらう」（『西谷啓治著作集』第九巻、三〇〇頁）と述べて評しているが、この言葉は、この書の意味をその深いところで摑んで的確にいい表されたものとして心に止めおくべきであろうと思う。

田邊は『懺悔道としての哲学』を、理性の営みである「理観」（ノエティーク）を超え出たものとして「超理観学」（メタノエティーク）と呼んでいる。一方、「メタノイア」とは「後思」ということで「後悔」を意味するが、田邊のいう「懺悔」は自己の過誤を苦悩の内に率直に認めて自己の存在資格そのものを放棄することをいうのであって、後悔する自己を引きずったものではない。したがって、西田は「田邊の懺悔は懺悔ではなく後悔であって、相場師でも過ち迷うのである」と批判しているが、この批判は当たらないように思う。田邊は懺悔において、自己の空無性・無価値性・反価値性を率直に認めるとき、不思議にも、一度否定された存在が肯定に転ぜられるという経験をした。田邊にとって懺悔は、自己が否定されたところで自己が新たに回復されるという、死・復活であり、回心であり、転回であったのである。

田邊哲学の土台は、この絶対無の転換力に触れることで入れ替わったのであるが、そこでの田邊の思索の導きとなったのは、いうまでもなく『教行信証』における親鸞の思想である。

然るに今や私は自ら懺悔道として哲学を他力的に踏み直す機会に、教行信証を精読して、始めてそれに対する理解の途を開かれたことを感じ、偉大なる先達として親鸞に対する感謝と仰慕とを新にせられるに至つた。……私は今や親鸞の指導に信頼して懺悔道を推進せしめられるに至つたことを、他力の恩寵として感謝せずに居られぬ。

（「懺悔道としての哲学」『田邊元全集』第九巻、六～七頁）

と田邊は述べている。

しかし、ここで取り違えてならないのは、『懺悔道としての哲学』は田邊のそれまでの思索の歩みの中でおのずから生じてきたものであって、『教行信証』の影響を受けて成立したのではないということである。親鸞の思想は田邊の思索の先達、道標となったということであり、したがって、両者の関係は、思想史研究において一般になされるような影響関係ではないということである。親鸞の思想は田邊の思索の歩みのうちにおのずから入ってきて、その思索を照らす光となったのであって、「親鸞は正に私を懺悔道に導き入らしめる先達として還相したといふべきである」（『田邊元全集』第九巻、四一頁）と田邊は述べている。そこにあるのは「影響・因果」の関係ではなく、「媒介・映発」（同前）の関係である。その意味では、田邊は親鸞のみならず、キリスト教からも大きな感化を受け取っているのである。

田邊にとっての親鸞の意義は、田邊が、懺悔を通して、自己がより深い根源から再生せしめられたという出来事のもつ意味を深く掘り下げるための導きとなったということである。しかし、それだけではない。より大切なことは、田邊は親鸞の思想に触れることで、挫折して「種の論理」を新しく立て直すための足場を見いだしたということである。「田邊哲学と親鸞の思想」ということで考察したいと思うのは、実はそのことである。そこで注目されてくるのが親鸞の「還相回向」の思想である。

「種の論理」の挫折によって田邊が思い知ったのは、知性や理性の限界、いわば自力の限界である。「種」の特殊性を破って「類」へと開く「個」のはたらきは、知性や理性に根拠を置く行為ではなく、絶対無を源泉とする行為でなければ有効ではないということを田邊は懺悔道において思い知った。しかし、そのような絶対無を源泉とするような行為ははたして存在するのだろうか。それはある。田邊はその存在を証明する実例を、親鸞の「還相回向」の思想に見いだした。そして、それによって種の論理を新しく立て直す足場を見いだしたのである。

4　還相回向と隣人愛

いったい、還相回向とは何か。それは絶対無が人間の行為を通してはたらくこと、すなわち、絶対無が人間の行為を介して種的社会に出現することである。親鸞が『教行信証』の中心問題として追究したのは如来の「回向」のはたらきであるが、如来が衆生界に向けてはたらくこと、つまり、絶対無が人間を通して人間の世界に出現することを、親鸞は還相回向と捉えた。絶対無は、無であるから、相対的有である人間に直接はたらきかけることはできない。したがって、絶対無は、相対を媒介して相対にはたらきかけるのでなければならない。そのような相対的有を媒介とする絶対無のはたらきを親鸞は「還相回向」と名づけるのである。この事態を、シモーヌ・ヴェイユの次の言葉がよく示していると思う。

飢えでなかば死にそうになっている、その不幸な人が路上に横たわっている。神は、その人にあわれみをかけられるが、パンを送ってよこすことはなされない。だが、今ここにいるわたしは、さいわいなことに神ではない。わたしは、その人に一片のパンを与えることができる。これこそ、わたしが神よりもまさった唯一の点である。……神は、不幸な人々のためにパンをと切に願っておられるが、ご自身はそれをお与えになれない。
（『超自然的認識』三二五頁）

ところが、残念なことに、その飢えた人を無視してその傍らを過ぎ去ってしまうのが私である。その人が私の目に止まらないのは、私の心に神がいないからである。したがって、私がその人にパンを与えるとするなら、それは神のあわれみが私の心に出現して、私を通して神のあわれみがはたらいたからでなければならない。私ではない如来の「心」が私の「心」に入り込んではたらくことが「信」といわれ、その信を親鸞は「回向」と呼んだ。その回向の心行によって、私が相対の世界を脱して如来へと高められることが往相回向といわれる。そして、その往相回向の心行が衆生の身体の動きとなって外に現れることが「還相回向」である。したがって、還相回向とは、如来、つまり、絶対が信を通して相対に入り込み、相対を通して相対世界にはたらき、伝播することである。

絶対の大悲は、その大非の作用の媒介として自立的相対を方便とし、絶対他力として却て相対を自らの他者として媒介に使ふといふ絶対媒介性を現ずる。これが絶対即絶対還相性といふべきものであつて、その媒介としての相対の還相が、いはゆる還相廻向となるのである。

（『田邊元全集』第九巻、二三二頁）

と田邊はいう。

還相回向とは、そのような、相対を通しての絶対のはたらきとして、他力である。絶対のはたらきが、相対を通して衆生の世界を伝播してゆく様子は、絶対（如来）が、釈尊のさとりとなって、人間の世界に現れると、釈尊のさとりは次いで曇鸞にはたらいて曇鸞のさとりを生じ、曇鸞のさとりが善導に、善導が法然に、法然が親鸞に、そして親鸞が田邊にという具合であって、そのようにして、絶対が相対を通して先達から後進へという具合に、人から人へと、歴史・社会を貫いてはたらき、人々の間に兄弟関係を打ち立て、実存協同の世界を開いてゆく。こうして、相対が生きる種的社会は開かれ、いのちの通った実存協同の世界となるのである。

田邊が親鸞の還相回向に注目したのは、「種の論理」において挫折した個の行為が、その根拠を如来、絶対、あるいは無限に見いだすことで、立て直されると考えたからである。田邊は次のように述べる。

私が懺悔道を哲学の道とするのも、斯かる連帯観に基くのであつて、其本来の動機に於て既に社会的たるのである。併し真宗の他力教に指導せらるゝことなくしては、還相教化の社会的秩序の観念に導かれることはあり得なかつたであらう。……但し私が真宗の還相思想に傾倒するのは、……その還相を媒介する種的共同性が、かねて私の考へ発表した「種の論理」に拠る社会存在論に呼応して、これに宗教的根拠を与へ……その論理の展開は……それに対して還相の思想は宗教の立場から保証を与へる所があるので特に満足を感ずるのである。

（同書、二五五～二五六頁）

こうして田邊は、親鸞の還相回向の思想を通して、人間の「社会存在」の内に、単なる個人存在としては見いだすことのできなかった積極的価値を見いだし、行き詰まった「種の論理」を新しい根底から立て直す手掛かりを得たのである。

田邊は、絶対無の転換力にもとづく行為の実証例をまた、キリスト教の「隣人愛」の内にも捉えている。キリスト教は、神の主要な二つの命令として「神への愛」と「隣人への愛」を挙げ、それを「神の愛」に統括して、愛の三・一性とした。この二つの命令、すなわち、「神の愛」と「隣人愛」は、親鸞が二種回向とする如来のはたらき、すなわち「往相回向」と「還相回向」に相当する。親鸞は、人間をこの世を超えた彼岸あるいは涅槃へと向かわしめる如来のはたらきを「往相回向」とし、地上の此土へ向かわしめる如来のはたらきを還相回向として、両者を「浄土の大菩提心」の二面とした。

二種回向に見られるのと同じように、この世を超え出て神へ向かう「神への愛」は、人間の歴史社会に「隣人への愛」となって現れる。そのことを田邊は、「神への愛」は「隣人愛」を「媒介」とするという。「神への愛」の人間社会における現れが「隣人愛」であり、したがって、「神への愛」が真実であるかどうかを証明するものは、それの地上における現れである。「神への愛」が「隣人愛」としてしか確かめられないことを、田邊は次のように述べる。

われわれは神を愛するといつても、決して神に何ものかを付加へることはできない。ただ神に対して為しうるところは、神の働きである相対者に対する救ひに、私みづから参加して、私みづからそれの器としてみづからをそれに献げること以外に方法はない。すなはち……隣人愛を行ふといふこと以外に、神を愛するといふ途はないのです。……神を絶対無として、われわれがそれに触れる途はそれ以外にないわけであります。

（『田邊元全集』第十一巻、二二六頁）

「神への愛」が、人間社会において「隣人愛」となって現れるということは、「無即愛」が相対有を通して人間社会に媒介されるという点において「還相回向」に重なっている。違いは、「還相回向」が、先達から後進へという仕方で、時間を通して展開する兄弟関係であるのに対して、「隣人愛」は、平面もしくは空間において広がる兄弟関係であるということである。そのようなものとして、田邊は時間の次元を含んだ兄弟関係としての「還相回向」をより深いものとして捉えている。

ところで、「隣人愛」が「神への愛」のこの世における現れであるということは、「神への愛」のこの世における現れは「正義」であり、それが「隣人愛」の内容だということである。人間の生の直接的な場である種的社会は力の支配する必然の世界であり、強者が支配し弱者が従うという、差別や不平等の世界である。そのような力の支配する不平等の世界において、強者が弱者を同等と見ることが正義であり、そのように同等と見る場を開くものが「隣人愛」である。

力の関係において自分よりもずっと弱い人たちを同等に取扱う人は、運命によって彼らから失われていた人間という資格を本当に彼らにあたえるのだ。その人は被造物に可能なかぎり、彼らに対して創造主の元来の寛大さを再生している。

(『シモーヌ・ヴェーユ著作集』Ⅳ、一〇四頁)

とヴェイユは述べている。力の差異の中にあって、相手を同等に見ることが「寛大」(générosité)であり、その寛大さは神の愛をこの世で映しているものである。「隣人愛」が神の愛のこの世における現れということは、隣人愛はこの世において「公正」や「正義」という形をとって現れるということである。田邊がこのように親鸞の「還相回向」やキリスト教の「隣人愛」の思想に注目するのは、絶対無を源泉とする行為の具体例がそこにあるからである。田邊はそこに類と種を媒介しうる行為の原型を見いだし、挫折した「種の論理」を立て直して新しく展開する道を見いだしたのである。そして、『懺悔道としての哲学』以降の晩年の宗教哲学的思索は、それを実際に展開したものであったのである。

結語

「還相回向」や「隣人愛」の思想において重要なことは、絶対が相対としての個を通してはたらくということだけではない。個のはたらきが遂行される場所は、類が個のはたらきを介して自らを映す場所であるということである。新しく展開された「種の論理」において、田邊が国家を「方便化身土」として捉え直したことの理由がここにある。

「種の論理」が挫折したのは、国家が「絶対の応現」と捉えられて絶対化され、種と類とが一体化されて、類は種を否定的に超越するものでなくなったために、両者の間の媒介関係がなくなったからであった。そこで田邊は、新しく立てられた種の論理において、国家を「方便化身土」として捉え直す。「化身土」ということは、それが真の浄土（「真仏土」）ではないということであるが、しかし、それが仮の浄土として「方便」であるということは、仮のものであっても、真の浄土へ至るための方便として欠くことができないということである。田邊は、国家をそのような「方便化身土」として捉えることで、「種」としての国家を「類」としての浄土と正しい関係に置き直すのである。すなわち、「化身土」としての国家は、「真仏土」としての浄土と区別されつつ、そこに浄土を映し、具体化してゆく場所となるのである。そして、そのはたらきを担うものとしての個のはたらきが「還相回向」、あるいは「隣人愛」において捉えられる。「還相回向」や「隣人愛」は、「種」としての「国家」を、「類」としての「浄土」を、映（移）すはたらきとなるのである。そして、そのような浄土を映す国家を「方便化身土」とすることで、田邊は「種の論理」を新しく立て直したのであるが、そこで重要なものとして注目されてくるのは、「仏国土」の観念である。

いったい、「種」としての「国土」に「類」としての「浄土」が映るとは、具体的にはどういうことか。

それは理想国家を建設することではない。われわれが国家において生きることは、法や制度の下で生きているということである。それゆえ、国土に浄土が映るということは、法や制度が善きもの、正しいものになることであり、現にある制度に善が浸透し、人情が通い、友愛を育むものとなることである。それが良き制度のもとに良く生きるということである。田邊は、プラトンが晩年に、「理想国家」から「法制論」に移ったことの意義をそこに認めている。そして、ここに、田邊は新しく建て直された「種の論理」を捉えるのである。

その田邊の立場を簡潔によく示しているものとして、昭和十九年（一九四四）十月、京都哲学会での田邊の講演、「懺悔道――Metanoetik――」の結論部分を挙げておきたい。

アリストテレスは友愛の章の始めにおいて、如何なる人も自己一人で生きる事を望まず、人と人と睦み合う事の要求を棄《す》て居ないと言うが、これは重要な事である。文化の建設では尽し得ぬ人と人との睦み合う喜びがある。親が子に対する愛はかかるものであろう。絶対が相対に対し、また相対が相対に対し愛の関係に入る事は、アリストテレス的な理性の立場では考えられない。そこには理を超えた愛とか、大悲とか言うものがなければならない。法蔵は悪人をも生かし切る原理である。それは……個を吸収する理性的普遍ではなく、……個を徹底的に生かし切るものである。……個が普遍の上に転ぜられるのを仏国土と呼ぶならば、そこに帰るのが還相である。もはや自己の解脱、自己の救いに止る事はできない。自己の救いは絶対に依る個と個との結び付きに参加する事であり、自己の渡る先に他を渡す以外に道はない。菩薩行とはかかるものである。これは仏教教団と言う特殊な世界に限るのではなく、この現実の国家的社会建設に下りて来るのであり、もはや理の立場で考えられる建設ではなく、人情的なものをも包み生かす世界の建設でなければならない。プラトンはその国家論《ポリテイア》において理想国を説いたが、それはイデア論の立場に外ならない。しかし晩年の法制論《ノモイ》においてはレアリスティシュになり、現実のアテナィ国家の法制について述べて居る。政治は妥協と言われる、あるいは政治はレアリスムス、倫理はイデアリスムスと言われるが簡単にそう言い切る事はできぬ。妥協ではなく、人と人との間を生かし切る政治が有り得る筈である。プラトンが現実の政治に失敗した後、国家論《ポリテイア》におけるイデアを観る立場より法制論《ノモイ》におけるイデアの働きを行ずる立場に移ったと考えられる。かかる立場が吾々の帰って来る所である。是非せねばならぬと言う故に焦慮し、そのためにできる事さえ種々の争いのために力を出し切れないような事が起るが、しかし皆が相互に睦み合い、相互に救いに出得るような政治がある筈である。このような政治があれば、元来無力の自覚より出て居る故に、課せられた事は何でもやって行けるであろう、何故ならそれは現実が大悲の立場において私に課したものに外ならぬからである。（『懺悔道としての哲学』、田邊元哲学選Ⅱ、二九―三〇頁）

田邊は、そのような政治の立場として、聖徳太子の「和をもって貴しとなす」という精神を挙げる。そして、それは、聖徳太子が「世間虚仮・唯仏是真」として世間を超出したところに立ちながら、なお世間にとどまって困難な道を遂行する懺悔の道、還相回向の立場であるとする。要するに、類の立場を目指しながら、そこに直ちに赴かないで、「人と人との関わり」、「実存協同」を通して、つまり「種的共同体」においてそれを受け取り、具体化する立場に立つのである。そこに最晩年の死の哲学に至るまでの田邊の思索を貫いている変わらぬ道筋、田邊哲学の骨格ともいうべきものがあると思う。

付録Ⅱ　高坂正顕著『歴史的世界』解説

1　本書の成立とその背景

『歴史的世界』は、著者のカント研究の一連の諸著作とともに著者の代表的著作である。まず本書の成立について述べておきたい。本書は著者の最初の著作であり、昭和十二年（一九三七）に岩波書店から出版された。著者は、歴史哲学に関する著作をその後も相次いで著し、昭和十四年（一九三九）には『歴史哲学と政治哲学』、昭和十八年（一九四三）には『歴史哲学序説』、昭和二十五年（一九五〇）には『歴史の意味とその行方』などを発表している。『高坂正顕著作集』第一巻は『歴史哲学』と題されて、そこにはこの『歴史的世界』と『歴史の意味とその行方』が収められている。著者はこの二つの著作を深い繋がりのもとに見ているが、両者の間には第二次大戦を挟んで十三年の年月の隔たりがあるので、ここでは最初の『歴史的世界』のみを取り上げ、『歴史の意味と行方』については、本書との繋がりのみを解説するにとどめた。

本書は、著者がいうように、「歴史的世界の現象しきたる姿を、その多様なる現象形態の分析を通して記述せんとしたもの」であり、歴史哲学の理論や方法をめぐる議論よりも、歴史的世界の多様な現象の諸形態の分析・記述を通して見えてくる歴史的世界の構造を描くことに主眼が置かれている。そのような本書の特色を、著者は後の『歴史の意味と行方』と対比させ、後者（『歴史の意味と行方』）が歴史的世界の構造を、実践的関心を主として、動的に捉えたものであるのに対して、本書は歴史的世界の構造を静的に捉えたものである、と述べている。歴史を如何に生きるかという実践的関心よりも、歴史的現象の諸形態を分析し記述する理論的関心を主にするものであると、著者はまず断っている。

本書における著者の分析は、事柄の核心を的確に捉える確かな直観と洞察に裏付けられており、それはさらに明快でしなやかな文章によっていい表されている。そこに本書の魅力があり、本書が今日もなおそれを読む者に新鮮で瑞々しい感じを与えている理由である。著者のそのような深い洞察力を師の西田幾多郎も高く評価していた。そのことを示している西田の手紙に、例えば次のようなものがある。「君の『思想』の論文を読んだ。古代の祭礼の分析から原始社会の本質をあらわす手法は感服だ。さういふやり方を深めてゆくのはおもしろいと思ふ。私の logisch-ontologisch に考へる社会の本質も君の考へに一致すると思ふ」（『西田幾多郎全集』第十九巻、四二頁）。本書が、カント研究の諸著作と並んで、著者の代表作として位置づけられるゆえんがそこにある。

本書は昭和七年（一九三二）、岩波の『思想』に発表された論文「歴史的なるもの」を序論として、「歴史的周辺」「歴史的認識」「歴史的基体」「歴史的主体」「歴史的世界」の五章から成り、付録として「「みち」の解釈学的構造」が収められている。それぞれの発表年代は以下のとおりである。「歴史的なるもの」（『思想』第一一六号、一九三二年一月）、「歴史的認識」（『哲学研究』第二二八号・二三〇号、一九三五年三月・五月）、「歴史的周辺」（『思想』第一四五・一四六号、一九三四年六・七月）、「歴史的基体」（『哲学研究』第二四八号、一九三六年十一月）、「歴史的世界」（『思想』第一七四号、一九三六年十一・十二月）、「歴史的主体」（『哲学論叢』第五輯、東京文理科大学哲学会、一九三七年六月）。

これらの諸論が書かれた時期は日本の歴史的・社会的状況が激しく動いた時期であり、時局との直接的結びつきを離れたところで書かれた諸論のうちにも、当時の状況が何らかの形で映っていることを著者は語っている。しかし、そのことについて述べるに先立って、本書が京都学派の哲学者たちの思考空間において如何なる位置を占めているかを見ておきたい。

2　京都学派と歴史の思索

西田幾多郎を中心とする京都学派の哲学者たちが、師と弟子という枠を超えて相互に刺激や影響を与えつつ、それぞれが自由に思索を展開し深めてゆくという思考様式をとっていたことは、よく知られている。それぞれが他から得た着想や概念を自己化し、それに重ねて自らの思想を形成してゆくという極めて自由闊達な思考様式は、「哲学工房」ないし「思索協同」ともいうべき性格を有していたことは、京都哲学撰書（燈影舎）第七巻（木村素衞『美のプラクシス』）や第十一巻（西谷啓治他『世界史の理論』）において岩城見一や森哲郎の指摘するところである。そのような思索協同の空間において追究された問題の一つに「歴史」がある。では、それはどのように追究されたのであろうか。

まず、西田から見ておきたい。西田哲学において「歴史」は最初から重要な位置を占めていたのではない。「歴史」という言葉が西田の思索において登場してくるのはかなり遅くなってから、西田が京都大学を定年で辞めた昭和四年（一九二九）あたりからである。それは西田の思想の発展深化のおのずからの結果ともいいうるが、外的要因もまたそこにはたらいている。西田が「夜ふけまで又マルクスを論じたりマルクスゆゑにいねがてにする」という歌を詠んでいるのは昭和四年九月であるが、マルクス主義との対決をめぐって師を交えた弟子たちの間での賛否両論を含む自由で白熱した議論が、歴史・社会の問題に対して西田の関心を向けさせるきっかけとなったことは周知のとおりである。そこにはさらに、田邊元の西田哲学批判が加わってくる。田邊が、「西田先生の教へを仰ぐ」という論文を『哲学研究』第一七〇号に発表して西田哲学批判を開始したのは、昭和五年（一九三〇）であり、以後「種の論理」の立場を打ち立てることによって田邊の西田批判は次第に先鋭化してゆく。そのような西田批判の起点となった「種の論理」の構築に田邊が精力的に従事したのは、「社会存在の論理」を書いた昭和九年（一九三四）から十五年（一九四〇）頃までである。田邊の「種の論理」においても、満州事変から、二・二六事件、日支事変にかけての当時の日本の急激な変化を伴った歴史的・社会的な状況がはたらきかけているのである。

そのような事情が絡んで、昭和六、七年頃から「行為的自己」や「歴史的現実」という概念が西田の論文に頻繁に登場してくるようになる。そして、昭和九年の『弁証法的一般者としての世界』において、それまでの「純粋経験」や「自覚」や「場所」の立場に代わって、「歴史的現実」が西田哲学の新しい出発点として打ち出されてくる。その立場を西田自身は、それまでは「自己から世界を見るという立場が主となっていた」が、今や、世界から自己を捉えるという「客観的限定」の立場、つまり「歴史的現実」の立場をその哲学の出発点とするに至ったと表明している。このような西田の思索の変遷は、師をも含む京都学の思想家たちの思想状況を反映している。京都学派の思想家たちは、このような状況の中で、それぞれ独自に「歴史的世界」についての思索を深めてゆくことになるのである。

著者は、本書がこのような京都学派の思想状況、つまり西田や田邊の思想から影響を受けると同時にまた影響を与えるという状況の中で成立したことを、次のように語っている。「この論文（歴史的基体）を境として一層重視されて行くのは、田辺先生の「種の論理」の提唱に俟つこと、この書の基調が西田先生の「歴史的世界」であることと共に、改めて識者に断わるまでもないであろう。この論文においては、歴史的世界の現象学以上に、ささやかながらその形而上学への発端が置かれ、且つ歴史哲学への方法の反省が付加されている」（『歴史的世界』三〇四頁）。

このような歴史をめぐる思索協同の空間において見落としてならないのは、本書と三木清の『構想力の論理』との関わりであろう。三木が『歴史哲学』において展開した「事実としての歴史」という概念は、師の西田の強い影響のもとで書かれていることは周知のとおりである。しかし、三木の『構想力の論理』が本書『歴史的世界』から多くのヒントを得て書かれていることは、これまで全くといっていいほど注目されることはなかった。だが、実際のところ、高坂と三木との間には深い関係がある。本書の序文「歴史的なるもの」が岩波の『思想』に発表されたのは、三木が『歴史哲学』を著した昭和七年（一九三二）であり、そして、三木が『構想力の論理』の諸論文を『思想』に書き始めたのは、著者が本書を出版した昭和十二年（一九三七）である。年代からいえば、三木の『歴史哲学』と『構想力の論理』は本書『歴史的世界』を中に挟んでおり、それぞれ後のものが、先に出たものの影響を受けて出現しているのである。

『構想力の論理』において、三木清は「神話」や「制度」や「技術」の内にロゴスとパトス的なものの総合としての「構想力」のはたらきを捉えた。そこにおいて三木が、構想力のはたらきを個人を超えた社会的なものにまで拡張して追究していることに注目され、そこに三木の思索の独創性が認められたことはよく知られている。しかし、そのような社会的次元における構想力のはたらきは、高坂が本書において「歴史的基体」と「歴史的主体」との関係をめぐって追究したものである。そこで著者が提示している「種的英知」というあまり馴染みのない概念が、そのことを示している。「言語はあきらかに客観性と法則性を有し、英知的である。教養は個人にのみ与えられるべきものではなくして、民族もまた教養を有しうることは種的英知の存在を示すのである。しかし、そのことをさらに明らかに、慣習、制度、法制が示さないであろうか。慣習、制度は種的英知の現れである。民族の自覚が法としての国家となるのであろうが、それだけに法は生命そのものの現実、生への意志の現実として、その限り死せる殻ではなく、生命が自ら自己に与える形態である。……かくして、言語と制度が種的英知を保証する」（同書、一九六頁）。ここで著者が用いている「種的英知」という概念は哲学的概念としては多分に粗削りで、精練されてはいないが、それを三木は「構想力」という洗練された概念のもとで捉え直し、一般的にも理解しうるものに高めて提示したのである。

しかし、このような相互影響を子細に追究することがここでの目的なのではない。実際のところ、相互影響というものは、雲の中に思いのままに像を描くことができるように明確な境界や確かな根拠を証示しうるものではない。ここで示そうとするのは、むしろ相互影響を自明のこととして、それぞれが概念や発想の自由な交換を通して思索を進展させてゆくという「思索協同」としての京都学派の特色である。著作権という、今日では自明であるが、自己の特殊性を主張しようという発想は、そこにはなかったのである。

本書はまた一方、西田にも逆に作用を及ぼしている。西田は本書の「歴史的主体」という論文を読んで感心したらしく、手紙に次のように書いている。「昨日は務台君の論文をよみけふは君の論文を読了した両者共に中々面白い……「歴史的世界に於ては国家も亦誕生する」「国家も亦歴史的世界の出来事として理解せられなければならぬ」といふのは全く同感だ　私はまだ国家の本質といふものについて考へて見る暇がないが　君のあげられて居るA戦争　B国土と祭　C主権など教へられる所多いとおもふ　他日さういふ問題も考へて見たいと思つて居る　云々」（昭和十二年六月二十九日）。西田が昭和十六年（一九四一）に発表した論文「国家理由の問題」は、多分にこの論文からの刺激がはたらいていると思われる。

こうして、京都学派の思想家たちにおいて「歴史」の問題が次第に思索共同の主要な対象となり、昭和十二年（一九三七）に著者の『歴史的世界』が出て以来、歴史をめぐる著作が相次いで出現することになる。昭和十四年（一九三九）に著者の『歴史哲学と政治哲学』、昭和十五年（一九四〇）には高山岩男の『世界史の理念』、昭和十六年（一九四一）には西谷啓治の『世界観と国家観』、鈴木成高の『歴史的国家の理念』、昭和十七年(一九四二)に著者の『民族の哲学』、高山岩男の『世界史の哲学』、昭和十八年(一九四三)に『歴史哲学序説』、そして昭和十九年(一九四四)にそれらの総決算ともいうべき形で、西谷啓治・高坂正顕・鈴木成高・務台理作・高山岩男・相原信作らによる共著『世界史の理論』が出されている。

このように、歴史についての思索が京都学派の哲学者たちにおいて次第に重さをもってきたことの背景には、当時の世界の中で日本の歴史的状況を如何に把握するかという問題が潜んでおり、それは世界史の問題となって現れた。というのは、それまでは世界史は存在しなかったと彼らは考えたからである。それまでは世界史とはヨーロッパ史であった。ランケが世界史を書いたときも、それは結局ヨーロッパ史にすぎなかった。それに対して、ヨーロッパを一つの地方とするごとき世界史が書かれねばならない。そのことは、空間的には、ヨーロッパとは異なる地域が世界史の舞台に登場してきたこと、そして、時間的には、ヨーロッパを一つの世界として成立せしめてきた「近代」がすでに成熟し、時代としては移り変わりの時期に差しかかっているという事実が要求するのである。

ところで、世界史が万国史でないとすれば、世界史を世界史として成立せしめるような普遍的連関ないし原理が捉えられなければならない。京都学派の思索空間において世界史が取り上げられ、近代に代わる新しい原理が世界史の原理として探索されたことの背景には、そのような事情がある。「近代の超克」という概念のもとで探究されたのは、そのような新しい「世界史の原理」であった。その思索が目指すものは世界であり、当時台頭してきた国家主義の理念とは逆方向を目指すものであった。しかし、異なった二つのものが絡まり合ったところでそれが目指す本質が見誤られ、全く正反対の国家主義に与《くみ》するものと受け取られ、戦後彼らが公職を追放される目にあったのは、歴史の悲劇というべきものであった。

3　西田幾多郎と歴史的世界

先に見たように、著者は本書の基調が西田先生の「歴史的世界」であると述べていた。では、西田において「歴史的世界」はどのようなものとして捉えられているのであろうか。そもそも「歴史において生きる」ということを西田は如何に理解していたのであろうか。西田が青年期に書いた「人心の疑惑」というエッセーにそれを窺わせるものがあるので、滅多に見られることがない西田の初期のエッセーの紹介もかねて、ここでそれを取り上げておきたい。

此頃の様な春の日であつて見れば、野は一面の緑となり所々に名も知らぬ小さき花が咲き揃ひ、昼はこりきんだ雲雀が青空をけつて囀るのも爽快であるが、夕に隠なるなつかしい月がぼんやりと山の端にかかつて居るのは何とも云はれぬ景色である。我等は此の美しき天地に棲息して外には親しき友達の会合もあり内には家族団欒の楽もある。毎日定まりたる業務を繰り返して起きる働く食ふ寝る、かくのごとく六十七十の星霜を消し尽くして歯落ち眼かすみつ遂に荼毘一片の煙りと化しさるのである。我等の祖先もかくの如くであつた。我等の子孫もかくの如くであらう。昔から天地はかくの如きものと分かつて居り人生はかくすべきものと定まつて居る。かくの如く考へ見れば、天地人生も極めて明了なる者であり愉快なる者であつて、何の疑惑も不平もない筈であるが、唯此の反省的なる人心の奥底には、かくの如くに信じかくの如くに楽しんで死するを許さぬ所の者がある。

（『西田幾多郎全集』第十三巻、八五頁）

明了なる天地人生に何の疑惑も不安もなく楽しんで生きることをわれわれに許さぬものは何か。それは、われわれの生きる場所が自然ではなく歴史であることによると西田は語っている。つまり、われわれは自然の安定した繰り返しのリズムの外に出て、方向が定まらない歴史において生きている。そこに人間が人心の疑惑から離れえないゆえんがあることを、西田はここで語っているのである。

しかし、ここでは特に歴史が西田の反省に上がってきているわけではない。西田の哲学的思索において歴史が大きな問題となって登場してくるのは、ようやく西田の晩年になってからである。西田の思索が「純粋経験」から出発し、「自覚」を経て「場所」の考えに至り、それが『一般者の自覚的体系』に至ってひとまずの完成を見たことは先に述べた。しかし、昭和六年（一九三一）の『無の自覚的限定』あたりの諸論を境にして西田の立場に変化が生じてくる。それまでの「自覚」の立場に代わって、「歴史的現実」という出発点に西田が立つことになるのである。それはいわゆる、西田哲学の第四期とされる「歴史」の立場である。先に述べたように、西田はその立場を「自覚から世界を見る」のではなく、「世界から自覚を見る」という立場、すなわち「客観的限定」の立場に立つことであると述べていた。次のように西田はいう。「我々人間は歴史的世界から生まれ、歴史的世界に於て働き、歴史的世界へ死に行く。或は人間は生物的世界から生れ、生物的世界へ死んで行くと云ふかも知れない。生物的身体としては、その通りである。併し我々の自己は単に生物的身体に生れるのではない。我々の自己は歴史的社会的に生れるのである、即ち歴史的身体的に生れるのである」（『西田幾多郎全集』第十二巻、三九七頁）。では、われわれがそこから生まれ、そこへ死んでゆく世界が歴史的世界であるというとき、西田は歴史的世界をどのようなものとして捉えているのであろうか。

西田は、歴史的世界とは、そこにおいて「与えられたもの」は「作られたもの」であるということだという。人間は与えられた環境に生まれるが、その環境は作られたものである。その作られた環境を介して、人間は自らを形作ると同時に今度は新しい環境を作ってゆくところに歴史的世界がある。そのことを西田は高坂宛の手紙において次のように述べている。「今度歴史においては何処にも、始から与へられたものと云ふものがあるのではなく、あるものは形作られたものであると考へねばならぬと知りました。形作られたものが基となつて形作られて行くのである。自然といふものも然考へることによつて自然と歴史とが一つに連続する。世界のはじめにも与へられた物質といふものがあつたのではなく、形作られた世界があつたのである」（『西田幾多郎全集』第十八巻、五八八頁）。こうして、歴史的世界においては、直接与えられたと考えられるものは人間の手を介して作られたものであり、作られたものは認識の対象として眺められるものではなく、逆に人間を唆《そそのか》し、人間にはたらきかけ、人間を否定し、人間を作ってゆくものである。人間の生きる場所が歴史であるということは、人間を取り囲む環境が自然ではなく、人間によって作られたものであるということである。その環境が人間にはたらきかけ人間を作り、人間はさらに環境にはたらきかけて新しい環境を作ってゆく。そのようにして「作られたものから作るものへ」と動きゆく世界、「自己自身を形成してゆく世界」が「歴史的世界」であると西田はいう。「我々の自己と世界とは、所謂る主観客観と云ふごとく知識的に対立するのではなく、作る作られるの作為的関係、歴史的実践的関係に立つて居るのである。実在的世界と云ふのは、作られたものから作るものへと、自己自身を形成し行く歴史的世界であり、歴史的身体的に我々の自己と云ふものがあるのである」(『西田幾多郎全集』第十二巻、四〇五頁)と西田は述べている。われわれの自己は、そのような歴史的世界において生まれ死んでゆく。それは眺められる世界ではなく、はたらきかけられ、唆され、それを介して形作ってゆく世界である。そのような歴史的世界に生きているところに、われわれの自己の不安定であるゆえんがある。

しかし、西田がここで示しているのは、歴史的世界の構造ないし骨格にすぎない。歴史的世界の構造をその具体的内容に即して説明しているわけではない。著者はその『歴史的世界』の基調は西田の「歴史的世界」にあると述べていたが、本書の意義は西田の示した骨格の上に皮肉を付したところにある。そこに本書の魅力もあるのである。

4 『歴史的世界』の内容

本書の各章の題名に掲げられている「歴史的周辺」「歴史的認識」「歴史的基体」「歴史的主体」「歴史的世界」という概念は、その概念を見ただけでは、どのようなことがそれによって示されているのかは必ずしも判明ではない。そこで、これらの概念を説明しつつ、本書のポイントを示しておきたい（引用文は本書の掲載頁のみ付す）。

歴史学者のベルンハイムは、自然の現象を取り扱う自然科学とは異なって、人間の痕跡を扱う精神科学としての歴史学は多様な学問分野と関連を有し、地理学・人類学・人種学・社会学・国家経済学・統計学・政治学・国家学・哲学とも関係し、さらに言語学・書体学・印璽学・古銭学・年代学なども含むと述べている。本書においても著者は、地理学・歴史学・法学・政治学・経済学・民族学・神話学など実に多様な学問分野に触れ、それらからの知識を取り込んで歴史現象の分析記述を行っている。そのことは著者の関心が歴史哲学の抽象的理論の展開ではなく、歴史現象の分析・記述に向けられていることにもとづく。その歴史現象を、著者は自然との関わりにおいて捉えている。本書の「歴史的周辺」や「歴史的基体」において究明されるのは、そのような歴史が自然に根差している部分である。歴史現象の分析が上記のような多様な学問分野の媒介を必要とするのも、歴史現象がその根底において自然と深く繋がっているからである。

(1)「歴史的周辺」と「歴史的中心」

歴史的事件とは、歴史の方向を左右するような重大で目覚ましい出来事、そこにおいて歴史の動向や意味が開示されるような出来事である。そのような歴史の意味や動きが露わとなり、主体的に決断し行為することが可能となるところを、著者は「歴史的中心」と呼ぶ。ところで、歴史におけるわれわれの位置を見る場合、われわれは常にそのような中心に接しているわけではない。むしろ、われわれの日常の営みは、大方は歴史の流れの上に漂いながら慌しく消えてゆく、水泡のごときものである。歴史の流れの上にありながら、歴史的意味にまで達しえざるところのものがわれわれの日常の生活であり、そのようなわれわれの日常生活が位置するところを著者は「歴史的周辺」と呼ぶ。しかし、かかる日常生活といえども、歴史的中心ともいうべき歴史的出来事に連関しつつ、その周辺を形成している。それはあたかも都会の郊外がその都会の中心を反映しているごときである。「歴史的認識」とは、そのような歴史の中心に立つところ、中心が明らかになるところにおいて成立する。そこにおいて、歴史的認識は、あたかも「熟れた無花果《いちじく》が北風に吹かれて落ちる」がごとき具合に成立するのである。しかし、われわれは常に歴史の中心に立ち、そのような明確な歴史認識を有しているのではない。中心への渇望を有していながら、周辺に留まっているのがわれわれの大方の生活である。したがって、われわれは歴史的認識を求めて周辺から中心へと向かう運動としてあるともいいうるのである。

しかし、そのような歴史的周辺にも何らかの仕方で歴史的中心が映っているのであるならば、それはどのようにしてであろうか。それを著者の歴史的周辺の現象についての分析を通して見ておきたい。

歴史の中心をなすものが「伝統」であり、伝統の本質が、現在において過去の歴史の中心に触れることにあるならば、歴史的周辺を形成する諸現象は、伝統への方向をもちつつその深みまで達することなく、伝統を取り巻いているものである。そのような歴史的周辺を形成する諸現象を著者は、（イ）「表現」の次元と、（ロ）「実践」の次元とに分けて考察している。「表現」の次元では、それは「噂話」「逸話」「伝承」

という現象において、「実践」の次元では、それは「コンベンション」「流行」「慣習」という現象において追究される。これらの現象に関する著者の分析は周到であり、かつ洞察に満ちたものであるので、ここでしばらくその分析を辿って、著者の分析の手法を見ておくことにしたい。

「噂話」「逸話」「伝承」は「語り伝え」として、伝統への方向をもっている。ところで著者は、噂話よりもさらに低地にあるものとして「茶話」を取り上げ、茶話から噂話、逸話、伝承へと分析を進めている。まず茶話であるが、茶話は無関心的、無主題的であることを特色とする。それは話題の変転によって心地よくわれわれを興ぜしめるものであり、そこには日常性の奥に潜む空虚さや不気味さ、虚無への不安を紛らそうとするものがある。それに対して、「噂話」は嫉妬や猜疑心や毒気が混じり、表面に対する裏面の暴露がある。それは茶話とは逆に関心的であり、主題的であり、共同の生活を脅かすものに向けられている。その底には日常生活を脅かすものに対する恐怖が隠されている。「女優に紛う女性の出現は、同じ町内の女人達の間に、噂の種とならざるを得ない。……その町の女人達は、何か彼女らの生活を脅かす如きものを、その女性の生活の背後に嗅ぎつけるのである」(四一頁)。しかし、噂話であっても、何ら脅威的・警戒的な意味を有さず、秘密であることを必要としないものがある。それは「逸話」である。逸話においては驚異的なもの、奇行的なものが語られるが、それは噂話におけるような毒気を欠き、無邪気であり、諧謔《かいぎゃく》的であり、しばしば脱俗的である。噂話はその対象を警戒的なものにするのに対して、逸話はその対象をわれわれに親しむべきものとする。噂話は欠点の暴露であり、人を顰蹙《ひんしゅく》せしめ、偶像破壊的であるのに対して、逸話は欠点の美化ですらあり、人を頰笑ましめ、偶像建設的なものを含む。逸話はこうして人に語り継がれ、やがて「伝説」に転化する。

しかし、逸話から伝説への距離は一歩であっても、それは異なった領域への一歩である。その違いは、茶話・噂話・逸話において、われわれは「社会結合的」(gesellschaft)な現象に直面しているのに対して、伝説においては、われわれは「共同体的」(gemeinschaft)な現象に直面するということである。逸話のもつ偶像建立的傾向は、伝説においては種族的、民族的な守護神に関わるものとなる。このように、「語り伝え」の諸様態の分析を通して「伝承の世界」が開かれてくる様を著者は追究している。

ところで、「伝説」が過去のものとなって死に終わった語り伝えであるならば、現在においてもなお生ける神話、魔術作用をもつ神話が「伝承」である。それは、われわれの現在を基礎づけるはたらきをもつことにおいて「歴史的中心」に位置する。このようにして、著者は、語り伝えの諸様態を通して歴史的周辺から歴史的中心への道を切り開いている。

では、実践の次元において、歴史的周辺から中心への道はどのように辿られるのであろうか。著者は、それを「コンベンション」(しきたり)、「流行」、「慣習」、「伝統」という順に辿っている。著者のここでの分析は、「表現」の次元における分析と対応させて行われており、「コンベンション」は「茶話」に対応し、「流行」は「噂話」に、「慣習」は「伝承」に対応していて、それらの分析と同じように興味深いが、ここではそれを詳しく辿ることは省略して、二、三の点を取り上げるにとどめよう。

コンベンションや流行は、茶話や噂話と同じように、歴史的周辺にとどまるにすぎないが、一方、慣習は、伝承と同じように歴史と生の内面に繫がっている。流行は新しいほど良いが、慣習は古いほど尊く、幾多の慣習は歴史の記憶も朧気な過去にまで繫がっている。とりわけ死者の儀礼や結婚に関する慣習は慣習の中の慣習であって、それは神々にまで辿りつく。このようにして慣習は、実践の次元における伝説は伝承として、歴史の深みないし中心に連なっている。

しかしながら、伝承や伝説や慣習は単なる過去であって、現在において主体的に生きられるものではないがゆえに、それは歴史の中心に根差すものではない。それが歴史的意味をもつためには、それは単に過去によって媒介されているだけではなく、現在によって媒介され、未来への展望によって生気づけられ、さらに永遠なるものの直覚によって根拠づけられなければならない。慣習は、それが単なる過去の連続の上にとどまるかぎり、歴史ではない。慣習は持続せる実体であり、その担い手が変わるだけであって、そこには真の意味での出来事はない。慣習は伝統にまで高められることによって初めて歴史となる。伝統は過去の記憶ではなく、過去の反復であり、過去をその根底から生き返らせることである。そこには自己の責任による受け取り直しがある。真の歴史的地平は、生死を含む伝統において開かれるのである。

「歴史的周辺」より「歴史的中心」への道はこのようにして辿られる。その際、著者の視点の独自性は、いきなり歴史的中心に立つのではなく、中心を取り巻く周辺の諸現象を経て中心に至るという迂回路をとっているところにある。歴史的周辺という曖昧で漠然とした領域を介して中心へ向かうという点において、著者の立場は多分に解釈学的であり、その点において、田邊のような行為的・弁証法的立場とは隔たっている。田邊の行為の立場はいきなり歴史的中心に立つものである。それは著者の言葉を借りるならば、次のごときものであろう。「あらゆる時代は実践の側面において……神に繫がっている。歴史的中心は、表現的にも実践的にも神的なもののうちに没入している。歴史的中心は超歴史的であるが故にのみ、よく歴史的中心たり得るのである」（八九頁）。それに対して、著者のような周辺に立つ立場は田邊の立場からすれば、観想の立場に立つものであって、行為の立場からは容認しがたいものである。しかし、それは逆に生と密着せる具体性をもっているのであって、ここに著者の立場の特色と利点がある。そのような立場の特色を著者は次のように述べる。「歴史的周辺はそれが表現として考えられる限り、生と癒着せる不完全なる表現である。しかし、それは生と癒着せる故を以て、その日常性の表面をさえ剝ぎとれば、その内面にはあらゆる衝動の渦まく、言わば人間精神の原始風景が潜んでいる。……それは不完全なる表現として無限に沸騰する素地であり、地盤であり、素材である」（八四頁）。一方、歴史的中心は、それが反省と批判を経て自覚にまで高められるところにある。歴史的中心に属する表現は表現以上である。そこにおいてわれわれは超時間的なものに出会う。

（2）「歴史的基体」（自然）

歴史はそれを取り巻く周辺をもったように、歴史はその根底に自然を有し、自然を母体とし、自然と関わっている。歴史がそこから生じ、歴史がそれと関わっている自然を、著者は「歴史的基体」と名づける。著者が歴史的基体という概念において追究するのは、そのような歴史と自然との関わりの様相である。

ところで、歴史と自然の関係は一様ではない。自然は歴史の母胎であると同時に歴史の対象でもある。著者は、そのような歴史と自然との二重の関係を、シェリングの影響を強く受けたバッコーフェンの言葉によって説明している。「母として男神を産んだ物質は、今や男神の妻となる。バッカスはアフロディテの息子にして且つ彼女の夫であると謂われる。母と妻と妹とは一つに合する。素材は替る替る、之等の性質を帯びるのである」（一三五頁）。この謎めいた言葉によって著者は、歴史は自然から生まれながら、同時に自然を対象としてこれにはたらきかけるものとしてあることを示している。こうして、自然は歴史に対して二様の現れを有する。一つは歴史の母胎としての「原始自然」であり、二つは歴史の妻としての「環境的自然」および「歴史的自然」である。

著者は、歴史がそこから生じた母胎としての自然を「原始的自然」と呼んで、これをシェリングの「神の内なる自然」に譬えている。そして、次のようにいう。「深き自然……それは歴史を支えつつ、歴史に抗しつつ、しかも歴史の内にある。すべての自然とはかかる性質を有つものではなかろうか……。深き自然はあらゆる歴史の基体として、原始自然と呼ばれ得る」（一四一頁）。歴史において認められる自然的なもの――健康・退廃・疾患・老衰・慣性・傾向など――はこの原始的自然に根差している。

一方、歴史の妻、ないし対象としての自然は、第一に「環境的自然」であり、第二に「歴史的自然」であるが、著者は「環境的自然」を外的環境（風土）と内的環境（血族）に捉え、「歴史的自然」を「国家」において捉えている。後に見るように、著者は国家を歴史的主体として捉えているが、国家はその根を深く自然に下ろしているがゆえに、それはまた歴史的基体でもある。その意味で、民族と国家は自然の変容である。自然が自らを否定して歴史的になったものが民族と国家である。したがって、国家は深く自然に根差しつつ、同時に理念的なものに連なっている。国家はランケがいうように「real-geistige なもの」である。それは「人間の衝動」であって「神の息吹」である。そのようなものとして国家は歴史的主体である。では、基体が主体へと高められるというようなことは、どのようにして生じるのか。

そのことに関する著者の説明は必ずしも十分ではないように思われるが、著者はそれを自然の内に出現するロゴスのはたらきに基礎づけている。著者によれば、自然は物語ることによって歴史的自然へと高められる。例えば、支那人は自然を祭った。自然は物語られることによって伝説的自然となる。それとともに自然は歴史の内に取り込まれる。ロゴスによって自然が歴史的世界に取り込まれることは、ロゴスを介して慣習が法となり制度となることを見れば分かる。ロゴスにおいて自然は高次の次元へと否定的に高められる。環境的自然はロゴスを通して人間社会へと制度化される。人と人、血と血はロゴスによって否定的に媒介されて種々なる制度が現れ、かくして国家が成立する。こうして土も人間社会の一項となる。そこに言葉が介在する。言葉は深く自然に繋がると同時に神的なものに繋がり、自然を歴史へと高める。環境的自然はロゴスを介することによって歴史的自然にまで高められるのである。

ところで、言葉はロゴス的であると同時にオルガノン的であり道具的でもある。言葉はロゴスとして、血と血を繋ぐならば、言葉は道具として、土と血を繋ぐ。ロゴスとしての言葉は文化の基礎であるならば、道具としての言葉は文明の基礎となる。人間の社会は常に言葉と道具の両面をもち、両者は連関し合っているが、両者はまた矛盾し対立して、歴史的世界は両者の矛盾的連関において動いてゆく。現代はロゴスとしての言葉に代わって、道具としての言葉が支配的となった時代である。著者はその例を巨大な機構としての近代都市に見ている。そこでは真のロゴスは見失われている。現代のグローバリゼーションやネット社会はその極限に位置するといいうる。

このような「環境的自然」(土と血としての民族)の解明に関しては、歴史的物質についての夥《おびただ》しい経済学的・社会科学的論究を必要とするはずであり、また「歴史的自然」(制度や国家)に関しては、豊かな政治・法制の知識を必要とする。本書の独創的なところは、歴史と自然の連関を究明するに際し、著者がそのような多様な知識の領域に入り込み、これを自由に援用しているところにある。

(3)「歴史的主体」(国家と文化)

歴史的基体は、歴史の底に潜みつつ、かつ歴史の内に自己否定的に出現する自然であった。それは「あらゆる衝動の渦巻くいわば人間精神の原始風景」ともいうべきものであるが、そのような基体がロゴスによって内から照らし出され、理性的なものとして自覚的になるところに「歴史的主体」が成立する。著者はそのような基体が主体であるものの具体的形態として「国家」を考えている。国家は基体が主体であるものとして irdisch-geistige な存在である。

まず著者の国家観を見ておこう。国家成立に関しては、国家を自然発生の所産と見て家族の自然の拡大過程として国家を捉えるアリストテレスの考えや、国家を人間自由の構成と見て国家の成立を契約説によって説明するルソーの考えがあるが、著者は、これらの対立する二つの考えはいずれも一面的で抽象的であるとして退け、国家を自然的基体であるところの「土」と「血」、つまり民族が主体化したものとして捉える。国家を他の集団や社会から質的・絶対的に分かつものは、国家が主権的であることであるが、著者はそのようなものとして国家は歴史において成立したと考える。

国家についての著者の考えの注目すべきところは、国家を歴史において捉えていることであって、したがって国家も誕生したものと見なすことにある。それゆえ、国家はまた消滅するものでもある。「歴史的世界においては、国家もまた誕生するのである。最大の出来事であるのである。人間歴史はそこにおいて最大の動力を案出したのである。近代史の目覚ましき飛躍も一つは近代国家の成立に依る。……してみれば人は歴史的世界を単に国家へ関係づけるだけではなく、逆に国家を歴史的世界に関係づけなければならない」（一九六頁）。

ところで国家の見失われてはならない基本性格がある。それは、国家はその存在を維持せんとして極めて利己的な態度をとるということである。実のところ、国家ほど自己の存在に深い執着を有し、その独自性、世界におけるその唯一性を要求する集団はない。個人は正義のために自己を犠牲にすることはあっても、国家は自国を犠牲にしてまで不正なる強国の生け贄にされている弱国を正義のために救うことはありえない。「国家ほど存在への盲目的執着の強き生物は稀であろう。まことに国家は最も自然に近き存在であるのである。……ここに国家があらゆる他の存在を犠牲にしても、自己の存在を保たんとする怪物に、比せらるべき所以もあるであろう」（二一九頁）。

国家の主権性の誤れる強調と誤れる否認が、そこから生じてくる。国家の主権性の盲目的自己執着のゆえに、これを絶対化することは暴力主義にほかならない。しかし、国家の主権性の非合理性のゆえに、これを厭い、侮蔑し、否認しようとすることは、国家の現実性に目を閉ざすことであるがゆえに虚偽である。

国家の非合理性を批判しうるためには、その現実を知らなければならない。

著者は国家の成立に関して次のようにいう。「国家は……民族と領土とを、すなわち血と土とを自己の基体を有する……ここに国家が最も自然に近き歴史的存在である……しかも国家は単に自然から生まれるのではない。自然をも超えた奥底に国家誕生の母胎はある。国家の成立は最も暗き自然が自由によって貫かれることであり、主体性を得ることである。あらゆる基体的なるものが……全面的に、……その特殊性のすべてをあげて、主体化への方向を辿ることである。かくてのみ国家は個人の自由の実体となり得るであろう。しかして世界とは実にかかる基体・主体の転換の場所であり、……その故に国家は歴史世界の最大の動力である。最大の生産要素である。……それは自然にして精神であり、必然にして自由なるものであるであろう。それは最も暗くしてまた最も明るきものであるとも言えよう」（二三六〜二三七頁）。

国家は国土や民族といった種的基体に根差しながら、組織や体制や主権を有することによって種的基体を否定的に主体性へと高めたものである。民族はそのような主体性をもたない。民族に比して国家は著しく敏感であり、活発であり、自己の境位に対して直ちに態度をとる。民族は国家においてその統覚を見いだし、主体的限定をもつのである。そこに国家の主権がある。

ところで、国家のそのような主権的存在の根拠を、著者は国家が世界においてあるというところに捉える。そして、ヘーゲルとの違いをそこに見る。ヘーゲルは国家を、家族と市民を統合するものとしてまず具体的普遍と捉え、次いで、それを世界に置くことによって特殊なものとしたが、著者は、国家は世界において最初から特殊としてあることによって具体的普遍としてありうると考える。対内主権性の根拠を対外主権性に置くのである。その際、国家が世界において主権としてありうるということは、国家が文化によって媒介されることを意味する。「国家の主権性は国家が世界においてあり、従って文化によって媒介されてのみ可能であるが故に、それを闡明することによって、やがて歴史的世界の動力の構造関連が示され得る」（二〇三頁）というのが著者の主眼である。

著者はそのような世界に置かれたものとしての国家の主権性の特性を、（A）戦争、（B）国土と祭り、（C）主権の三つにおいて考察している。そのポイントは次のとおりである。

(A) 国家の主権性にとって戦争の可能性は失われることはない。戦争は単に本能的・暴力的・武力的ではなく、国家の主体性の自覚の場として、実践的・倫理的・英知的でありうる。戦争は単に経済や権力のためにのみ起こるのではなく、自立性の要求がその背後にある。戦争の根底には国家の絶対性の意識がある。しかし、戦争が国家の不当な暴力の発露にすぎないものであるとき、その国家は世界史において自己破滅に終わる。古代において民族と民族との争いが、同時にそれぞれの民族が信奉する神と神との戦いであったゆえんは、国家がその根底に絶対性の意識、自主性の意識を有するからである。そのような一国家の自主性が戦争において自覚に達する。戦争は一国家の自主性に始まるというよりも、戦争において国家の自主性の意識が確立すると著者は考える。

戦争は一国家の出来事ではなく、世界の出来事である。したがって、国家の背後には世界があり、国家の内には単に武力ならざるもの、倫理的・宗教的・英知的・文化的なものに通じゆくものがある。その意味で世界は、国家にとって倫理的修練所である。それを忘れたものは国家を危うきに導く。国家の主権性は、対外的には世界において汝を認めることにおいて成り立つ。

(B) 同様に、国家の対内主権性も、それを基礎づけるものとして、その底に権力以外のもの、権力を否定するもの、それが当初纏っている呪術的性格から純化されるならば、主体的・実践的・英知的なものとして現れるべきものを含んでいる。それが国土と祭りの観念である。国土は単なるLandではなく、Landschaftである。土地（Landschaft）は神話的性格を有している。神話は世界を擬人化するのではなく、世界に、われわれの生命と本質的に結ばれている独自の生命を与え、世界を汝とするのである。かかる汝との交渉の手続きが祭りである。

祭りをもたない民族はいない。祭りにおいて、一つの民族は、自己の生命を何らかの絶対的な根拠と結びつけようとする。民族宗教に至っては、このような絶対的なものは自己の歴史の発端、すなわち先祖として自己を歴史的に基礎づけるべき何らかに神性として現れる。祭りにおいて絶対的なものは、さらに歴史的なもの、現実的なもの、単に神秘的ではなく文化的なものにもたらされる。年越しの祭り・魂祭り・播種刈り入れ祭りなどがそのことを示している。

(C) 国家と民族を区別するものは、国家が民族のもつことのない主体性・統一性・組織性を有することであることは先に述べた。それは究極的には国家の「主権」に帰着する。国家は主体たらんとし、絶対性を要求する主権として「具体的普遍」であるが、それは対外的関係において他国との連関に立ち、世界歴史の中に踏み入ることにおいて「特殊的普遍」である。そこで著者がとりわけ注目しているのは、国家を「特殊」なものとしているその「種」性の独自な性格である。「恐らく国家ほどにその独立性、世界にける唯一性を要求する集団はないであろう。けだし国家は民族の成員が、世界への要求を有する文化内容を背景にして……民族に対立し、かくて民族の有する種性は脅かされ、世界性、抽象性に散逸せんとするのに対し、あくまでも種の有する具体性、直接性、特殊性を維持せんとし、かくて単なる文化、世界、個人を止揚して、種性と媒介せしむることによって成立するものなるがゆえに、国家は当然世界に対して特殊性、絶対性を要求し、かくて文化に対し対立性、否定性を帯びるが故に、ここに一応非合理的とも見られ得べき国家の主権性、尊厳性が成立し来たるが故である。かくて国家は文化を否定的に媒介せる権力である。それが主権である。それ故、国家は Kulturstaat であると共に、Machtstaat であらざるを得ない。……主権の意義が中世においてではなく近代国家において特に力説される所以も、そこにあるであろう。国家の権威の中には、文化的世界のみより見ては、単に否定的、非合理的と言わるべきものが存するのである。しかしそれも止むを得ない」(二三〇頁)。

著者はここで国家による文化の全面否定を説いているように見えるが、著者の主張はむしろ逆に、国家が文化によって媒介されることの必要を説くことにある。主権は他の主権に対してのみ主権でありうる。国家は自己の最高独立の主権を要求するとはいえ、他国との共存と世界における内在を忘却するとき、それはかえって主権そのものの否定となる。主権を世界へと開くものは文化である。それゆえ、「単に文化を否定するものは、国家の座する枝を自ら切断せんとするものである」（二三二頁）というのが著者の考えである。こうして、著者は、歴史的世界の構造は単に国家を一つの中心とする円ではなく、国家と文化の二つの中心を有する楕円であって、その相互媒介において歴史は進展すると考える。歴史的世界において、国家は文化と内面的に媒介されることが必要であることを著者は説いている。それによって、著者は国家を絶対化する非合理主義を超える道を示しているのである。

以上、本書のポイントとなるところを大まかに辿ってみた。そこで著者が示していることは、ごく単純化するならば、歴史における合理的なものと非合理的なもの、ロゴス的なものとパトス的なものとの葛藤、およびその葛藤を通して出現する統一の形態であるということができる。歴史はロゴス的なものだけによって動くのではなく、その底にパトス的なもの、暗い衝動的なものを含んでいる。しかし、そのパトス的なものも、ただ単に盲目的・破壊的であるのではなく、内に理想的なるもの、ロゴス的なもの、普遍的なもの、世界への要求を秘めている。そのことは、衝動的なるものは内に傾向的なものを有していることが証している。ところで、歴史においてロゴス的なものがパトス的なものに突き動かされていることは、歴史はその根底において自然に根を下ろし、自然に繋がれていることを示している。歴史がその根を自然に下ろしている部分は「歴史的基体」という概念において追究される。そこで取り上げられるのは土と血、つまり風土と民族である。

一方、歴史的世界には、非ロゴス的なもの、特殊的なものを破って、ロゴス的なもの、普遍的なものへの方向がはたらいている。それは基体の主体化の方向である。そのことは、国家が、民族のもつことのない制度を備え、主権を有することが証示している。そのようなものとして、国家は歴史的世界において生じた最大の出来事である。「国家の成立とは、最も非合理的なものがなお合理化せんとする願望であり、またその可能の保証である」（二三二頁）と著者はいう。著者が「歴史的主体」において追究するのは、国家に具現されるような、歴史におけるロゴス的なもの、自由な存在への方向である。

しかし、国家は基体的なものから主体的なものへと高められながらも、その根を自然に下ろし、その根底において暗い非合理的なものに繋がれている。国家の主権はそのようなものとして「irdisch-geistige」な性格をもっている。国家の底に秘められたirdischなもの、基体的なものは取り去ることができない。したがって、それは撓《たわ》められ、洗練され、純化されねばならない。そのためには、国家は世界に置かれねばならない。その媒介となるのが文化である。そこで、歴史的世界は国家と文化という二つの中心をもった楕円とされ、歴史的世界は、その二つの中心が主体的決断によって媒介されることによって動きゆくものとして捉えられることになるのである。

「歴史的基体」「歴史的主体」という概念によって著者が示そうとするのは、そのような歴史的世界の構造である。そうした著者の狙いの一端は本書の次の言葉によってよく示されている。「歴史的世界の底には、未だ歴史にまで及ばざる、暗き自然、すなわち原始自然が潜むであろうことはかつて述べた。歴史的世界は、かかる原始自然が永遠の今の一面をなすことによって秩序を得、イデヤ的となり、かくて世界にまで展開することによって誕生するのである。それは歴史以前のものと歴史以上のものとの中間領域であろう。そこでは、その故に、すべては神的であると共に、また地霊的である。そこではイデヤも衝動的であり、衝動もイデヤ的である。けだし、歴史的世界に座を占むるものとして、主体性、内面性を帯びた自然が衝動にほかならぬが故である」（二五四頁）。

5　象徴的世界観（逆転的超越）

『歴史的世界』と、それから戦争を挟んで十三年後の昭和二十五年（一九五〇）に書かれた『歴史の意味と行方』（『続歴史的世界』）との連関を、著者は、前者が「歴史的世界の構造を主として静的に分析した」ものであるのに対して、後者は「歴史的世界の構造を主として動的に考察した」ものであるとしていることは先に述べたとおりである。第二次大戦は、歴史をどのように生きるべきかについて改めて考えることを促したと著者は語っている。そこから、歴史をどのように生きるかという実践的な問いがこの新しい著作において強く現れてくることになる。そこで著者が提示しているのは「逆転的超越」という考えである。

われわれは歴史の中を生きながら、それの意味と向かいゆく方向を尋ねているが、歴史の歩みの全体をわれわれは決して知り極めることはできず、把握しえない。歴史は極限のない解放性であるがゆえに、歴史の行方をわれわれは見通すことはできない。このような歴史におけるわれわれの有限状況は、歴史の特殊な局面の絶対化を退けることをわれわれに余儀なくさせると著者はいう。国家・政治・経済・宗教など歴史的なものの絶対性の主張は退けられなければならない。このことは、とりわけ国家に関していわれている。

私は……国家の意味が既に終わり、果たすべき役割が無くなったというのではない。しかし新しい未来的国家の意義は、すべて人間的なものは有限であり相対であるように、国家もまた自らの有限性を明らかにするところから現われわるのではないのか。そして集団的暴力の狂信的・迷信的な……主宰者である代わりに、集団的知性を開発しつつそれに導かれ、かかる意味で人間的エネルギイを歴史形成力に化する相対的機関となるに到って、始めて実現されるのではないのか。……真に新しい未来は人間が、――そして国家をも含めてすべて人間的なものが――自己の有限を承認すること、そしてかかる意味で人間革命がなされるところに開かれるということなのである。……歴史の意味は畢竟人間としての人間にある。……現在は余りにも人間を疎外させ、そして、自らも人間性から疎外された政治と経済に重心が置かれ過ぎていないか。……私はこの方向は、真に歴史の意味を実現する方向とは思えないのである。

（『高坂正顕著作集』第一巻、三八四～三八五頁）

著者がここで人間的なものの絶対化を拒否するのは、一切を相対化する歴史主義を主張するためではない。人間的なもの、あるいは歴史的なものの絶対性を主張することが人間に自由を否定し破壊することになるからである。人間的なものの絶対化を拒否することが人間の自由を擁護する唯一の道である。歴史の意味と行方は、歴史的なものの絶対化を退けて人間の自由を護り、促進することである。そのような自由は人間には見えるものではなく、したがって超越的世界に連なっている。著者は、そのような自由が歴史の行方であり、意味であり、真の内容であるという。それは未来に広がる歴史というより、むしろ時間の中に永遠が下がってきて、時間がより多く永遠によって覆われることである。「真の歴史は……究極に於いては目に見えぬ歴史として成立しているのである。私は、目に見える歴史を貫いて、目に見えぬ歴史の存することを思うのである。しかし後者はあくまで前者を通じてである。歴史の意味と行方は、人類にとっても、個人にとっても、かかる点にあるのではないのか」（同書、三九四頁）。

有限な歴史的状況の中にあってそのような目に見えない歴史に触れることに、著者は「逆転的超越」という在り方を捉えている。それは歴史の中にあって歴史を超え出ること、あるいは歴史を超えたところから歴史を見ることである。そこにおいて、われわれは永久の自然に触れ、時を超えた真実に思いを致し、こうして歴史を超えて永遠の現在に沈潜する。われわれはそのような永遠なるものに裏打ちされることによって、歴史の中で、真の意味で充実した形で生きることができる。そのことを、著者はこの書の末尾において次のように語っている。「歴史は最も人間的なことであり、歴史の意味は人間の意味である。それだけに人間歴史の底には、既に現在に於いて、そして逆転的超越の意味に於いて、人間歴史の行方を指さし、且つ荷担いながら、それを自らの中に含むが故に、逆にそれを吸収し、言わばそれを解消せしめる大なる自然、聖なる自然、無なる自然が潜んでいる。私は歴史の意味と行方を語る時、かかる無なる自然の意味を決して忘れてはいなかったつもりである」（同書、三九二頁）。著者は、歴史の底にあって、その意味と行方を指し示す「無なる自然」を、別の著作において「象徴的世界観」として示している。しかし、ここではそれについて触れることはできない。

初出一覧

Ⅰ　釈尊の正覚と弥陀の本願

親鸞の仏教史観としての浄土真宗――「釈尊が弥陀の本願を説いた」とはどういうことか――（『仏教的伝統と人間の生――親鸞思想研究への視座――』安冨信哉博士古稀記念論集刊行会編、法藏館、二〇一四年）

本願の思想とその淵源（『ともしび』九月号、二〇一二年に所収。原題「阿弥陀如来の本願はどこに淵源し、どこにはたらくのか」）

弥陀の本願はどこにはたらくのか――宿業の大地と本願――（書き下ろし）

釈尊の正覚に映った弥陀の本願――入涅槃から大般涅槃へ――（高倉会館、日曜講演に加筆修正したもの、二〇一三年）

Ⅱ　本願の信

本願の信と自信――自己を証しすること――（難度会臘扇忌法要講義での話に加筆修正を加えたもの、二〇一四年）

七地沈空とその超出をめぐって――曽我量深の信と思索――（高倉会館、親鸞聖人讃仰講演会での講演、二〇一一年）

奥深い存在の「呼び求める促し（das Ereignis）」（ハイデッガー）と「仏の呼び声」（西田幾多郎）としての弥陀の本願（『場所』第一三号、二〇一四年）

自己を「証しする」(attester) ものとしての弥陀の本願 (『現代と親鸞』第28号、二〇一四年、親鸞仏教センターでの発表に訂正を加えたもの)

Ⅲ　本願と回向の思想

親鸞の回向の思想——表現としての回向——(『教化研究』第一五七号、二〇一五年)
親鸞と二種回向の問題 (『真宗教学研究』第三二号、二〇一一年)

付　録

田邊哲学と親鸞の思想——種の論理の挫折とそれの新しい立場からの展開——(『日本の哲学』第一二号、二〇一一年)
高坂正顕著『歴史的世界』解説 (高坂正顕著『歴史的世界』京都哲学撰書第二十五巻、燈影舎、二〇〇二年、一部省略したもの)

引用・参考文献

『梶山雄一著作集』第六巻（吹田隆道編、春秋社、二〇一三年）
『清沢満之全集』第八巻（大谷大学編、岩波書店、二〇〇三年）
『現代と親鸞』第13号（親鸞仏教センター、二〇〇七年）
『高坂正顕著作集』第一巻（理想社、一九六四〜七〇年）
『懺悔道としての哲学――田辺元哲学選Ⅱ』（田邊元著、藤田正勝編、岩波文庫、岩波書店、二〇一〇年）
『シモーヌ・ヴェーユ著作集』Ⅱ・Ⅳ（橋本一明・渡辺一民編、春秋社、一九六八年）
『宗教と社会科学のあいだ』（R・N・ベラー著、葛西実・小林正佳訳、未来社、一九七四年）
『浄土系思想論』（鈴木大拙著、法藏館、一九四二年）
『真宗聖典』（真宗聖典編纂委員会編、東本願寺出版部）
『親鸞と読む大無量寿経』上（寺川俊昭著、文栄堂書店、二〇〇〇年）
『親鸞の信のダイナミックス――往還二種回向の仏道――』（寺川俊昭著、草光舎、一九九三年）
『鈴木大拙全集』第十一巻（岩波書店、一九七〇年）
『鈴木大拙とは誰か』（上田閑照・岡村美穂子編、岩波現代文庫、岩波書店、二〇〇二年）
『世界の中の親鸞』（上田義文・石田慶和編、春秋社、一九七四年）
『創造的進化』（ベルクソン著、真方敬道訳、岩波文庫、岩波書店、一九七四年）
『曽我量深講義集』第一・四・九巻（彌生書房、一九七七〜九〇年）
『曽我量深選集』第二〜六巻・第九〜十二巻（曽我量深選集刊行会編、彌生書房、一九七〇〜七二年）

『大信海』三六〜三九号（三宝会編、一九七四〜七五年）
『武内義範著作集』第二巻（法藏館、一九九九年）
『他者のような自己自身』（ポール・リクール著、久米博訳、法政大学出版局、一九九六年）
『田邊元全集』第六・七・九・十一・十五巻（西谷啓治ほか編、筑摩書房、一九六三〜六四年）
『超自然的認識』（シモーヌ・ヴェイユ著、田辺保訳、勁草書房、一九七六年）
『定本　親鸞聖人全集』第二巻（親鸞聖人全集刊行会編、法藏館、一九七八年）
『夏目漱石全集』第十巻（ちくま文庫、筑摩書房、一九八八年）
『西田幾多郎全集』第十一・十二・十三・十八・十九巻（安倍能成ほか編、一九四七〜五三年）
『西谷啓治著作集』第十三・二十一・二十四巻（創文社、一九八六〜九五年）
『ハイデッガーの「第二の主著」『哲学への寄与試論集』研究覚え書き――その言語的表現の基本的理解のために』（渡邊二郎著、講座近・現代ドイツ哲学、理想社、二〇〇八年）
『ブッダ最後の旅――大パリニッバーナ経』（中村元訳、岩波文庫、岩波書店、一九八〇年）
『法律』第四巻（『プラトン全集』第十三巻、池田美恵ほか訳、岩波書店、一九七六年）
『ボンヘッファー獄中書簡集』（E・ベートゲ編、村上伸訳、新教出版社、一九八八年）
『夜と霧――ドイツ強制収容所の体験記録――』（ヴィクトール・E・フランクル著、霜山徳爾訳、みすず書房、一九八五年）
『両眼人――曽我量深・金子大栄書簡』（春秋社、一九八二年）
『歴史的世界』（高坂正顕著、京都哲学撰書第二十五巻、燈影舎、二〇〇二年）
Maine de Biran, *Œuvres complètes*, éd. P. Tisserand, t. XII, Genève, Slatkine, 1982.

あとがき

本書には、付録一篇を除いて、二〇一〇年から二〇一五年までの間に、著者が雑誌に発表した論文や講演で話したものに加筆・修正したものが収められている。本書は「釈尊の正覚と弥陀の本願」、「本願の信」、「本願と回向の思想」の三部に分けられ、付録として「田邊哲学と親鸞の思想」、「高坂正顕著『歴史的世界』解説」が付け加えられている。この二篇を付録としたのは、それらが親鸞の思想を直接の考察の対象としたものではないからであるが、それでも付録として収めたのは、そこで考察されている「歴史的世界」が、「本願がはたらく場所」として本書が追究している問題と重なるところがあると考えたからである。

第Ⅰ部の諸論は、釈尊が『マハー・パリニッバーナ・スッタンタ』（『ブッダ最後の旅』、長阿含経所収の『遊行経』）において、釈尊が大般涅槃に入るに際して語ったとされる「アーユスのサンカーラを捨てた」（捨命住寿）という言葉を手掛かりに、それが何を意味するかを追究することで、本願の思想の淵源を釈尊の正覚の深みに探ろうとしたものである。

第Ⅱ部と第Ⅲ部は、人間における本願のはたらきを、「自己を証しする」という問題との関わりから追究し、自己を証しするということが、親鸞の「回向」の思想とどのように結びついているかを考察したものである。

回向とは、人間を超えた如来、あるいは、無限が人間に呼びかけ、はたらきかけてくることである。したがって、回向において注目すべきことは、そのはたらきが人間を超えているということだけではなく、人間を超えた如来のはたらきが、人間の世界に形を変えて現われ、人間に呼びかけてくるということである。曽我はそのことを、「如来、我となって、我を救ひ給ふ」と捉えた。人間は、呼びかけられることで自己が肯定され、自己を信じ、住む場所を得て、真に落ち着くことができる。そこに呼びかけのもつ深い意味がある。浄土仏教の独自性は、衆生が寂滅に至って涅槃を証するには、自己を超えた無限の呼びかけを介するのでなければならないという真理を感得したところにある。浄土仏教はその無限の呼びかけを「回向」と捉え、その回向の鼓動を感得するところに「本願の信」を捉えたのである。

回向思想の対極をなすものは「業報」の思想である。業報の思想は、自業自得という、一切を「自己責任」とする考えのもとで、各人を相互に分離し、孤独で閉鎖的な島に閉じ込める。そこでは、困窮の中にある他者を助けることもなければ、また他者の助けを期待することもない。回向の思想は、そのような「分離」と「沈黙」に閉ざされた孤独の島から人間を救い出そうとして生じた。したがって、その中心を貫いているのは、人々と共に生きるという「熱気」であり、その源にあるのは深い「平等の精神」である。

親鸞の回向の思想は、二種回向をめぐって論ぜられるのが一般である。しかし、本書では、二種回向に先立って、親鸞が回向をどのように捉えたかを考察した。親鸞は回向を、如来の衆生への呼びかけと捉えたが、それは、具体的には、阿弥陀如来が自らを否定して、衆生の世界に法蔵菩薩となって現れ、天上からではなく、衆生の足下から呼びかけてくることである。それゆえ、親鸞は法蔵菩薩を「一切群生海の心」と名づけ、「この心、微塵世界にみちみちたまえり」と述べたのである。したがって、衆生が「仏の呼び声」を聞くのは現実の世界のただ中において、その諸々の出来事に即してであることに注意しなければならない。

第Ⅲ部の「親鸞の二種回向の思想」は、二〇一〇年度真宗大谷派教学大会で話したものに加筆して二〇一一年に『真宗教学研究』に発表されたものである。この論文は、最近の先学諸師による新しい研究成果が発表される以前のもので、今から見れば不備の感があるが、親鸞の二種回向をめぐる議論の問題点がどこにあるかを示したものなので、回向の問題を掘り下げて考えるための足掛かりになると考えて収めておいた。親鸞の二種回向に関しては、近年、先学諸師によって本格的に論究され、問題の焦点が絞られ、明確になってきていると思われる。それらの研究成果を踏まえて、親鸞の二種回向の問題は改めて吟味されなければならないと思われる。

本書の諸論はいずれも、曽我量深の思索を導きの糸として書かれたものである。著者が親鸞の本願の思想に深く関心を抱くようになったのは、学生時代に武内義範先生の『教行信証の哲学』に触れたことにある。しかし、自分の主とする研究分野は他にあったため本願の思想に関しては、それらの研究の傍らで間接的に思いをめぐらしているにとどまった。

親鸞の本願の思想について一貫して思索するようになったことの背後には、それまで専門としてきた研究分野から自由になったということの外に、とりわけ、シモーヌ・ヴェイユ、稲津紀三、曽我量深の著作に触れ、その思索に注目するようになったことがある。ヴェイユの思索を貫いているのは、人間を内と外から支配している「重力」の中にあって、それを超過する方向にはたらいているもう一つの見えないものへの眼差しである。稲津紀三の思索が向かうのは、釈尊の正覚と親鸞の本願の思想に共通する「聖なる希求」に深く思いを致し、これを我がものとすることである。曽我の思索を動かしているものは、人間に超越的な如来のはたらきが、人間の最内奥に出現してはたらいていることを「回向」と捉え、それのはたらきを自己において感得することである。これらの思索が絡まりあって、親鸞の本願の思想に向かわせてきたと思う。

曽我の著作に親しむようになったのは、今は亡きヤン・ヴァン・ブラフト神父に薦められ、長く曽我の思想の研究に取り組み、『救済と自証』という曽我論の著者である那須信孝師のもとで曽我の著作の精読に取り組むようになって以来である。その時からの友人であった小林光麿師もすでに亡い。曽我の著作に長くつきあって、どれだけのものが自分の身についたかとなると心もとない。しかし、三師との長い間の交流のなかで私の身に沈殿したものが何かあるなら、その幾分かは本書の中にも沈殿しているはずである。亡きブラフト、小林光麿の師友を偲び、三師に深く感謝する次第である。

本書の編集には、編集部の今西智久氏に大変お世話になった。きめ細かい配慮と有益なご指摘をいただいたことに深くお礼申しあげたい。

二〇一五年五月

長谷　正當

長谷正當（はせ　しょうとう）
1937年富山県に生まれる。1965年京都大学大学院文学研究科博士課程修了（宗教学専攻）。文学博士。京都大学名誉教授。
主な著書に『欲望の哲学——浄土教世界の思索』『心に映る無限——空のイマージュ化』，『浄土とは何か——親鸞の思索と土における超越——』（法藏館），『象徴と想像力』（創文社），『思想史の巨人たち』（共著，北樹出版），『現代宗教思想を学ぶ人のために』（共編，世界思想社），『宗教の根源性と現代』（共編，晃洋書房）ほか。

本願《ほんがん》とは何《なに》か
——親鸞《しんらん》の捉《とら》えた仏教《ぶっきょう》——

二〇一五年六月二五日　初版第一刷発行

著　者　長谷正當
発行者　西村明高
発行所　株式会社　法藏館
京都市下京区正面通烏丸東入
郵便番号　六〇〇—八一五三
電話　〇七五—三四三—〇〇三〇（編集）
〇七五—三四三—五六五六（営業）

装幀者　高麗隆彦
印刷・製本　亜細亜印刷株式会社

ISBN 978-4-8318-3843-8 C1010